L'homme et la société

Revue internationale
de recherches et de synthèses en sciences sociales

Les mille peaux du capitalisme

I

Coordonné par

Olivier DARD, Claude DIDRY, Florent LE BOT et Cédric PERRIN

Revue soutenue par l'Institut des Sciences Humaines et Sociales du CNRS et le CNL

L'Harmattan

L'homme et la société

Revue internationale
de recherches et de synthèses en sciences sociales

Secrétariat de rédaction

Jean-Jacques Deldyck - Université Paris 7 - Boîte courrier 7027
75205 Paris Cedex 13 - Téléphone 01 57 27 64 86
E-mail : deldyck@univ-paris-diderot.fr

5-7, rue de l'Ecole polytechnique, 75005 Paris
http://www.harmattan.fr
diffusion.harmattan@wanadoo.fr
harmattan1@wanadoo.fr
ISBN : 978-2-343-06309-6
EAN : 9782343063096

L'homme et la société

Revue internationale
de recherches et de synthèses en sciences sociales

N° 193-194 **2014/3-4**

* * *

ABONNEMENTS ET VENTES AU NUMERO
Éditions L'Harmattan 5-7 rue de l'École-Polytechnique 75005 PARIS
Un abonnement annuel couvre 3 numéros dont 1 double
(joindre un chèque à la commande au nom de L'Harmattan)
France : 60 € - Étranger par avion : 65 €

Modalités de soumission et d'évaluation des articles

Conditions d'envoi des manuscrits

Les auteurs soumettant un manuscrit à *L'homme et la société* s'engagent à proposer un texte inédit et à ne pas le soumettre à d'autres revues. Les articles doivent être accompagnés d'un résumé en français et en anglais d'une dizaine de lignes maximum. Tout manuscrit doit être transmis en version électronique (format.doc) à :

Secrétariat de rédaction
deldyck@univ-paris-diderot.fr
01 57 27 64 86

Présentation des manuscrits

La première page de l'article indique le titre de l'article, les prénoms, noms, coordonnées et rattachements institutionnels des auteurs.

Le texte est saisi en double interligne. Les articles ne doivent pas excéder une longueur de 70 000 signes (ponctuation et espaces compris) et les comptes rendus de 10 000 signes.

Dans le texte, les références sont faites en notes de bas de page.

Modèles de notes :

Ouvrages : Gilles POSTEL-VINAY, *La rente foncière dans le capitalisme agricole*, Ville, Maspero, 1974.

Articles : Jean-Michel CHEVET, « Production et productivité : un modèle de développement économique des campagnes de la région parisienne aux XVIIIe et XIXe siècles », *Histoire & Mesure*, 1994, vol. 9, n° 1-2, p. 101-145.

Ouvrages collectifs : Ronald HUBSCHER et Jean-Claude FARCY (dir.), *La moisson des autres. Les salariés agricoles aux XIXe et XXe siècles*, Ville, Creaphis, 1996.

Procédure d'évaluation des articles

Tout texte soumis pour publication, est évalué de manière anonyme par deux membres du comité de rédaction en exercice. Si ces deux évaluateurs sont d'un avis différent, un troisième lecteur est nommé pour départager. Lorsque le comité de rédaction en éprouve la nécessité, il peut solliciter l'avis d'un expert extérieur à la rédaction. La décision est transmise, par courriel, à l'auteur du texte par le secrétariat de rédaction. Le comité de rédaction se réserve le droit de demander toutes modifications qu'il juge nécessaire à apporter à l'article.

Tout article publié dans la revue est également publié en ligne *via* le portail Cairn.

Copyright

* * *

Éditorial

« Anthropocène » ?

L'ajout d'une nouvelle époque géologique, qualifiée d'« anthropocène », selon le terme proposé par Paul J. Crutzen (« Geology of Mankind », *Nature*, 3th of january 2002, 415, p. 23) qui a obtenu le prix Nobel de chimie, en 1995, en même temps que M. J. Molina et F. S. Rowland, pour des travaux sur la composition chimique de l'atmosphère et plus particulièrement sur la composition et la décomposition de l'ozone, est justifié aux yeux de certains membres de la communauté scientifique par le fait que l'espèce humaine serait devenue la principale force géologique de la Terre. Crutzen date le début de cette nouvelle époque de l'ère quaternaire de la fin du XVIIIe siècle, aux origines de la révolution industrielle. Une troisième époque qui succède au pléistocène, d'une durée de plus de 2500000 ans, et à l'holocène, commencé il y a 12000 ans. L'holocène, cet intermède interglaciaire qui a favorisé la civilisation agricole et industrielle, laquelle a franchi un seuil qu'entérine cette nouveauté dans la périodisation géologique.

Notre propos n'est certainement pas de discuter de la pertinence de l'introduction d'une nouvelle époque géologique, du fait même de notre incompétence, mais nous saisissons cette occasion pour interroger l'usage de ce néologisme « anthropocène » par un discours de type naturaliste. Une des manifestations significatives de cette capacité géologique de l'humanité étant les émissions de CO2 dans l'atmosphère, il convient cependant de ne pas interpréter le point d'interrogation qui accompagne le terme « anthropocène » dans notre titre comme une adhésion aux thèses des climato-sceptiques. Nous sommes absolument convaincu de la réalité des modifications climatiques telles qu'elles sont mesurées dans les rapports du GIEC ainsi que de leur origine anthropogénique. Notre interrogation porte donc précisément sur le caractère naturaliste du diagnostic.

« Nature » n'a pas, selon nous, de validité réaliste, mais exclusivement une valeur normative ; c'est la catégorie de « monde » qui permet de désigner et de conceptualiser la réalité. Catégorie élaborée par la phénoménologie husserlienne, et que Beauvoir, Merleau-Ponty et Sartre, entre autres, ont su faire fructifier.

Au tout début de la *Phénoménologie de la perception*, dans l'avant-propos, Merleau-Ponty définit la phénoménologie comme l'étude des essences pour préciser sans attendre qu'elle est « aussi une philosophie qui replace les essences dans l'existence et ne pense pas qu'on puisse comprendre l'homme et le monde autrement qu'à partir de leur 'facticité'. C'est une philosophie transcendantale qui met en suspens pour les comprendre les affirmations de l'attitude naturelle, *mais c'est aussi une philosophie pour laquelle le monde est toujours 'déjà là' avant la réflexion, comme une présence inaliénable*, et dont tout l'effort est de retrouver ce contact naïf avec le monde pour lui donner enfin un statut philosophique. » (Paris, Gallimard, 1945, p. I. Nous soulignons MK) Lorsque Husserl invite à un retour aux choses mêmes, il désavoue du même coup le déterminisme causaliste, qui se donne comme un discours scientifique et nous constitue comme une partie du monde au point d'entrecroisement de multiples causalités.

> « Tout ce que je sais du monde, même par science, je le sais à partir d'une vue mienne ou d'une expérience du monde sans laquelle les symboles de la science ne voudraient rien dire. Tout l'univers de la science est construit sur le monde vécu, et si nous voulons penser la science avec rigueur, en apprécier exactement le sens et la portée, il nous faut réveiller d'abord cette expérience du monde dont elle est l'expression seconde. » (*Ibidem*, p. II-III)

Nous sommes ainsi « source absolue » au sens où le monde *est* certes avant nous mais ne saurait *exister* sans nous.

Être « source absolue » signifie que « mon existence ne vient pas de mes antécédents, de mon entourage physique et moral, elle va vers eux et les soutient, car c'est moi qui fais être pour moi (et donc au seul sens que le mot puisse avoir pour moi) cette tradition que je choisis de reprendre ou cet horizon dont la distance à moi s'effondrerait, puisqu'elle ne lui appartient pas comme une propriété, si je n'étais là pour la parcourir du regard. » (*Ibid*., p. III) La prééminence de l'être pour soi sur l'être en soi ici revendiquée est habituellement dénoncée par qui se réclame du matérialisme comme laissant place à un subjectivisme et un relativisme. Méprise, largement due, selon nous, à l'interprétation de l'antériorité chronologique du monde (mieux vaudrait dire, « de la matière ») dans les termes d'une antériorité de type logique. Les partisans d'un tel matérialisme, déterministe, ont imaginé, pour le coup en idéalistes qu'ils ne savent pas être, un monde investi de l'antériorité logique, qui pouvait dès lors être conçu comme déployant une nécessité, dont on peut saisir ici l'origine et la nature exclusivement logiques : le nécessaire n'est d'abord que la caractéristique de la logique pour être, par la suite, intronisé « réel ». Nécessité dans laquelle le sujet est alors plongé, et de laquelle il reçoit ses déterminations. Raison pour laquelle un tel matérialisme, en vérité un soi-disant matérialisme, lie son sort au déterminisme. Celui-ci n'accorde une caution, en apparence, matérialiste que sous le couvert d'un parti pris « logiciste » préalable qui permet l'assimilation du réel et du rationnel. Assimilation qui va culminer notamment dans le matérialisme dialectique, perversion du matérialisme historique, et dont on ne répétera jamais assez (même si son temps semble passé) qu'il est une absurdité théorique qui a eu des conséquences politiques catastrophiques : la contradiction que prétend manipuler ce matérialisme dialectique n'a de sens que dans l'ordre du rationnel ; dans l'ordre du matériel, pas de contradictoires, des contraires : les classes sociales n'entrent pas en contradiction mais en conflit.

La « nature » est cette fiction normative partie intégrante de toutes les idéologies de la domination qui enferment tou-te-s les dominé-e-s dans leur être possible (leur « nature ») auquel ils ne sauraient échapper : pour reprendre les termes de la première citation *supra* de Merleau-Ponty, la nature rassemble des essences non replacées dans l'existence. Le naturalisme ne va pas sans essentialisme, lequel rend pensable le déterminisme. Ce pour quoi Beauvoir, dans *Le deuxième sexe*, ne se contente pas de superposer une couche culturelle sur le naturel pour dénoncer la domination que les hommes exercent sur les femmes en les enfermant — en les essentialisant —, sous la catégorie de l'Autre absolu, mais s'attache à montrer que la distinction nature-culture elle-même appartient au cœur de l'idéologie masculiniste.

Qui veut échapper aux conséquences ô combien discutables de l'essentialisme se doit de faire usage rigoureux de la notion de « monde » en respectant la distinction de l'être en soi et de l'être pour soi dans la mesure où l'être en soi, *à la fois*, *est* parfaitement indépendant du pour soi puisqu'il le précède (chronologiquement) et entièrement relatif à lui (logiquement) puisque ce n'est que par le pour soi que l'en soi *existe*. Comme l'exprime avec bonheur Sartre, dans *Vérité et existence*, « le monde est humain mais non anthropomorphique » (Paris, Gallimard, « Essais », texte établi et annoté par Arlette Elkaïm-Sartre, 1989, p. 83). En d'autres termes, pour reprendre notre fil de départ, le monde est dans son principe même « anthropocène » ; qualification qui ne peut donc être réservée pour une période géologique, son champ de validité étant celui de l'ontologie.

Sur le site *RdR, La Revue des Ressources*, dans un post daté du 24 novembre 2014, Didier Harpages recense l'ouvrage de Vincent Gerber et Floréal Romero, *Murray Bookchin. Pour une écologie sociale et radicale* (Le Passager clandestin, coll. « Les précurseurs de la décroissance », 2014) et signale en particulier qu'au centre de la réflexion de Murray Bookchin (1921-2006) sur l'écologie sociale s'impose la notion de domination, comprise selon le principe suivant : « L'obligation faite à l'humain de dominer la nature découle directement de la domination de l'humain sur l'humain. » (cité par D. Harpages sans référence [1]).

Nous ne pouvons qu'apprécier la pertinence de cette remarque qui rejoint nos propres conclusions à la suite de nos analyses du *Deuxième Sexe* de Beauvoir dans lesquelles nous remarquions :

> « Les dominants de toute espèce ont toujours eu la juste intuition de ce qu'est une situation et se sont attachés à modeler à leur mesure la relation aux autres : domine qui a l'initiative dans cette relation, et qui a l'initiative dans cette relation s'assure la maîtrise des ressources matérielles. Contre une illusion que l'on pourrait qualifier de 'techniciste', qui laisse accroire que l'accaparement des richesses donne les moyens de la domination, et finalement légitime le pouvoir, il faut sans cesse rappeler que la relation de pouvoir est première et précède l'accès aux ressources : la rareté est d'abord rareté du pouvoir avant de revêtir une forme économique. » (MK, *Simone de Beauvoir philosophe*, Paris, PUF, 2006, p. 52)

Encore faut-il exclure la notion de « nature » d'une telle argumentation, car elle encourage immanquablement ce que nous avons nommé l'illusion techniciste. Seule la notion de monde s'avère cohérente avec le renversement d'une telle illusion. La critique écologiste ne prendra toute son ampleur que désencombrée de toute référence à la « nature ».

L'« anthropocène » ne doit donc rien au naturalisme.

Michel KAIL

* * *

1. Sur *Anarchy Archives, an Online Research Center on the History and Theory of Anarchism*, on peut lire les *Murray Bookchin's Collected Works*.

Les mille peaux du capitalisme (I)

« Si nous voulons que tout continue, il faut d'abord que tout change. », Guiseppe TOMASI DI LAMPEDUSA, *Le Guépard*, Seuil, 1959, p. 35.

Le capitalisme actuel paraît avoir perdu « l'extrême lisibilité » qui *semblait* le caractériser durant la période fordiste des « Trente Glorieuses » au profit d'une diversité de configurations et de pratiques rassemblées derrière les termes incertains de « postfordisme », « postindustrialisme » ou plus largement de « postmodernité ». Ce « post » fonderait la prophétie d'une économie nouvelle, menant vers une société accomplie, en dépassement de ses contradictions internes, traçant un chemin vers un horizon situé « au-delà de l'emploi », « au-delà de la valeur », « au-delà de Marx », etc.

Tel ces reptiles qui muent périodiquement, se délestant d'un épiderme désormais inutile, le capitalisme semble abandonner aux historiens ses multiples peaux comme autant de traces de ses métamorphoses. Poursuivant sa fuite vers la globalisation que promettent le néolibéralisme et les nouvelles technologies, il rendrait irrémédiablement inutile l'ambition de le saisir en son essence, voire tout projet d'une « agitation critique » que bien vite il reprendrait à son compte. Les révoltés de 1968 peuvent maintenant retrouver leur inspiration « artistes » dans les nouvelles formes de management : Steve Job est sorti de la contre-culture de la Côte Ouest pour diriger l'une des plus grandes multinationales de la « nouvelle économie ». Ainsi, syndicalisme et droit du travail apparaîtraient comme définitivement dépassés à mesure que s'éloignent ces « Trente Glorieuses » durant lesquelles la croissance avait permis (à certains) de découvrir les joies de la consommation de masse.

L'homme et la société, n° 193-194, juillet-décembre 2014

Ce fier et vivace « aujourd'hui » dans lequel nous englue une actualité toujours plus riche et débordante, que nous prodiguent des médias affermis par les technologies de l'information et de la communication, paraît se fragmenter en une multitude constamment renouvelée de crises localisées. La société post- moderne, industrielle, idéologique, politique, démocratique — *ad lib.* — découvrirait la multitude des configurations économiques, sociales, culturelles et religieuses, qui succéderait à la monotonie ennuyeuse des affrontements bipolaires de la Guerre Froide. L'invalidation permanente du passé dans une course laissant derrière le monde uniforme du fordisme s'accompagnerait d'une découverte de cette infinie diversité, que les opérateurs *low cost* mettraient à la portée de tous, transformant les futurs chômeurs du Nord en touristes découvrant tour à tour la diversité culturelle et la misère du Sud. Les nouveaux riches des pays émergents fourniraient aux galeries marchandes des anciens pays industriels, une clientèle nouvelle se substituant à cette consommation intérieure que les politiques d'austérité ont tarie.

Pour autant, la « nouveauté absolue », en termes d'enjeux, de débats ou de pratiques, censée fonder ces discours du « post », reste à interroger. Ainsi, *Internet* permettrait le travail à domicile concrétisant l'autonomie salariale ; l'autoentrepreneuriat ou la fin du contrat de travail contribueraient à l'épanouissement de l'individu, en surmontant le soi-disant héritage fordiste que constituerait le droit du travail ; l'économie de la proximité — le « juste à côté » plutôt que le « juste à temps » —, l'économie de la fonctionnalité — reposant sur l'usage et le service, plutôt que sur la propriété —, l'économie de la circularité — le recyclage —, marqueraient la concrétisation de l'ère postindustrielle ; etc. Dans cette affirmation du « post », une dimension de « mise au passé » est à l'œuvre, permettant de ne pas tenir compte de réalisations parfois anciennes dans ces domaines, avec leurs réussites, leurs limites et également leurs impasses. Assis sur le cheval du « post », économistes, sociologues et, plus généralement, experts et analystes se posent en visionnaires, rejetant dans « l'archaïsme » l'industrie, le droit du travail, le mouvement ouvrier. En conscience, ils ouvrent la voie aux « nécessaires adaptations » (car « il n'y aurait pas d'alternatives ») pouvant justifier la « rupture » avec un passé révolu mais entravant la survie de la société, de l'économie, dans un monde qui change.

Tout serait-il aussi nouveau dans cette litanie du « post » ? Non, de toute évidence. À titre d'exemple, à partir de la fin du XIXe siècle et jusqu'au milieu du XXe siècle, l'*United shoe machinery company*, conquiert, depuis son siège de Boston, un quasi-monopole en Amérique du Nord et en Europe de l'Ouest dans le domaine des machines-outils pour chaussures en pratiquant un système de location plaçant sous son contrôle et sous sa dépendance les fabricants de chaussures. Toutefois, les risques en matière de concurrence ne semblent pas pris en compte par les tenants contemporains de cette économie de la fonctionnalité. Plus globalement, des enjeux tels que la foi dans la technique et, son contraire, l'horreur de la technique, le risque technologique, la question de l'abondance ou de la décroissance, la crise énergétique, la dé-mondialisation, le développement durable et la protection de l'environnement, etc., ou plus spécifiques, comme les agricultures biologique ou paysanne, la responsabilité sociale de l'entreprise, la flexibilité de l'emploi, etc.[1], sous le couvert d'habits neufs, renouent en réalité avec des discussions fort anciennes, datant souvent des débuts mêmes de la « révolution » industrielle. La période dite des « Trente Glorieuses », est elle-même à examiner, afin de se déprendre d'une lecture fordiste univoque. Le secteur automobile est notamment une bonne entrée pour réfléchir à ce que stratégie (politique) de l'offre ou stratégie (politique) de la demande peuvent bien recouvrir. Les enjeux du contrôle, de la subordination et de l'aliénation demeurent plus que jamais d'actualité.

Il est temps en effet de revenir sur une amnésie collective, qui, au nom de l'avenir, ferait en permanence table rase du passé. Qu'est-ce que ce retour à des pratiques anciennes parées des atours de la postmodernité a à nous dire de l'évolution du capitalisme ? Comment comprendre et interpréter les discours sur une logique d'adaptation eux-mêmes inséparables de la recherche de nouvelles justifications ? Ne faut-il pas voir dans les usages du « post » un marqueur de crise systémique ou de transition ? En effet, cette mise en récit du « post » s'inscrit en réalité dans une reconfiguration du capitalisme, ni tout à fait neuve, ni tout à fait ancienne, mais pouvant se lire selon quatre dimensions : *le profit*, *la justification*, *le contrôle* et *la perpétuation*. Le développement durable, par exemple, est l'occasion de nouveaux marchés et de nouveaux profits. L'enrichissement, de toute antiquité, se pare des vertus de la justification associée à l'évergétisme, la philanthropie ou, plus récemment, à la « responsabilité sociale de l'entreprise ». Cette justification n'est elle-même qu'une des modalités de prise de contrôle sur les marchés, les hommes et les sociétés, participant à une mise en cause du collectif au profit de l'individu.

---

1. Les thèmes de la santé au travail ou encore de la suppression de la monnaie n'ont pas suscité de propositions de contributions, en dépit du souhait des coordinateurs du dossier.

Le dossier présenté est le fruit d'un travail et d'échanges collectifs entre des économistes, des géographes, des historiens, des spécialistes des sciences de l'information et de la communication, des philosophes et des sociologues. Par ce dialogue, que nous espérons fécond, y compris entre chercheurs de plusieurs nationalités (Espagnols, Français, Italiens et Suisses), nous proposons une échappée hors du brouillard. Partant du XIXe siècle et traversant une multitude de configurations politiques, économiques et sociales, ce dossier nous conduit aux rives d'un XXIe siècle qui se présente sous des atours « neufs » : « neufs » aux yeux des profanes et de ces « experts utiles » toujours à l'affût d'une « tendance » justifiant une « adaptation » des individus au « changement ». En fait, ce siècle s'annonce bien plutôt sous les traits de l'« éternel retour » des inégalités socioéconomiques et territoriales, ainsi que des crises financières, politiques et environnementales. Une première ligne de fuite du dossier associe la question agraire et la survenue d'un capitalisme spécifique (Laurent Herment, « Le capitalisme agraire au XIXe siècle : le champ des possibles »), à celle du développement durable dans un secteur particulier (Cédric Perrin, « Le développement durable en perspective historique. Le cas des tanneries »), et trouve un écho dans la critique du discours publicitaire le plus récent (Elsie Viguier, « Pub / Antipub, quel regard sur le développement durable, le consumérisme politique et le marketing " vert " ? »). Le champ des possibles y apparaît ouvert aux différents stades et configurations historiques. La « nature » a beau être présentée comme espace nouveau à conquérir pour le capitalisme[2], le territoire à différentes échelles est sous emprise depuis longtemps. C'est ce que suggèrent Pauline Barraud de Lagerie, étudiant « l'exploitation de la sueur » (« L'éternel retour du *sweating system* ? ») des États-Unis au Bangladesh, Thomas Zanetti, liant paternalisme et posture de « responsabilité sociale de l'entreprise » à travers la domination par Michelin d'un territoire capté et captif (« Responsabilité sociale et implication territoriale contemporaine de Michelin à Clermont-Ferrand : une réactualisation du système d'encadrement paternaliste du début du XXe siècle ? », et José Antonio Miranda qui traite d'un capitalisme se développant à travers des modalités d'exploitation extensive (« Vers un monopole mondial : l'expansion internationale de la *United Shoe Machinery Company* dans la première moitié du XXe siècle et ses conséquences sur l'industrie de la chaussure »). Les textes d'Alexandre Fernandez (« De l'illusion " post-mécaniste " à l'illusion " post-industrielle " »), de Jean-Michel Bonvin, Nicola Cianferoni et

---

2. Jean GADREY, « La nature comme nouvelle frontière du capitalisme », *Alternatives économiques*, 21 juin 2012.

Morgane Kuehni (« Les rapports de subordination au cœur de la cité par projets : étude de cas dans l'industrie des machines »), de Claude Didry et Florent Le Bot (« Un dépassement capitaliste du salariat ? Une socio-histoire en trois actes et impasses »), et de Jessica Dos Santos (« De la coopération intégrale à la réforme de l'entreprise : l'intéressement salarial au prisme du Familistère de Guise » se rejoignent dans le constat d'une tension alimentée en permanence par le capital entre les registres du commerce, de la participation et de la subordination. Cette tension se retrouve dans la configuration des mondes de production singuliers, chers à Salais et Storper[3], ainsi qu'à Sabel et Zeitlin[4], et qui informe les articles de Thomas Le Bon (« Le travailleur taylorien : une « figure » dépassée ? »), ainsi que de Bernard Jullien et Tommaso Pardi (« Le postfordisme comme mythe et idéologie de la sociologie économique. Du consommateur à la construction sociale du marché automobile »). Il reste enfin à s'interroger avec Olivier Dard sur les sorties de crise proposées par des technophiles (« Sortir de la crise par la technique ? Les réponses de l'abondancisme »), avant que d'ouvrir à une série de notes de lectures (Florent Le Bot, Alain P. Michel, Cédric Perrin et Camille Dupuy) en résonance avec les thèmes de ce dossier.

L'enjeu est bien la perpétuation du capitalisme, qui, tel de nombreuses espèces animales, mue par renouvellement de son apparence externe et abandon de l'une de ses « mille peaux ». Il reste alors à lui opposer la pluralité des possibles qui s'ouvrent dans le présent, en poussant le « post » à son terme, pour se demander de quelle histoire il est le nom.

Olivier DARD, Claude DIDRY, Florent LE BOT et Cédric PERRIN

* * *

3. Robet SALAIS et Michael STORPER, *Les mondes de production. Enquête sur l'identité économique de la France*, Paris, EHESS, 1993.

4. Charles SABEL et Jonathan ZEITLIN (eds.), *World of possibilities : flexibility and mass production in western industrialization*, Paris, Maison des Sciences de l'homme, Cambridge, New York, Cambridge university Press, 1999.

Annales
Histoire, Sciences Sociales

n° 4 **octobre-décembre 2014**

Sommaire

Rédaction

190-198 avenue de France • 75244 Paris cedex 13 • Tél.: 01 49 54 24 67 • annales@ehess.fr

Abonnement

Armand Colin abonnements • 5 rue Laromiguière • 75240 Paris Cedex 05 • Tél. France: 0820 065 095 • Tél. International: 33 (0)1 40 46 49 89 • Fax: 33 (0)1 40 46 49 93 • infos@armand-colin.fr

Vente au numéro

Prix d'un numéro simple: 17 € • http://annales.ehess.fr

Vente en librairie et en ligne: Dif'Pop diffusion • 81 rue Romain Rolland • 93260 Les Lilas Tél.: 33 (0)1 43 62 08 07 • Fax: 33 (0)1 43 62 07 42 • www.difpop.com

Vente sur place et par correspondance: Éditions de l'EHESS • 131 boulevard Saint-Michel • 75005 Paris • Tél.: 33 (0)1 53 10 53 56 • Fax: 33 (0)1 44 07 08 89 • editions-vente@ehess.fr

Le capitalisme agraire au XIXe siècle : le champ des possibles

Laurent HERMENT

L'*Annuaire des cinq départements de Normandie* publie dans son édition de 1880 les réponses aux questions posées à l'occasion de l'enquête agricole menée dans l'arrondissement d'Argentan en 1879. La question numéro 1 porte sur l'étendue des fermes : « Quelle est l'étendue des fermes dans l'arrondissement d'Argentan ? Les petites exploitations paraissent-elles préférables dans l'intérêt des cultivateurs et de la société tout entière ? » La réponse de Mr. Germain-Lacour, vice-président du Comice et conseiller général, est sans appel. « L'étendue des fermes dans l'arrondissement est, en moyenne, de 30 hectares. Les petites exploitations sont en général préférables. » Le sous-préfet de l'arrondissement ne cache pas son étonnement devant la dernière partie de la réponse. Il « fait observer [qu'elle] est en contradiction avec la marche ascendante du progrès agricole, qui ne peut se faire qu'avec un outillage coûteux et des machines perfectionnées qui ne sont pas à la portée de la petite culture. » Devant l'incompréhension de l'administrateur, Léonce de Glanville, directeur de l'Association normande, « explique cette préférence donnée aux petites exploitations, par la pénurie de bras dont une certaine quantité est toujours nécessaire à une exploitation agricole. Les petites exploitations, ajoute M. de Glanville, se font valoir en famille. D'ailleurs, il y a des machines locomobiles, et pour certaines du moins, on peut se les procurer par association.[1] »

1. *Annuaire des cinq départements de la Normandie*, 1880, Caen et Rouen, p. 17. Les définitions exactes de la petite et de la moyenne exploitation et, par conséquence, de la grande n'ont pas grand intérêt en soi. Ces définitions dépendent en effet de la nature de l'activité des exploitations. C'est la référence au caractère familial de l'exploitation agricole qui fait sens dans ce dialogue.

On reconnaîtra dans la réponse de Léonce de Glanville le poncif du « manque de bras » dans l'agriculture. Mais il convient de passer outre et de ne pas négliger la signification profonde de ce dialogue. Il exprime tout d'abord l'étonnement d'une partie des élites administratives des débuts de la Troisième République devant l'endurance de la petite paysannerie française. Il souligne aussi la nécessité du virage idéologique pris par Gambetta dès le début des années 1870, afin d'arrimer cette paysannerie à la République[2]. En dernière analyse, au-delà de ces considérations proprement politiques, ce dialogue permet de réinterroger le mouvement de « marche ascendante du progrès agricole » au cours d'un très long XIXe siècle, qui court de la Révolution à la veille de la première guerre mondiale, et les conditions de l'émergence du capitalisme dans l'agriculture française... si capitalisme il y a.

Il est assez paradoxal d'affirmer qu'à la fin du XVIIIe siècle et durant la première moitié du XIXe, la réflexion des économistes sur le développement du capitalisme regarde en premier lieu l'agriculture. Pourtant, de Turgot à Marx, en passant par Ricardo, l'agriculture occupe une place de choix dans la pensée économique. D'un certain point de vue, l'agriculture apparaît comme le champ privilégié de l'expérience capitaliste. Mais à partir du troisième tiers du XIXe siècle, l'activité agricole va totalement changer de statut. Elle apparaît comme le lieu dans lequel se développe un mode de production familial archaïque, particulièrement en France.

Après la seconde guerre mondiale, durant près de 40 ans, avec l'explosion de la motorisation, l'utilisation massive d'engrais et de produits phytosanitaires, la liquidation de près de deux millions d'exploitations et l'effondrement de la population active agricole, la productivité du travail dans l'agriculture va surpasser durablement celle de l'industrie et des services[3]. A l'orée du XXIe siècle, l'agriculture serait-elle enfin entrée dans le giron du capitalisme ? Nous défendrons ici une thèse quelque peu différente. Il convient en effet de distinguer deux ordres de problèmes. La soumission d'un secteur économique au capitalisme ne signifie pas qu'il est capitaliste. Afin d'illustrer cette thèse nous envisagerons la période qui court de la Révolution à la première guerre mondiale. Cette période, au cours de laquelle émergent puis s'imposent des firmes agro-industrielles et agro-alimentaires de plus en plus puissantes, est particulièrement pro-

2. Cf. à ce propos Soo yun CHUN, « Amis de l'agriculture (1870-1892) ou comment rallier les campagnes à la République ? », *Histoire et sociétés rurales*, 2003/2, vol. 20, p. 147-172.

3. Olivier MARCHAND et Claude THÉLOT, « Deux siècles de productivité en France », *Économie et statistique*, n° 237-238, novembre-décembre 1990, p. 11-25, p. 18.

pice à la compréhension du rapport de l'agriculture française au capitalisme.

Il ne s'agira pas ici de défendre l'idée selon laquelle le monde paysan français fut atteint de sclérose durant le XIXe siècle. Quand bien même la productivité de l'agriculture française aurait été très faible durant la période 1900-1930, comme tendraient à le démontrer les travaux de Paul Bairoch et de Jean-Claude Toutain [4], il faut se déprendre de l'image d'une paysannerie incapable de progrès. Nous ne croyons pas au passage soudain, à partir de 1950, d'un monde clos à l'univers infini, pour reprendre une image inspirée de l'œuvre d'Alexandre Koyré.

Il s'agira, dans un premier temps, de cerner les caractères de l'agriculture du Nord de la France au XIXe siècle, en tenant compte des contraintes économico-financières qui pesaient sur les exploitants. Il s'agira aussi de s'interroger sur les atouts dont auraient pu disposer les grandes fermes, qualifiées de *capitalistes*, face aux exploitations familiales. Dans un second temps, il conviendra de se demander si c'est au sein même du monde agricole que s'est développé le rapport d'exploitation salarial typique du capitalisme ou si, au contraire, c'est en aval et en amont du processus de production strictement agricole, que s'est développé le capitalisme *agraire* [5].

---

4. Paul BAIROCH, « Les trois révolutions agricoles du monde développé : rendements et productivité de 1800 à 1985 », *Annales. Économie, Sociétés et Civilisations*, 44e année, n° 2, 1989, p. 317-353 et Jean-Claude TOUTAIN, « La croissance inégale des régions françaises : l'agriculture de 1810 à 1990 », *Revue historique*, n° 590, avril-juin 1994, p. 315-359. Il convient de souligner ici que toutes les agricultures ouest-européennes sont atteintes de langueur durant la phase 1890-1930. Cf. à ce sujet les contributions de Paul BRASSLEY et Michael KOPSIDIS, in Erik THOEN (ed.), *Rural economy and society in north-western Europe, 500-2000*, vol. 4, à paraître chez Brepols

5. Si ce texte entre incontestablement en résonance avec le débat sur la « petite production marchande », il se veut avant tout une réflexion d'historien sur la notion de capitalisme agricole dans la France du XIXe siècle. En ce qui concerne le débat sur la « petite production marchande, nous nous contenterons de citer deux références : Jean CAVAILHES, « Bilan de quinze ans de leadership marxiste », *Économie rurale*, n° 160, 1984, p. 9-14 et Claude SERVOLIN, « L'absorption de l'agriculture dans le mode de production capitaliste », in *L'univers politique des paysans*, Armand Colin, 1972, p. 41-77.

I - L'agriculture : champ d'expérience du capitalisme ou conservatoire folklorique ?

La pensée économique de la fin du XVIIIe siècle et de la première partie du XIXe siècle accorde une place très importante à l'agriculture. Au-delà de 1870, l'économie politique n'accorde plus qu'une place secondaire au développement de l'agriculture. Ce constat pose deux questions : comment expliquer ce changement de statut ? Le retard, réel ou supposé, de l'agriculture française était-il commandé par l'absence d'un secteur capitaliste ?

1 - Capitalisme et agriculture de Turgot à Marx

Il n'est pas anodin de souligner, qu'avec François Quesnay, les débuts de l'économie politique moderne et de la réflexion sur l'accumulation capitaliste s'inscrivent dans une réflexion sur le développement des potentialités agricoles du Royaume de France. Comme celle de Quesnay et des physiocrates, l'œuvre de Turgot rend compte du caractère essentiellement *capitaliste* de l'entreprise agricole dans les régions de grande culture. Turgot note que :

> « Ces fermiers sont de véritables entrepreneurs de culture, qui ont à eux, comme les entrepreneurs dans tout autre genre de commerce, des fonds considérables ; et qui les font valoir par la culture des terres.[6] »

Le caractère *capitaliste* de ces entreprises agricoles s'affirme dans de nombreux passages de l'œuvre de Turgot. Le fermier, comme n'importe quel capitaliste, choisira l'activité la plus lucrative, du moins celle qui lui assure un profit normal. Toutes les *avances* du fermier-cultivateur :

> « [...] ont pour objet immédiat d'augmenter la masse des productions au profit de l'État, et de [lui] donner un profit annuel. Il faut que ce profit soit plus grand que l'intérêt ordinaire de l'argent prêté, car sans cela le propriétaire du capital aimerait mieux le prêter. Il faut aussi que ce profit soit réservé en entier au fermier cultivateur, sans qu'il fasse la moindre part au propriétaire : car si ce profit n'était pas entier pour le fermier, il préférerait placer son argent d'une autre manière pour n'en partager l'intérêt avec personne.[7] »

---

6. Anne-Robert-Jacques TURGOT, *Mémoire au Conseil sur la surcharge des impositions - La grande et la petite culture*, in Œuvres de Turgot, Édition Gustave Schelle, Librairie Alcan, 1914, p. 445-469, p. 448.

7. Anne-Robert-Jacques TURGOT, *Sixième lettre au contrôleur général (abbé Terray) sur le commerce des grains*, réédition in *Turgot. Écrits économiques*, Calmann-Levy, 1970, p. 321-331, p. 322-323. Sur les contours de la notion de *profit* chez les physiocrates et Turgot, que nous sollicitons peut-être abusivement, nous renvoyons à Jean-Yves GRE-

Un siècle plus tard, Karl Marx ne dit pas autre chose quant à la nature capitaliste de l'entreprise agricole. Dans le chapitre XXXVII du livre III du *Capital*, il affirme que « le fermier produit du froment etc., tout comme le fabricant produit du fil ou des machines [8] ». Il ajoute, quelques pages plus loin :

> « Les véritables agriculteurs sont des salariés employés par un capitaliste, le fermier, qui ne considère l'agriculture que comme un champ d'action particulier du capital, comme un investissement de son capital dans une sphère de production particulière. [9] »

Il est toutefois nécessaire de préciser que le *capital* ne constitue pas une réalité homogène pour ces différents courants de pensée. Ce qui n'est pas de petite conséquence. Pour Turgot, comme pour les physiocrates, le capital du fermier, ses *avances*, constitue une masse de biens : bestiaux, semences, salaires des ouvriers, etc. [10] Si l'on s'en tient à ce point de vue, l'accumulation du capital entre les mains des fermiers-capitalistes mène à un état d'opulence profitable à tous. Selon Marx, au contraire, le capital est avant toute chose un rapport social d'exploitation de la force de travail lourd d'antagonismes : c'est l'exploitation de la force de travail qui permet au capitaliste d'engranger la plus-value. Ainsi, si l'économie des physiocrates est une économie apaisée dans laquelle les différentes classes sociales, propriétaires, salariés et fermiers — ou capitalistes, profitent pleinement de la croissance ; l'économie capitaliste est, selon Marx, travaillée par des contradictions qui mènent inévitablement à la crise [11]. Dans le secteur agricole, à la contradiction primordiale entre capital et travail, se superpose celle qu'engendrent les rapports entre les fermiers et les propriétaires fonciers qui perçoivent la rente, qui est un revenu parasitaire. De ce dernier point de vue, même s'il admet l'existence d'une rente absolue, Marx s'inscrit dans la droite ligne de Ricardo et de la théorie de la rente différentielle. Au-delà des divergences fondamentales qui séparent les

---

NIER, *L'économie d'Ancien Régime. Un monde de l'échange et de l'incertitude*, Albin Michel, 1996, p. 36-51.

8. Karl MARX, *Le Capital*, Livre III, Éditions sociales, 1977, p. 565.

9. *Ibidem*, p. 567.

10. « Ces *fermiers* [les exploitants des pays de grande culture] se chargent de toutes les dépenses de la culture, des labours, des semences, de meubler la ferme de bestiaux de toute espèce, des animaux et des instruments de labours », in Anne-Robert-Jacques TURGOT, *Mémoire au Conseil sur la surcharge des impositions - La grande et la petite culture*, *op. cit.*, p. 448.

11. Karl MARX, *Le Capital*, livre III. La croissance de la composition organique du capital (soit le rapport capital mort/capital vivant) entraîne une baisse tendancielle du taux de profit qui mène à la crise, qui ne sera surmontée que par une liquidation d'une fraction du capital qui est dès lors incapable de fonctionner comme capital.

physiocrates, Turgot, Ricardo et Marx, il faut insister sur un aspect commun essentiel de leur pensée : le destin de l'agriculture s'inscrit dans la matrice capitaliste. La petite exploitation, la métairie, la petite propriété sont inéluctablement menacées par un double mouvement de concentration des propriétés et des exploitations (c'est-à-dire du capital) qui constitue l'expression du triomphe du capitalisme en agriculture [12].

Il convient donc d'examiner l'évolution de l'agriculture durant cette période afin de mesurer la validité de ces prédictions et de se demander si, oui ou non, au cours du XIXe siècle, l'agriculture est marquée par un mouvement de disparition de la paysannerie parcellaire, et, si non, pourquoi ?

2 - Les limites du capitalisme en agriculture : une première approche

La France agricole se caractérise, jusque très avant dans le XXe siècle, par la coexistence de deux types d'exploitations : les grandes exploitations, souvent qualifiées de *capitalistes*, et les exploitations petites et moyennes, qui refusent obstinément de se soumettre au destin auquel les condamnent les différents courants de la pensée économique [13].

Au cours du XIXe siècle, le capitalisme agricole, à l'image de ce qui s'est passé dans l'industrie, eût dû disposer de deux atouts pour s'imposer face à la petite exploitation : la possibilité de bénéficier d'économies d'échelle et la capacité à générer des gains de productivité. Examinons successivement ces deux problèmes.

---

12. Nous avons conscience que la vision de l'économie politique que nous développons prête le flanc à la critique. Il s'agit, ici, d'opposer les attendus idéologiques propres à la première partie du XIXe siècle à la réalité des développements de l'agriculture. Afin de nous justifier nous nous contenterons de dire que la pensée de Marx et ses prolongements *Jaurésiens* constituent, du point de vue qui nous intéresse, un *terminus ad quem*.

13. Les petites exploitations progressent sans cesse durant le XIXe siècle. Entre 1852 et 1892, la part de la superficie agricole occupée par les exploitations de moins de 10 hectares passe de 21 % à 28 %. La part des exploitations de plus de 40 hectares passe de 32 % à 38 % entre 1852 et 1892 avant de retomber à 29 % en 1929. Cf. Jean-Pierre JESSENNE et Nadine VIVIER, « Northern France, 1750-2000 », in Bas Van BAVEL and Richard HOYLE (eds.), *Social Relations : Property an Power*, Rural Economy and Society in North-western Europe, 500-2000, Brepols, 2010. La mise en œuvre du code civil a souvent été invoquée pour expliquer le morcellement des héritages. Cette explication séduisante, n'a aucune portée en ce qui concerne la France du Nord qui obéissait, avant la Révolution, à deux types de coutumes : les *coutumes égalitaires*, qui prévoyaient un partage très strict (et très strictement respecté) des héritages ; les *coutumes d'option* qui, dès le début XVIIIe siècle, ont évolué vers un modèle strictement égalitaire (là encore très strictement respecté).

Une entreprise bénéficie d'économies d'échelle si le rapport entre son volume d'affaires et les coûts fixes augmente. Cela se traduit par un abaissement du coût fixe unitaire de production et, en principe, par contrecoup, du coût unitaire total.

Jusqu'au milieu du XXe siècle, il est très difficile d'évaluer la valeur des productions des exploitations agricoles et les coûts de production des produits agricoles. D'une part, les sources manquent, d'autre part, les entreprises agricoles présentent une spécificité qui rend les résultats des calculs particulièrement aléatoires : l'essentiel des intrants (des matières et fournitures, ce que l'on nomme en gestion des consommations intermédiaires) provient des exploitations elles-mêmes. La détermination d'un coût dépendra donc des choix effectués en matière de valorisation des productions autoconsommées : quel est le coût de production des pailles destinées à l'alimentation du bétail et à la confection des litières ? Quel est le coût des fumiers que l'exploitant épand sur ces champs, etc.[14] ? Les contemporains, comme les historiens, ont cherché vainement à résoudre ces problèmes de manière satisfaisante. Finalement, tout le monde s'en remet aux évaluations que les paysans réalisaient à l'occasion des inventaires après décès, des contrats de mariage, des ventes de terrains ou lors de la prise à bail des fermes.

Faut-il pour autant renoncer ? Il existe une solution alternative. Il s'agit de rapporter la valeur des investissements à la valeur des productions saisie par le biais de ce que les inventaires après décès qualifient de *labours, fumiers et semences*. L'étude que nous avons menée sur les exploitants agricoles du Bassin Parisien du premier XIXe siècle, là où la grande exploitation capitaliste était censée atteindre des performances remarquables, permet d'affirmer que la valeur de l'investissement à l'hectare ne variait pas en fonction de la superficie mise en culture[15]. Bref, les grands exploitants ne bénéficiaient pas d'économies d'échelle. Le *cheptel mort* (charrues, charrettes, tombereau, etc.) constituait le seul poste sur lequel ils pouvaient se rattraper. Or, en termes d'investissement, il ne représentait rien ou très peu de chose (2 à 6 % de l'actif immobilisé)[16]. En réalité,

14. Pour une présentation des problèmes que soulève cette particularité, cf. Laurent Herment, *Les fruits du partage. Petits paysans du Bassin Parisien au XIXe siècle*, Presses universitaires de Rennes, 2012, p. 205 *sqq*.

15. *Ibidem*, p. 135 *sqq*. et « Mesurer les performances *céréalières* des petites exploitations du Bassin Parisien durant le premier XIXe siècle », *Histoire et Sociétés Rurales*, n° 36, deuxième semestre 2011, p. 97-136.

16. Au XVIIIe siècle, la situation est la même, cf. Annie Antoine, *Fiefs et villages du Bas-Maine au XVIIIe siècle. Étude de la seigneurie et de la vie rurale*, Éditions Régionales de l'Ouest, Mayenne, 1994, p. 380 *sqq*.

l'essentiel des charges des exploitations était variable ou semi-variable. Ce qui signifie qu'elles augmentaient plus ou moins proportionnellement avec le niveau de production.

Après 1840-1860, les conditions de la production évoluent, elles permettent de poser le problème de la productivité du travail et de la terre. En matière de croissance de la productivité du travail, trois instruments jouent un rôle fondamental durant cette période : la faux, la machine à battre et la moissonneuse. La mise en œuvre successive de ces trois instruments, qui permettent d'accroître la productivité du travail, intervient à deux moments clefs du processus de production : la faux et la moissonneuse lors de la moisson, la machine à battre lors du battage des grains. Comme le souligne Daniel Zolla, les petits et les moyens exploitants peuvent profiter de ces innovations au même titre que les grands [17].

Réglons immédiatement le sort de la faux : rien n'interdit aux petits cultivateurs d'utiliser une faux comme en témoignent les inventaires après décès du premier XIXe siècle. Les machines à battre et les moissonneuses, compte tenu de leur coût, devraient être réservées à l'élite des grands fermiers. Il n'en est rien. Les petits et moyens exploitants y ont très rapidement accès selon trois voies : l'association, l'appel à des entreprises spécialisées dans le battage, la troisième consiste simplement à profiter du matériel dont dispose un grand exploitant voisin [18].

L'association joue un rôle particulièrement important. Comme le souligne Niccolò Mignemi, « de manière complémentaire aux initiatives syndicales d'approvisionnement, la coopération de production permet, en effet, de valoriser et de moderniser le travail paysan. Elle limite le poids des charges économiques et rend accessibles, même aux petits, les *avantages de l'outillage perfectionné jusqu'alors réservés aux grands agriculteurs*, en raison du prix trop élevé ou de l'emploi trop rare [19] ».

En définitive, les entreprises agricoles *capitalistes* ne disposaient d'aucun atout particulier sur les plans technique et financier avant la généralisation des moyens *automoteurs* pour employer le vocable de l'entre-

---

17. Daniel ZOLLA, *Questions agricoles d'hier et d'aujourd'hui*, Armand Colin, Paris, 1904, p. 57 *sqq*.

18. Sur la diffusion des machines à battre en Loire-Inférieure (Loire-Atlantique) au cours de la seconde moitié du XIXe siècle, cf. René BOURRIGAUD, *Le développement agricole au 19e siècle en Loire-Atlantique*, CHTN, 1994, p. 226 *sqq*.

19. Niccolò MIGNEMI, *Coopérer pour travailler la terre, coopérer pour exploiter la terre. Itinéraires comparés des coopératives agricoles en Italie et en France dans la première moitié du vingtième siècle*, Thèse sous la direction de Gérard Béaur, 2012, p. 294. Cf. en annexes cartes 15 à 17. Les termes en italiques sont extraits de Robert de ROCQUIGNY, *La Coopération de production dans l'agriculture. Syndicats et sociétés coopératives agricoles*, Guillaumin et Masson, Paris, 1896.

deux-guerres. Or, si l'ensemble de l'Europe occidentale est très en retard sur les États-Unis en cette matière, la France est en queue de peloton à la veille de la seconde guerre mondiale [20].

Un dernier vecteur de progrès va permettre l'amélioration de la productivité à l'hectare : les engrais chimiques ou artificiels. La restitution à la terre des éléments fertilisants représente l'un des blocages majeurs auxquels se heurtent les agricultures jusqu'au milieu du XIXe siècle. Si l'extension des prairies artificielles, qui fixent l'azote de l'air, constitue un premier élément de progrès mis en œuvre dès la seconde moitié du XVIIIe siècle, c'est avec l'apparition successive du guano, des phosphates artificiels à base de poudre d'os calciné [21], des scories de déphosphoration [22] et des superphosphates que les rendements céréaliers vont décoller [23]. Une fois de plus, rien n'indique, ni dans le processus de diffusion de ces nouveautés, ni dans leur mode d'utilisation, que les grandes exploitations bénéficient d'une avance quelconque. C'est en Loire-Inférieure, dans une région qui n'est pas l'emblème des régions de grande culture, que le *noir animal* va connaître une expansion fulgurante à partir des années 1830 [24]. À la fin du XIXe siècle, dans un département aussi déshérité que le Morbihan, les syndicats agricoles prennent en charge la commercialisation des engrais chimiques qui sont dès lors à la disposition des exploitants petits et moyens [25]. Quant on saura que ces mêmes agriculteurs du Morbihan pouvaient, par l'intermédiaire du syndicat, s'approvisionner, à des prix très avantageux, en tourteaux d'arachide, de palmiste ou de coton d'Égypte afin de nourrir leur cheptel, on aura compris que les petits et moyens exploitants ne disposaient d'aucun handicap insurmontable face aux grandes exploitations, y compris sur le plan commercial [26].

---

20. Laurent HERMENT, « Land Use and Productivity : North of France 1750-2000 », À paraître chez Brepols in Erik THOEN (dir.), *Rural Economy in North-Western Europe*, vol. 4.

21. Il s'agit d'un sous-produit des raffineries de sucre nommé *noir animal*.

22. Il s'agit d'un sous-produit des aciéries. On parle aussi de « poudre Thomas » par référence à Thomas Gilchrist.

23. Sur l'évolution des livraisons de superphosphates et de scories de déphosphoration cf. Laurent HERMENT, « Land Use and Productivity : North of France 1750-2000 », *op. cit.*, graphique 14.

24. René BOURRIGAUD, *Le développement agricole au 19e siècle en Loire-Atlantique*, *op. cit.*, p. 143 *sqq.*

25. On trouve la trace de pratiques d'achats groupés de guano dès 1856 dans l'Aisne. À cette époque elles concernent les grands exploitants. *Conseil général du département de l'Aisne. Session de 1857*, p. 222.

26. *Bulletin trimestriel de l'union des syndicats agricoles du département du Morbihan*, livraison du 31 janvier 1907.

Gilles Postel-Vinay a souligné que les grands fermiers du Soissonnais ont fait le choix du « sous-développement » capitaliste [27]. Plus qu'un choix (mauvais ou bon), ce sont, nous semble-t-il, des contraintes techniques, sociales et économiques qui ont guidé leurs comportements. Gilles Postel-Vinay indique d'ailleurs que « les possibilités techniques dont [disposaient] les grands fermiers pour mener à bien ce processus [de transformation du procès de travail] sont assez limitées. Il n'y a passage de l'outil à la machine qu'à l'aval du procès de production [28] ». En fait, rien ne permettait aux grands fermiers de se distinguer radicalement de la moyenne paysannerie sur le plan des techniques agricoles. Sur le plan financier, la longue phase dépressionnaire qui débute au milieu des années 1870, et qui n'est que le prélude à l'effritement continu de très long terme des prix agricoles, leur interdit de mener une politique de modernisation qui ne serait d'ailleurs pas rentable. Enfin, sur le plan social, les grands fermiers font face à une paysannerie parcellaire dont la propriété est ancienne et solide et qui est capable de développer des modèles de production performants [29].

27. Gilles POSTEL-VINAY, *La rente foncière dans le capitalisme agricole*, Maspero, 1974, p. 156.

28. *Ibidem*, p. 147. Il s'agit comme nous l'avons précisé plus haut des opérations de moisson et de battage.

29. Dans le Bassin Parisien, au XIXe siècle, contrairement à ce qui est souvent avancé, les exploitants héritaient d'une très large fraction de leur exploitation. Le fait que les petits exploitants-propriétaires étaient justement propriétaires pose en des termes assez originaux la question de la reproduction du capital. Comment valoriser un capital qui est, de fait, mis gratuitement à la disposition des exploitants ? Laurent HERMENT, *Les fruits du partage. Petits paysans du Bassin Parisien au XIXe siècle*, *op. cit.*, p. 80-93 et 289-329 et Laurent HERMENT, « Life cycle and the transfert of small farm properties in Milly-la-Forêt during the first half of the nineteenth century », in Gérard BÉAUR, Philipp R. SCHOFIELD, Jean-Michel CHEVET and Maria Teresa PÉREZ-PICAZO (eds.), *Property Rights, Land Markets ? And Economic Growth in the European Countryside (Thirteenth-Twentieth century)*, vol. 1 de la collection *Rural History in Europe*, Brepols, 2013, p. 359-368. Ces remarques ne signifient pas qu'il n'existe pas de marché de la terre, puisque de nombreuses études démontrent que ce marché est très vivant dès le XVIIIe siècle. Cf. Gérard BEAUR, *Le marché foncier à la veille de la Révolution. Les mouvements de propriété beaucerons dans les régions de Maintenon et de Janville de 1761 à 1790*, EHESS, 1988 ; et parmi les travaux de Fabrice BOUDJAABA, cf. *Des paysans attachés à la terre ? Familles, marchés et patrimoines dans la région de Vernon (1750-1830)*, PUPS, Paris, 2008. Sur ce point, notre analyse diffère radicalement de celle de Claude Servolin : Claude SERVOLIN, « L'absorption de l'agriculture dans le mode de production capitaliste », *op. cit.*, p. 51 et p. 53-54, etc.

II - Exploitations familiales, rapport salarial et émergence de l'agro-industrie

D'un strict point de vue financier et technique, l'agriculture française du XIXe siècle ne fut ni un champ privilégié d'expérience du capitalisme, ni un conservatoire du folklore. Mais il convient d'approfondir la question. Dans une perspective marxiste, s'interroger sur le développement du capitalisme dans l'agriculture exige de replacer au centre de l'analyse le rapport social d'exploitation de la force de travail par le capital. On doit alors se demander si, au cours du XIXe siècle, le procès de production agricole est essentiellement, si ce n'est uniquement, traversé, au même titre que l'industrie, par ce rapport social.

1 - Exploitations capitalistes vs *exploitations familiales ?*

Le travail de Gilles Postel-Vinay sur l'agriculture du Soissonnais tendrait à démontrer que, durant la première partie du XIXe siècle, les grands exploitants du Soissonnais ont mis en œuvre un double procès d'exploitation de la paysannerie parcellaire. Non seulement ils exploitent la force de travail des journaliers mais, de plus, ils leur louent, à des prix prohibitifs, des lopins que l'on ose à peine qualifier de vivriers tant les charges sont lourdes. Dans le même temps, ces fermiers auraient plié à leur joug la classe des propriétaires terriens méfiants à l'égard des pratiques agricoles modernes. Ils seraient parvenus à freiner, à leur profit exclusif, le mouvement de hausse de la rente [30].

Il convient de s'interroger sur ce schéma pour trois raisons. La première tient au fait que les études disponibles sur la Normandie, la Beauce ou le Bassin Parisien ne confortent pas la thèse selon laquelle la rente se serait particulièrement appesantie sur la paysannerie parcellaire et la plèbe rurale [31]. La seconde renvoie au fait que les intérêts des grands propriétaires fonciers et des grands exploitants (qui eux-mêmes étaient parfois propriétaires) ne sont pas nécessairement antagoniques. Pour expliquer les mouvements de la rente, il faut avant tout tenir compte de la conjoncture. Si l'on se souvient de l'effondrement des prix agricoles au-delà de 1875, en particulier de ceux des productions qui faisaient la fortune des grands fermiers (laine, blé, betteraves), la baisse des fermages au-delà de 1880,

---

30. Gilles Postel-Vinay, *La rente foncière dans le capitalisme agricole*, *op. cit.*, p. 110 *sqq*.

31. Dans toutes les régions, les taux de fermage à l'hectare sur les petites parcelles sont plus élevés que sur les fermes mais, contrairement à ce qu'avance l'auteur, les deux taux évoluent au même rythme durant le XIXe siècle. Cf. Laurent Herment, *Les fruits du partage. Petits paysans du Bassin Parisien au XIXe siècle*, *op. cit.*, p. 74 *sqq*.

qui concerne toutes les classes de baux, s'explique aisément[32]. La troisième raison tient au fait que le procès de prolétarisation et de paupérisation de la paysannerie parcellaire n'est pas toujours aussi net que l'avance Gilles Postel-Vinay[33]. Il est nécessaire d'apporter deux précisions à ce dernier point de vue. Le mouvement de prolétarisation concerne la dépossession des paysans parcellaires ; celui de paupérisation concerne le niveau des salaires et la perte par la paysannerie parcellaire de ses moyens de production : la terre et le capital nécessaire pour l'exploiter.

Nous avons déjà montré que rien n'indique que la paysannerie parcellaire ait été expropriée durant le XIXe siècle. Le second aspect de la question mérite des développements plus importants. Durant la seconde moitié du XIXe siècle, la population active agricole décroît très lentement en France. Deux explications peuvent être avancées. D'une part, l'augmentation de la production ne s'accompagne pas nécessairement d'un accroissement de l'intensité capitalistique comparable à celui qui caractérise l'industrie en raison de l'introduction, dans le cycle des assolements, de cultures très gourmandes en main-d'œuvre (betteraves en particulier)[34]. D'autre part, le nombre d'exploitants-propriétaires augmente inexorablement au détriment de la fermocratie et du salariat[35].

---

32. Gilles POSTEL-VINAY, *La rente foncière dans le capitalisme agricole*, *op. cit.*, p. 162 *sqq* et p. 192.

33. Il convient de souligner que, dès la fin du XVIIIe siècle, les dimensions des fermes sont particulièrement impressionnantes dans l'Aisne. Le préfet du département évoque, en 1801, des fermes de 120 à 400 hectares dans l'arrondissement de Soisson. Cf. Luc-Jacques-Édouard DAUCHY, *Statistique du département de l'Aisne*, 1801, p. 18. Le recensement de 1851 indique que, dans ce département comme en Seine-et-Marne, la proportion de *journaliers* dans la population rurale est très importante. Cf. Georges DUBY et Armand WALLON (dir.), *Histoire de la France rurale*, tome 3, Seuil, 1976, p. 97.

34. Cf. à titre d'exemple, Daniel ZOLLA, « La monographie d'une exploitation rurale. La ferme de Fresnes », *Les questions agricoles d'hier et d'aujourd'hui. Chronique agricole du « journal des débats »*, Deuxième série, Felix Alcan, 1895, p. 2-20. Dans cette ferme particulièrement bien outillée, le capital par hectare s'élevait à 400 francs en 1840-1860 contre 1 000 francs en 1893. La dépense en salaires s'élevait à 78 francs par hectare en 1840-1860, contre 192 francs en 1893. Le rapport capital constant/capital vivant (c/v) est stable entre les deux périodes (*ibidem*, p. 15 *sqq*). Il est vraisemblable que Zolla ait introduit dans son calcul les gages des salariés saisonniers. Sur le problème de l'évolution de la productivité nous renvoyons au travail de Jean-Michel CHEVET, « Production et productivité : un modèle de développement économique des campagnes de la région parisienne aux XVIIIe et XIXe siècles », *Histoire & Mesure*, 1994, vol. 9, n° 1-2, p. 101-145. Jaurès lui-même, tout en soulignant les progrès du machinisme, reconnaît que « la machine agricole ne supprime pas la main-d'œuvre dans la même proportion que la machine industrielle ». Jean JAURÈS, *Discours prononcés à la Chambre des députés les 19, 26 juin*

Le thème rebattu *du manque de bras* n'est pas uniquement un lieu commun. Dès le troisième quart du XIXe siècle, les grands exploitants sont contraints de faire massivement appel à une main-d'œuvre temporaire ou permanente, que l'on qualifiera, par commodité d'exposition, d'*allogène*[36]. Ce manque de main-d'œuvre se traduit, au-delà de 1850, par une hausse des salaires supérieure à celle des prix des matières premières agricoles. Pire, durant la crise du dernier quart du XIXe siècle, les salaires obéissent globalement à un effet de cliquet. Tous les indices concordent et toutes les sources manifestent un même mouvement de hausse des salaires des ouvriers agricoles particulièrement net à partir de 1850. Le constat est valable en Basse-Normandie, en Picardie, dans le Bassin Parisien ou le Nord-Pas-de-Calais[37].

Ce mouvement de hausse des salaires potentialise ses effets avec le mouvement d'accession à la propriété de la petite paysannerie. En 1862, le territoire français comptait 1 812 000 propriétaires-exploitants. En 1882, en dépit de la perte de l'Alsace-Lorraine, on en dénombrait 2 150 000. En 1891, le chiffre s'élevait à 2 231 000[38]. Loin de s'effacer sous les coups de boutoir du capitalisme, l'exploitation familiale fleurit comme aux plus beaux jours, a tel point que, dès la fin de la décennie 1870, il y plus d'exploitants-propriétaires que de *domestiques de ferme*[39]. On en arrive à

---

et 3 juillet 1897, p. 24. Cf. à propos de Jaurès, Alain CHATRIOT, *Jaurès face aux paysans. Une vision socialiste*, Fondation Jean Jaurès, 2012.

35. Cf. à ce sujet, Jean-Luc MAYAUD, « Salariés agricoles et petite propriété dans la France du XIXe siècle », in Ronald HUBSCHER et Jean-Claude FARCY (dir.), *La moisson des autres. Les salariés agricoles aux XIXe et XXe siècles*, Creaphis, 1996, p. 29-55.

36. Cette immigration concerne les Belges comme les Bretons que l'on retrouve dans les campagnes de la région parisienne. Cf. Françoise BOURQUELOT, « La main-d'œuvre saisonnière à cent ans d'intervalle, dans deux secteurs de pointe de l'agriculture française », in Ronald HUBSCHER et Jean-Claude FARCY (dir.), *La moisson des autres. Les salariés agricoles aux XIXe et XXe siècles*, *op. cit.*, p. 139-151.

37. En 1895, Daniel Zolla note que : « Les salaires sont toujours plus élevés là ou la classe des agriculteurs est moins nombreuse par rapport aux autres groupes professionnels », in Daniel ZOLLA, « La population agricole en France », *op. cit.*, p. 272-288 et 279. Les évolutions des salaires quotidiens et du nombre de journaliers en Basse-Normandie entre 1852 et 1912 portent à la caricature les phénomènes que nous évoquons. Gabriel DESERT, « Les salariés agricoles en Basse-Normandie au XIXe siècle », in Ronald HUBSCHER et Jean-Claude FARCY (dir.), *La moisson des autres. Les salariés agricoles aux XIXe et XXe siècles*, *op. cit.*, p. 103-123. Cf. aussi à titre d'exemple Ronald HUBSCHER, *L'agriculture et la société rurale dans le Pas-de-Calais du milieu du XIXe siècle à 1914*, (2 tomes), Mémoires de la Commission Départementales des Monuments Historiques du Pas-de-Calais, Tome XX, 1979-1980, 1979 p. 572 *sqq.* ; et Daniel ZOLLA, « La monographie d'une exploitation rurale. La ferme de Fresnes », *op. cit.*, p. 18.

38. Daniel ZOLLA, « La population agricole en France », *op. cit.*, p. 281-282.

39. Dans le Pas-de-Calais, le rapport entre exploitants et salariés serait passé de 0,56 à

se poser la question de la possibilité du capitalisme dans un tel système : il y a plus de patrons que d'ouvriers ! On compte en moyenne un peu moins d'un *domestique de ferme* et *journalier* par exploitant, *propriétaire*, *fermier* et *métayer*.

On peine à croire, si ce n'était dans quelques exploitations exceptionnelles, et souvent exceptionnellement fragiles, qu'il fût possible d'extorquer de la plus-value, sauf à considérer comme Jaurès que « si la petite propriété subsiste encore, c'est parce que le paysan a pour ses besoins, si je puis dire, une faculté de compression presque illimitée [...].[40] »

2 - Les entours capitalistes de l'agriculture

En dépit des observations précédentes, il serait absurde d'affirmer que l'agriculture a été imperméable à l'émergence du système de production capitaliste. Mais, avant d'examiner par quelles voies elle fut soumise à la domination d'entreprises capitalistes, il est indispensable d'évoquer l'une des évolutions majeures de l'agriculture ouest-européenne durant la *grande dépression* du dernier quart du XIXe siècle. Dans de nombreux pays, selon des modalités institutionnelles diverses, l'exploitation familiale devint, au cours de cette période, un horizon idéologique indépassable[41]. Sur le plan agraire, ce mouvement s'inscrit dans le recentrage des exploitations sur l'élevage et ses sous-produits (laits, fromages) dont les prix ne baissent pas autant que ceux des productions végétales et qui sont moins gourmands en main-d'œuvre[42]. Ces activités constituent par ailleurs l'un des terreaux les plus fertiles pour la coopération (en France mais aussi au Danemark par exemple[43]).

Ces évolutions constituent des moyens d'autodéfense face à l'agressivité du capitalisme. Les différentes formes de coopération ou d'association, qui se développent très tôt et se multiplient à partir des années 1880, y compris parmi les grands exploitants, sont souvent des réponses à la

---

0,95 entre 1851 et 1911. Ronald HUBSCHER, *L'agriculture et la société rurale dans le Pas-de-Calais du milieu du XIXe siècle à 1914*, *op. cit.*, p. 915.

40. Jean JAURES, *Discours prononcés à la Chambre des députés les 19, 26 juin et 3 juillet 1897*, *op. cit.*, p. 68.

41. Il convient de souligner que ce modèle est totalement indépendant du modèle de transmission des patrimoines.

42. Si la superficie en blé varie peu entre 1875 et 1900, le recul des céréales se fait au détriment des céréales secondaires (méteil, seigle) et du sarrasin. Laurent HERMENT, « Land Use and Productivity : North of France 1750-2000 », *op. cit.*

43. Ingrid HENRIKSEN and Kevin H. O'ROURKE, « Incentives, Technology and the Shift to Year-round Dairying in Late Nineteenth-Century Denmark », *Economic History Review*, vol. 58, n° 3 (Aug. 2005), p. 520-554.

puissance des groupes capitalistes qui fournissent des intrants aux exploitants ou des réponses aux contraintes qu'imposent les marchés dominés par les grandes firmes agro-industrielles. À l'orée du XXe siècle, les rapports orageux entre les producteurs de betteraves et l'industrie du sucre, ou ceux des grands céréaliers avec la minoterie, sont symptomatiques de ces évolutions. Il n'est pas indifférent de souligner que Jaurès lui-même, que l'on ne soupçonnera pas de sympathie vis-à-vis de la fermocratie betteravière et céréalière, dénonce la mainmise de la grande industrie sur ces secteurs les plus *capitalistes* de l'agriculture [44].

Cette dernière remarque permet de mieux comprendre l'émergence d'un complexe agro-industriel dans lequel les exploitants agricoles, y compris les plus grands, peinent à s'insérer avec profit. Les premières expériences capitalistes en agriculture en témoignent. Elles sont symbolisées par les fermes-distilleries ou les fermes-sucreries. Il s'agit pour les grands exploitants des plateaux limoneux de devenir industriels. La comptabilité de la ferme de Montigny (Seine-et-Oise) démontre que l'effort d'investissement est particulièrement important. Sur cette exploitation de 275 hectares, le montant du mobilier industriel (l'équipement de la distillerie) s'élève à environ 40 000 francs en 1879. C'est à la fois beaucoup et très peu. Faute de capitaux, de nombreuses distilleries ou sucreries sont acculées à la faillite durant la décennie 1880 [45]. Un mouvement de concentration s'amorce à cette époque qui laisse le champ libre à des entreprises capitalistes industrielles dont l'assise financière est sans commune mesure avec celle des exploitants agricoles.

C'est à la fois en aval et en amont de l'agriculture que le capitalisme se développe. Trois secteurs sont particulièrement concernés au cours de cette période qui voit l'émergence de puissances industrielles de tout premier plan : l'industrie des engrais, les minoteries, les sucreries [46].

---

44. Cf. Jean JAURES, *Discours prononcés à la Chambre des députés les 19, 26 juin et 3 juillet 1897*, *op. cit.*, p. 69 et 71-72.

45. Gilles POSTEL-VINAY, *La terre et l'argent. L'agriculture et le crédit en France du XVIIIe siècle au début du XXe siècle*, Albin Michel, 1998, p. 292 *sqq*. Sur l'élimination des fermes-sucreries en Picardie au cours du troisième quart du XIXe siècle cf. Christian SCHNAKENBOURG, *L'histoire de l'industrie sucrière en Picardie (1810-2006)*, L'Harmattan, 2010.

46. Pour certaines entreprises, la fourniture d'engrais ne constitue qu'une activité secondaire ou dérivée mais particulièrement lucrative. C'est le cas des aciéries, des sucreries et de certaines industries chimiques.

La confrontation de la paysannerie et de l'industrie chimique permet d'avancer une piste de réflexion quant aux rapports de l'agriculture au système capitaliste. Dès l'apparition des engrais artificiels, les agriculteurs sont confrontés aux pratiques frauduleuses des fabricants et des intermédiaires. En Loire-Atlantique, sous l'impulsion de Pierre-Adolphe Bobière, un contrôle administratif de la qualité des engrais est mis en place en 1851 [47]. Au niveau national, il faut attendre 1888 pour que la fraude sur les engrais devienne enfin efficace [48]. Il est symptomatique qu'il ait fallu presque 50 ans pour que l'État intervienne dans ce combat. En effet, la loi de 1888 heurte de front l'idéologie libérale puisqu'elle institue des normes en matière d'informations commerciales que les industriels devront respecter. Au-delà de la remise en cause de la liberté contractuelle, c'est admettre que dans le grand bain de l'économie capitaliste, les agriculteurs sont totalement dépassés. Aucune classe d'agriculteurs n'est épargnée. Cette loi est une loi d'exception. Il faudra attendre encore longtemps avant que les consommateurs bénéficient de lois aussi protectrices [49].

Bien qu'elle constituât un échec, comme l'a démontré Patrice Baubeau [50], la loi du 18 juillet 1898 sur les warrants agricoles permet, elle aussi, d'illustrer la volonté des agriculteurs d'échapper aux règles d'airain du marché. Si techniquement il s'agit de créer une catégorie d'instruments de crédit qui permet aux exploitants d'accéder au crédit en gageant leur récolte, il s'agit surtout de permettre aux exploitants, particulièrement aux céréaliculteurs, de commercialiser leurs récoltes en échappant aux griffes des spéculateurs [51].

---

47. René BOURRIGAUD, *Le développement agricole au 19e siècle en Loire-Atlantique*, *op. cit.*, p. 171 *sqq*.

48. Loi du 4 février 1888, promulguée le 7 février, « Sur la répression des fraudes dans le commerce des engrais ». Cf. à ce sujet Nathalie JAS, *Au carrefour de la chimie et de l'agriculture. Les sciences agronomiques en France et en Allemagne, 1840-1914*, Archives contemporaines, Paris, 2000.

49. Alessandro STANZIANI, *L'histoire de la qualité alimentaire (XIXe-XXe siècles)*, Seuil, 2005.

50. Patrice BAUBEAU, « Le warrant agricole (1880-1914) : objet interstitiel ou bricolage juridique ? », in Nadine LEVRATTO et Alessandro STANZIANI (dir.), *Le capitalisme au futur antérieur. Crédit et spéculation en France. Fin XVIIIe-Début XXe siècle*, Bruylant, 2011, p. 171-198.

51. Cf. le discours de Jules Méline cité par Patrice BEAUBEAU, in *ibidem*, p. 183.

Il est inutile de multiplier les exemples de lois qui, dès la fin du XIXe siècle, de protection en exception, ont tenté de mettre l'agriculture à l'abri de la concurrence et des règles marchandes. De ce point de vue, les lois protectionnistes ne constituent que l'un des éléments d'un grand puzzle. On pourrait voir dans cette inflation législative l'une des causes essentielles du retard de l'agriculture française à la veille de la première guerre mondiale et de son incapacité à adopter un profil capitaliste conforme aux prévisions des économistes. Il convient d'aller au-delà de ce constat de déshérence pour deux raisons. La première renvoie au fait que d'autres pays européens adoptent à la même époque des lois similaires ou semblables. La seconde est beaucoup plus importante. À cette époque, l'agriculture s'inscrit dans un schéma de développement, puisque développement il y a, que l'on qualifiera, faute de vocable mieux approprié, d'*a-capitaliste*.

Durant sa longue interpellation des 19 et 26 juin et 3 juillet 1897, Jaurès a un échange avec Charles Ferry à propos du caractère potentiellement capitaliste de l'entreprise agricole :

> « [...] les financiers n'avaient pas grand intérêt à précipiter leurs capitaux vers la terre. Ils se heurtaient là d'abord à d'innombrables résistances qu'ils ne rencontraient pas ailleurs. Il leur était facile, par la croissance subite d'un grand outillage perfectionné, de ruiner les petits artisans et les petits négociants ; il leur était plus difficile d'exproprier le petit paysan qui pouvait, à force de privations, compenser l'infériorité de son outillage et prolonger plus longtemps sa résistance.[52]
>
> « De plus les bénéfices à attendre des opérations sur le sol...
>
> **M. Charles Ferry** - Étaient nuls.
>
> **Le citoyen Jaurès** - Étaient nuls, monsieur Charles Ferry ? Il ne faut pas le dire. Dans tous les cas, ils étaient moindres. [...] Pour ces raisons, le capital mobilier n'a pas encore absorbé la terre, et la propriété paysanne n'a pas eu à subir l'assaut direct de la puissance capitaliste, comme la petite propriété industrielle et marchande a eu à subir l'assaut du régime capitaliste.[53] »

52. Il ne s'agit pas ici de revenir sur le débat entre les socialistes allemands et français. On notera simplement que, sur de nombreux points, le discours de Jaurès rejoint celui de Kautsky. Mais, d'un autre point de vue, il s'en sépare, en ce sens que Kautsky dénonce l'arriération de la petite paysannerie en des termes qui sont totalement étrangers à Jaurès et plus généralement aux socialistes français. Cf., à titre d'exemple de la prose de Kautsky, « Mais pour nous la nourriture sous-humaine ne constitue pas plus un avantage de la petite exploitation que le labeur sur-humain qu'elle nécessite », Karl KAUTSKY, *La question agraire. Études sur les tendances de l'agriculture moderne*, V. Giard & E. Brière libraires-éditeurs, 1909, réimpression en fac-simile, François Maspéro, 1979, p. 170.

53. Jean JAURES, *Discours prononcés à la Chambre des députés les 19, 26 juin et 3 juillet 1897*, *op. cit.*, p. 59-60.

Plus loin Jaurès ajoute :

> « À cette heure, la propriété agricole, la propriété paysanne n'a guère le choix qu'entre deux formes de disparition : elle disparaîtra par la ruine, ou par la finance et le capital mobilier.[54] »

Il nous semble que Charles Ferry est plus clairvoyant que Jaurès. Le premier n'affirme rien d'autre que l'impossibilité pour le capital de s'emparer de l'entreprise agricole. En dernière analyse, il exprime le franc désintérêt de la sphère du capital pour l'agriculture. Le danger ne se situe pas là. La suite du discours de Jaurès donne la clef des problèmes auxquels se heurte l'agriculture lorsque le leader socialiste milite, comme nous l'avons noté plus haut, pour la protection des exploitants face à la spéculation et au capitalisme industriel et commercial.

Conclusion

Si, comme le souligne Marx, le développement du capitalisme se fait sous les auspices d'un progrès des forces productives, qui passe par l'accumulation de capital constant qui a la double vertu d'accroître la force productive du travail et de provoquer une baisse de la part relative du capital vivant dans la composition organique du capital, il faut croire, à première vue, que l'activité agricole a été partiellement, si ce n'est totalement, étrangère à ce mouvement dans la France du XIXe siècle. Mais, au-delà de ce constat, il faut admettre que durant cette période l'agriculture française, comme celle de tous les pays d'Europe occidentale, a progressé.

Tous les travaux que nous avons cités, ceux de Ronald Hubscher, ceux de Jean-Claude Farcy, ceux de Gilles Postel-Vinay, ceux de René Bourrigaud, ceux, enfin, de Gabriel Désert, pour n'en citer que quelques-uns, démontrent, peu ou prou, que, loin d'être un monde immobile, l'archipel paysan a constamment été traversé durant le XIXe siècle de courants modernisateurs. Mais cette modernisation n'était pas à proprement parler capitaliste, elle passait par la préservation d'un monde dans lequel les petites structures productives familiales avaient encore toute leur place.

Ce n'est qu'au lendemain de la seconde guerre mondiale que vont se juxtaposer deux exigences : celle d'une productivité accrue et celle d'une modernisation de l'appareil productif. C'est alors que l'agriculture aurait dû devenir capitaliste. Mais, déjouant tous les pronostics, elle ne deviendra que *capitalistique*. Ce n'est pas par goût du paradoxe que nous affirmons cela. En dépit de la croissance du salariat dans l'agriculture depuis

---

54. *Ibidem*, p. 61.

quelques années, il y a moins de salariés que d'entrepreneurs dans ce secteur. On retrouve ici un schéma ancien, déjà mis au jour à la fin du XIXe siècle. D'un point de vue purement marxiste, c'est bien l'existence d'un capitalisme spécifiquement agraire qui est en cause. Comment expliquer que la plus-value générée par une exploitation céréalière de 200 hectares soit le fruit de l'exploitation d'un ouvrier solitaire par un patron unique[55] ?

CNRS-CRH - EHESS Paris - UMR 8558 - GDRI CRICEC

* * *

55. Il convient toutefois de tenir compte des développements récents par lesquels le capital investit depuis quelques années les champs : *L'homme et la société*, 2012/1, n° 183-184, Thierry POUCH (dir.), *La terre : une marchandise ? Agriculture et mondialisation capitaliste*. Cf. en particulier Patrick MUNDLER et Jacques RÉMY, « L'exploitation familiale à la française : une institution dépassée ? », p. 161-179. Cf. aussi Bertrand HERVIEU et François PURSEIGLE, « Des agricultures avec des agriculteurs, une nécessité pour l'Europe », *Projet*, 2011/2, n° 321, p. 60-69. Cf. enfin Yvette HARFF et Hugues LAMARCHE, « Le travail en agriculture : nouvelles demandes, nouveaux enjeux », *Économie rurale*, n° 244, 1998, p. 3-11.

Journal des anthropologues
ASSOCIATION FRANÇAISE DES ANTHROPOLOGUES

134-135
2013

LE NŒUD ARCHITECTURAL

Le développement durable en perspective historique : l'exemple des tanneries

Cédric PERRIN

La perception et le discours sur les pratiques peuvent évoluer indépendamment des pratiques elles-mêmes, ou du moins à un rythme différent ; ce qui était commun et accepté est devenu inacceptable [1]. Le tannage s'inscrit dans cette dynamique. Activité sale, les tanneries sont repoussées en périphérie, des villes d'abord — qui avaient pris l'habitude de les éloigner pour en éviter les désagréments et notamment les effluves pestilentielles qui s'en dégagent —, du monde industriel occidental aujourd'hui — comme d'autres industries sales tels le travail de l'amiante ou la déconstruction des bateaux [2]. Le public européen admire les photographies aériennes des tanneries du Maroc pour leurs qualités esthétiques [3], mais il refuse de se confronter aux nuisances de ce type d'industrie dans son propre espace.

À en croire les tanneurs, et les médias qui leur font écho, cette dynamique serait en voie de s'inverser car leur industrie s'est emparée du développement durable. Ce nouveau visage se dessine en particulier avec l'adoption de la technique de tannage végétal présentée comme plus verte que celle du tannage minéral au chrome, la plus répandue jusque-là. Mais la technique végétale n'est pas nouvelle ; c'est à elle que le tannage au chrome s'est substitué au tout début du XXe siècle. Et c'est donc elle aussi qui était en cause dans la perception du tannage comme une activité

---

1. Alain CORBIN, *Le miasme et la jonquille, l'odorat et l'imaginaire social, XVIIIe-XXe siècles*, Aubier, Paris, 1982.

2. Pour une description des problèmes d'insalubrité liés aux tanneries dans les pays dits du Sud, cf. par exemple François WASSOUNI, « Tanneries, insalubrité, pollution et risques sanitaires dans le périmètre urbain de Maroua au Cameroun », *PHARE Patrimoine & Histoire en Afrique : Recherches & Expériences*, 8, octobre 2012.

3. Par exemple les clichés de Yann ARTHUS-BERTRAND, *La Terre vue du ciel*, Éd. de la Martinière, Paris, 2002.

sale, repoussante et contestée. De sale, le tannage végétal serait donc devenu durable ? La perception a radicalement changé entre le XIXe siècle et le début du XXIe. C'est ce retournement qu'il faut comprendre.

Cette évolution conduit à s'interroger sur le développement durable lui-même en le replaçant — avec les pratiques qui s'en réclament, tel le tannage végétal — dans l'histoire du capitalisme. Luc Boltanski et Ève Chiapello soutiennent que le capitalisme s'est transformé en « récupérant » certaines de ses critiques [4]. Par certains aspects, le développement durable est l'une de celles-ci. Le capitalisme en fait l'une de ces « bonnes actions à entreprendre pour faire du profit [5] ». Apparaît ainsi un capitalisme soucieux de l'environnement, comme était apparu un capitalisme « animé d'un esprit de justice sociale » après la seconde guerre mondiale [6].

La définition la plus connue de la notion de développement durable (ou *sustainable development*) est celle du rapport Bruntland en 1987 : « un développement qui répond aux besoins des générations du présent sans compromettre la capacité des générations futures à répondre aux leurs [7] ». Elle place le développement à la croisée des domaines économique, écologique et social (les « trois piliers » du développement durable). Un développement est durable si la croissance économique est soutenable, si les inégalités sociales sont réduites et si les ressources naturelles sont convenablement gérées. Il existe ensuite des modèles de développement durable qui mettent chacun l'accent sur l'un de ces trois piliers, avec des modèles économico-centrés, socio-centrés ou écolo-centrés [8]. Cependant, la nouveauté est bien la prise en compte de l'environnement ; la littérature sur le développement durable insiste très majoritairement, sinon quasi-exclusivement, sur cet aspect.

---

4. Luc BOLTANSKI et Ève CHIAPELLO, *Le nouvel esprit du capitalisme*, Gallimard, Paris, 1999 (rééd. 2011), p. 30.

5. *Ibidem*, p. 53.

6. *Ibid.*, p. 57.

7. *Notre avenir à tous*, Rapport de la Commission mondiale sur l'environnement et le développement de l'ONU, avril 1987, introduction du chapitre 2.

8. La bibliographie sur le développement durable est très abondante, mais assez peu de références adoptent une démarche historique : Guillaume BARBAT, « Quelques réflexions autour du lien Compétences - Développement Durable et de son impact sur le management de l'entreprise », *Projectics / Proyéctica / Projectique*, 3, 2009 ; Anne JÉGOU, « Les géographes français face au développement durable », *L'Information géographique*, septembre 2007 ; Jacques LAURIOL, « Le développement durable à la recherche d'un corps de doctrine », *Revue française de gestion*, 152, 2004 ; Jean-Philippe PEEMANS, « Acteurs, histoire, territoires et la recherche d'une économie politique d'un développement durable », *Mondes en développement*, 150, 2010.

Du point de vue économique et épistémologique, le développement durable n'est pas une théorie mais un projet, mais plusieurs théories économiques l'ont intégré à des degrés divers qui permettent de les classer entre modèles à « durabilité faible » (néo-classiques) et ceux à « durabilité forte » (économie écologique ou institutionnalistes)[9]. Le développement durable est une composante de la *période* dite post-fordiste. Il pointe l'impasse environnementale du compromis productiviste de la période « fordiste » et il appelle à le dépasser[10]. Sur ce point, il rejoint les critiques plus anciennes du capitalisme libéral, dont celle de Polanyi pour qui l'émergence de l'économie de marché autorégulé aboutit à « la transformation de la substance humaine et naturelle de la société en marchandises » avec le risque de « briser les relations humaines et menacer d'anéantir l'habitat naturel de l'homme »[11]. Pour autant, il n'est pas certain que le(s) post-fordisme(s) soi(en)t plus compatible(s) avec le respect des hommes et des milieux[12] ; ce qui conduit à s'interroger sur la façon dont la dynamique du capitalisme « endogénéise » le projet du développement durable[13]. L'un des objets du présent travail est donc de savoir comment un secteur donné du capitalisme, en l'occurrence l'industrie du tannage qui s'en trouve *a priori* aux antipodes, s'est approprié cet enjeu. On se concentrera sur cette problématique environnementale, laissant de côté ici la dimension sociale et la notion voisine de RSE[14]. Une première partie est consacrée à une présentation de la technique du tannage végétal à la fin du XIXe siècle et des contestions qu'elle suscite à cause des problèmes de pollution et de santé[15]. Une seconde partie montre l'abandon

---

9. Sandrine ROUSSEAU et Bertrand ZUINDEAU, « Théorie de la régulation et développement durable », *Revue de la régulation*, 1, 2007. Cf. aussi Christian ARNSPERGER. À l'inverse, les partisans de la décroissance sont très critiques à l'égard de la notion de développement durable, cf. par exemple : Serge LATOUCHE, *Sortir de la société de consommation : voix et voies de la décroissance*, Éd. Les liens qui libèrent, Paris, 2010.

10. Sandrine ROUSSEAU et Bertrand ZUINDEAU, « Théorie de la régulation et développement durable », *op. cit.*

11. Karl POLANYI, *La grande transformation*, Gallimard, Paris, 1983 (1944 pour l'édition originale), p. 86.

12. Sandrine ROUSSEAU et Bertrand ZUINDEAU, « Théorie de la régulation et développement durable », *op. cit.*

13. Sur la notion d'endogénéisation des critiques, cf. Luc BOLTANSKI et Ève CHIAPELLO, *Le nouvel esprit du capitalisme*, *op. cit.*

14. Cf. n° 9 de la *Revue de la régulation*, « RSE, régulation et diversité du capitalisme ».

15. À ce sujet, les spécialistes des sciences de gestion proposent le concept de contestabilité. Cf. Franck AGGERI et Olivier GODARD, « Les entreprises et le développement durable », *Entreprises et histoire*, 45, 2006 ; Jean PASQUERO, « La responsabilité sociale de l'entreprise comme objet des sciences de gestion : un regard historique », in Marie-

du tannage végétal, ses motivations et les résistances qui apparaissent. Enfin, la dernière section s'intéresse au tournant du développement durable qui apparaît comme une solution pour une industrie en crise.

Le tannage : une industrie polluante et contestée au tournant des XIXe et XXe siècles

Le tannage est l'opération qui consiste à transformer, par l'utilisation de tanins, des peaux en cuir, c'est-à-dire en une matière devenue imputrescible, souple et résistante à l'eau. Les tanins prennent la place des molécules d'eau entre les fibres de collagènes des peaux brutes qui deviennent ainsi un produit stable. Le tannage végétal a été la méthode classique jusqu'à la fin du XIXe siècle [16].

Dans cette section, Château-Renault servira de terrain d'observation privilégié, en raison de sa place dans une production qui a la particularité de combiner une très forte atomisation entre de très nombreuses PME sur l'ensemble du territoire et une concentration spatiale dans quelques districts industriels, dont Château-Renault est l'un des principaux [17].

La technique du tannage végétal

Le tannage végétal comporte plusieurs étapes. Les premières, appelées le travail de rivière, servent à préparer les peaux qui arrivent dans les tanneries fraîches, salées ou desséchées [18]. Elles sont d'abord trempées dans l'eau, le plus souvent directement dans la rivière, pour les ramollir : c'est le reverdissage. Elles passent ensuite sur des chevalets pour leur ôter leurs poils puis à l'écharnage où les ouvriers retirent les restes de chairs et de graisses à l'aide de grands couteaux très effilés sur des chevalets demi-circulaires recouverts de zinc. Enfin, lors du pelanage, les peaux sont placées dans des bassins remplis de lait de chaux pendant trois à quatre semaines. Après quoi, la séparation de la chaux se fait par macération pendant environ une semaine.

France TURCOTTE et Anne SALMON (dir.), *Responsabilité sociale et environnementale de l'entreprise*, Sainte-Foy, Presses universitaires du Québec, 2005.

16. Le tannage animal n'est plus utilisé que pour quelques produits, notamment les gants, et certaines peaux comme le daim ou le chamois qui ne représentent que de petites quantités.

17. Florent LE BOT, *La fabrique réactionnaire*, Presses de Sciences-Po, Paris, 2007, p. 65.

18. Archives départementales d'Indre-et-Loire (AD37), 5M195, Rapport de l'ingénieur Paul Dou pour la commission d'études « assainissement des eaux de la Brenne », 7 juin 1886.

Le tannage proprement dit suit trois grandes étapes : la basserie, le refaisage et les passages en fosses. Lors de la basserie, les peaux sont superposées dans des cuves qui contiennent un jus tannant obtenu en lessivant les écorces végétales. Celles du chêne sont les plus utilisées car c'est à la fois l'une des essences les plus répandues et l'une des plus riches en tanins [19]. L'usage du quebracho, une variété d'Amérique latine dont l'écorce est particulièrement dure (de l'espagnol *quiebra hacha* : qui casse la hache), se développe en même temps que l'importation de peaux depuis Buenos Aires en Argentine à la fin du XIXe siècle. Les peaux séjournent ainsi successivement dans plusieurs cuves qui contiennent chacune un liquide tannant frais et en allongeant progressivement la durée d'immersion. Pour le refaisage, les peaux sont couchées dans des cuves enterrées en alternance avec des couches d'écorces et l'ensemble est noyé dans un jus tannant. Enfin, elles passent plusieurs mois dans des fosses de plus en plus riches en tanins.

À leur sortie des bains, les peaux tannées sont terminées par le corroyage. Les cuirs sont battus pour les assouplir et leur enlever leurs plis. Le dérayage affine la fleur de la peau et permet d'obtenir l'épaisseur voulue. Les cuirs sont mis au vent pour les sécher dans de grands bâtiments caractéristiques. Enfin, selon l'usage final, la surface peut être enduite à l'huile ou à la graisse. Le tannage végétal est lent. Il dure de douze à dix-huit mois. Les tanneurs parlent même de tannage extra lent ; notamment à partir du moment où il s'agit pour eux d'affirmer la qualité de leur produit en la distinguant bien de celle du tannage rapide au chrome. À cet égard, la devise des fabricants fidèles au tannage végétal est très parlante : « du tan et du temps [20] ».

Une source de pollution majeure

L'allongement des distances que parcourent les matières qui entrent dans la production des cuirs n'est pas anodin tant il est mis en cause (actuellement) dans les émissions de CO_2 et le réchauffement de la planète. Dès le XIXe siècle, le tannage s'inscrit dans un processus de mondialisation. À Mazamet et à Graulhet notamment, le tannage s'est développé

19. Jean-Pierre Henri AZÉMA, *Moulins du cuir et de la peau : moulins à tan et à chamoiser en France, XIIe-XXe siècle*, Nonette, Éd. Créer, 2004, *op. cit.*

20. Cette devise se retrouve par exemple sur les armoiries de la société Wilkens, située à La Flèche dans la Sarthe. Cf. *Ibidem*, p. 17.

avec l'importation de peaux d'agneaux d'Amérique du Sud transformées puis réexportées [21].

Pour autant, au XIXe et au début du XXe siècle, c'est surtout la pollution des eaux par les tanneries qui inquiète [22]. Dès le XVIIIe siècle, les tanneries, expulsées du cœur de Paris, contribuent à faire de la Bièvre un « immense égout drainant [23] ». À Grenoble, le travail des peaux représente près d'un quart des établissements insalubres et apparaît ainsi comme la première source de nuisances [24]. Le corroyage a un effet limité sur l'environnement, mais en revanche, celui des deux premières phases du tannage est important. Un rapport rédigé par l'ingénieur Paul Dou en 1886 au sujet de la pollution de la Brenne par les tanneries de Château-Renault désigne la préparation des peaux comme la « principale cause d'infection [25] ». Lors du travail de rivière, les rognures de chairs en cours de putréfaction sont rejetées directement dans le cours d'eau. L'écharnage se fait sous des hangars dont le sol est pavé et en pente pour que l'eau chargée de débris s'évacue dans la rivière. Des bassins du pelanage remplis de chaux sort un « liquide épais » qui s'évacue vers le ruisseau. L'immersion répétée dans les bains de tanins produit des jus qui « colorient » la rivière. Dans le Cinglais (Calvados), « l'eau de la rivière est rougie » par les rejets des tanneries [26].

Les pouvoirs publics reçoivent continuellement des plaintes à l'encontre des tanneries. La préfecture d'Indre-et-Loire reçoit presque chaque année des courriers des maires des communes situées jusqu'à vingt kilomètres en aval de Château-Renault et de ses tanneries. En Touraine et dans le Cinglais, les riverains des cours d'eau souillés rédigent des pétitions qu'ils envoient ensuite en préfecture. Dans l'agglomération greno-

---

21. Rémy CAZALS, *Cinq siècles de travail de la laine. Mazamet 1500-2000*, Éditions Midi-Pyrénées, 2010 ; « Districts industriels et conscience de place », in Florent LE BOT et Cédric PERRIN (dir.), *Les chemins de l'industrialisation en Espagne et en France. Les PME et le développement des territoires (XVIIIe-XXIe siècles)*, Bruxelles, Peter Lang, 2011, p. 301-306.

22. Sur la pollution, cf. Christoph BERNHARDT et Geneviève MASSARD-GUILBAUD, *Le démon moderne. La pollution dans les sociétés urbaines et industrielles d'Europe*, Clermont-Ferrand, Presses universitaires Blaise Pascal, 2002.

23. Thomas LE ROUX, « Une rivière industrielle avant l'industrialisation : la Bièvre et le fardeau de la prédestination, 1670-1830 », *Géocarrefour*, 85, 2010.

24. Estelle BARET-BOURGOIN, *La ville industrielle et ses poisons. Les mutations des sensibilités aux nuisances et pollutions industrielles à Grenoble, 1810-1914*, Grenoble, PUG, 2005, p. 351.

25. AD37, 5M195, *op. cit.*

26. AD 14, S12923. Cf. Philippe PONSOT, *Tanneries et tanneurs du Cinglais 1746-1962*, OREP éditions, Cully, 2005.

bloise, plus d'un tiers des plaintes contre les établissements incommodes concernent le travail des peaux[27]. Ces plaintes témoignent d'abord de l'intolérance croissante aux nuisances olfactives[28]. À Grenoble, les odeurs sont la première nuisance invoquée[29]. En aval de Château-Renault, les municipalités dénoncent « la mauvaise odeur répandue par cette rivière[30] » dont « les eaux infestent l'atmosphère de miasmes à la fois malsains et nauséabonds[31] ». Viennent ensuite l'aspect et la couleur de l'eau. À Villedômer, en 1908, la Brenne aurait une « couleur noirâtre[32] ». Puis sont dénoncés les matières organiques en fermentation et les produits chimiques dont les eaux sont chargées. En Touraine comme dans le Cinglais, les habitants préfèrent renoncer à utiliser l'eau des rivières concernées. Ils s'inquiètent des conséquences sur les troupeaux qui ne peuvent plus s'abreuver à la rivière sans risque ; les pâturages voisins sont également souillés. Les eaux sales véhiculent des épizooties, notamment la « maladie charbonneuse ». De fait, en 1910, le docteur Dansault, vétérinaire départemental, confirme que cette maladie est plus fréquente ici qu'en d'autres points du département[33]. Mais les habitants s'inquiètent aussi pour leur propre santé. En mars 1910, le maire de Neuillé-le-Lierre envoie deux litres d'eau de la Brenne pour analyse à l'inspecteur du service départemental d'hygiène car le mauvais aspect de la rivière fait craindre des épidémies à l'arrivée des premières chaleurs[34]. Dans la même commune, un homme est décédé de la maladie du charbon en 1893[35].

---

27. Estelle BARET-BOURGOIN, *La ville industrielle et ses poisons. Les mutations des sensibilités aux nuisances et pollutions industrielles à Grenoble, 1810-1914*, *op. cit.*, p. 368.

28. Alain CORBIN, *Le miasme et la jonquille. L'odorat et l'imaginaire social, XVIII*e*-XIX*e *siècles*, *op. cit.*, 1982.

29. Estelle BARET-BOURGOIN, *La ville industrielle et ses poisons. Les mutations des sensibilités aux nuisances et pollutions industrielles à Grenoble, 1810-1914*, *op. cit.*, p. 250.

30. AD37 5M195, Lettre du maire d'Auzouer, 25 juin 1893.

31. AD37 5M195, Délibération du Conseil municipal de Villedômer, 15 septembre 1908.

32. *Ibidem*.

33. AD37 5M195, Réunion du Conseil d'hygiène du 5 juillet 1910.

34. AD37 5M195, Lettre du maire de Neuillé-le-Lierre, mars 1910.

35. AD37 5M195, Extrait du registre des délibérations du Conseil municipal d'Auzouer de novembre 1893.

Les plus exposés aux contaminations sont les ouvriers des tanneries. Ces derniers dénoncent l'insalubrité de leurs conditions de travail, à l'exemple des mégissiers de Graulhet lors de la grande grève (147 jours) de 1909 ou des gantiers de Saint-Junien en 1905 [36]. À Graulhet, le taux de mortalité est élevé à cause principalement du charbon, une maladie infectieuse causée par la bactérie *bacillus anthracis*. Onze cas sont connus parmi le personnel des mégisseries entre février 1906 et août 1909 [37]. Un décret du 22 août 1910 reconnaît le charbon en tant que maladie professionnelle. De leur côté, les patrons tanneurs tardent à installer des vestiaires avec douches ou lavabos dont ils craignent que le coût entrave leur rentabilité. Par la suite, le Syndicat général des cuirs et peaux de France, qui rassemble les patrons du secteur, s'attache à diffuser le sérum anticharbonneux fabriqué par l'Institut Pasteur [38].

Des réglementations aux effets limités

La loi de 1810 marque une première étape dans la gestion des nuisances industrielles avec les enquêtes *commodo* et *incommodo* [39]. Cependant, ce sont d'abord les pouvoirs locaux qui ont à gérer ces problèmes. À Château-Renault, deux arrêtés municipaux des 2 septembre 1828 et 27 juin 1857 prescrivent des mesures pour y remédier. Les préfets signent plusieurs arrêtés et saisissent le Conseil central d'hygiène publique et de salubrité. Toutefois, la multiplication des plaintes ne fait que montrer que ces réglementations ne sont pas respectées. Les tanneurs trouvent les plaintes « exagérées » et rejettent la responsabilité de l'insalubrité de la rivière sur les fosses d'aisance [40]. Confrontés aux réclamations, préfets et ingénieurs des services hydrauliques invitent « de nouveau » la municipalité à faire respecter l'arsenal réglementaire déjà existant [41]. L'ingénieur Dou préconise d'employer des « moyens coercitifs énergiques » pour arri-

36. Christian DUPUY, *St-Junien, un bastion anarchiste en Haute-Vienne (1893-1923)*, PULIM, Limoges, 2003.

37. François JARRIGE, « Une invention de Jaurès ? La grève de Graulhet entre hygiénisme et machinisme au début du XXe siècle », *Cahiers Jaurès*, 199, 2011.

38. Archives nationales (AN) F12 8807, rapport Lepage. Le père de Louis Pasteur était tanneur. Et *Bulletin mensuel du syndicat*, 220, 20 mai 1924.

39. Sur la construction de ces réglementations au niveau national cf. Geneviève MASSARD-GUILBAUD, « La régulation des nuisances industrielles urbaines (1800-1940) », *Vingtième Siècle. Revue d'histoire*, 64, octobre-décembre 1999, p. 53-65.

40. AD37 5M195, Conseil d'hygiène du 5 juillet 1910, intervention de M. Hervé, tanneur.

41. AD37 5M195, Lettre de l'ingénieur du service hydraulique de la préfecture d'Indre-et-Loire, octobre 1887.

ver à des résultats, mais après avoir écrit qu'« imposer aux tanneries et aux fabricants de colle de Château-Renault l'obligation de ne plus jeter les eaux sales dans la rivière, c'est ruiner totalement l'industrie de cette commune et il ne saurait en être question[42] ». C'est bien exprimer que le problème n'est pas seulement technique et environnemental, mais aussi économique et social. Face à l'importance économique des tanneries, les pouvoirs publics prennent le parti de s'accommoder des nuisances écologiques et renoncent à prendre les mesures « énergiques » nécessaires. On est là face à l'une des critiques majeures que le développement durable adresse (ensuite) au capitalisme industriel.

L'abandon du tannage végétal au XXe siècle

Le début du XXe siècle est marqué par l'invention du procédé au chrome qui supplante la méthode végétale. Pour importantes qu'elles soient, les nuisances à l'environnement ne sont pas la cause de cette évolution. Bien au contraire, la nouvelle technique s'avère par certains aspects encore plus polluante que l'ancienne et la relative permissivité des autorités laisse les industriels négliger la lutte contre la pollution. Plus rapide, le tannage au chrome permet surtout de réaliser d'importants gains de productivité. Il est le support technique essentiel du compromis productiviste caractéristique de la période fordiste et décrié ensuite dans la période dite post-fordiste. Le passage au tannage au chrome suscite bien quelques résistances, mais, pour l'heure, l'efficacité économique prévaut sur les contraintes environnementales.

La recherche du tannage rapide

Le propos n'est pas ici de retracer par le menu les évolutions techniques du tannage mais de resituer l'adoption de la méthode au chrome parmi celles-ci. Le tannage végétal bénéficie au XIXe siècle de toute une série de micro-évolutions dans les ateliers[43]. La recherche de la rapidité apparaît comme une ligne directrice. En 1794, Armand Seguin met au point un procédé rapide qui lui permet de faire fortune, mais l'expérience

---

42. *Ibidem*.

43. C. H. Lelievre et B. Pelletier, « Rapport au Comite de Salut public sur les nouveaux moyens de tanner les cuirs proposés par le citoyen Armand Seguin », *Annales de chimie ou recueil de mémoires concernant la chimie et les arts qui en dépendent*, t. 19, 1797, p. 15-77 ; Joost Mertens, « Éclairer les arts : Eugène Julia de Fontenelle (1780-1842), ses manuels Roret et la pénétration des sciences appliquées dans les arts et manufactures », *Documents pour l'histoire des techniques*, 18, 2009, consulté le 29 juin 2011, http://dht.revues.org/339

reste sans lendemain[44]. Au siècle suivant, grâce aux progrès de la chimie, les tanins sont améliorés ; l'importance de la qualité et de la température de l'eau est découverte. Le syndicat général des cuirs et peaux de France ouvre, en 1899, l'École française de tannerie de Lyon pour former des ingénieurs. Après 1850, certaines opérations se mécanisent avec notamment l'invention des tonneaux rotatifs par les frères Durio à Turin.

L'étape décisive est la mise au point du tannage au chrome à la fin du XIXe siècle. Le principe de base est de fixer les fibres des peaux avec des sels de sulfate de chrome quand celles-ci se déshydratent. Après le déchaulage, les peaux sont rincées puis picklées au sel marin. Le tannage se fait ensuite en deux temps en augmentant la concentration des sels de chrome employés. Au début du bain, les sels de chrome sont faiblement tannants (à *p*H faible) pour rentrer facilement dans les peaux et éviter un surtannage en surface. Puis le bain reçoit des sels beaucoup plus astringents qui se fixent vite. Les peaux ne subissent normalement qu'un seul bain. Cette méthode s'avère donc beaucoup plus rapide. Elle permet à ces petites entreprises de gagner en productivité pour un investissement minimal ; les installations fixes restant les mêmes. Le nombre d'heures de travail nécessaire pour produire une peau est réduit et, en diminuant le temps des bains, chaque fosse peut servir à tanner davantage de peaux. Les gains de productivité concernent donc l'ensemble des facteurs de production (le capital et le travail).

La rapidité est également un atout décisif par rapport aux lourdes contraintes financières qu'engendre le tannage lent à l'écorce de chêne qui nécessite de douze à dix-huit mois pour transformer une peau en cuir. Pendant tout ce temps, une partie des capitaux du tanneur se trouve immobilisée. Pour le dire autrement, il s'écoule au minimum douze à dix-huit mois entre le moment où ce dernier achète les peaux brutes et celui où il va pouvoir en tirer le premier centime de bénéfice. En réalité, un peu plus encore car la pratique commerciale la plus répandue est celle du paiement à trente, soixante ou quatre-vingt-dix jours[45]. Or, les peaux représentent la plus grande part du prix de revient[46]. Ces longues immobilisations financières et la lenteur de la rotation des capitaux circulants font naître d'importants besoins de trésorerie dont le financement repose sur un complexe circuit de l'escompte qui met en jeu différents acteurs fi-

---

44. C. H. LELIEVRE et B. PELLETIER, « Rapport au Comite de Salut public sur les nouveaux moyens de tanner les cuirs proposés par le citoyen Armand Seguin », art. cit.
45. AN F12 8807, CNE, Annexe du rapport Boissart, 1er décembre 1931.
46. *De la sous-traitance au réseau*, INSEE méthodes, 109, juin 2005.

nanciers : les entreprises, les banques et la Banque de France [47]. Accélérer la production permet aux entreprises de se libérer, au moins en partie, de ces problèmes.

Enfin, la nouvelle méthode ouvre de nouvelles perspectives aux tanneurs. En effet, elle permet de colorer les cuirs beaucoup plus facilement et avec un panel de teintes beaucoup plus large. Le tannage végétal ne supporte, lui, que des teintes foncées. Les entreprises peuvent ainsi envisager d'élargir leur gamme de produits. Tous ces avantages expliquent que de nombreux fabricants se convertissent très rapidement. En Alsace, par exemple, la tannerie Haas adopte le tannage au chrome au début de l'année 1900. À Amboise, fière de sa modernité, une mégisserie adopte la dénomination commerciale *Le Chrome* [48]. Par la suite, l'innovation est une constante. Certaines tanneries disposent de bureaux d'études et déposent des brevets comme le fait par exemple l'entreprise Haas en 1955 pour un nouveau cuir souple, le « novocalf ». Progressivement, le cuir devient un produit de plus en plus technique.

Cependant, le chrome a un inconvénient majeur : il est très polluant. C'est en effet un métal lourd et les eaux qui en sont chargées à l'issue de la fabrication représentent une source de pollution importante. Ces désagréments sont connus et ils suscitent bien quelques réticences, tant du côté des entreprises que des pouvoirs publics. Mais ils n'empêchent pas la généralisation de la méthode au chrome. Les perspectives économiques relèguent l'environnement au second plan ; la productivité l'emporte alors que le critère de durabilité n'existe pas.

Résistances

Pour autant, l'adoption du tannage au chrome ne s'est pas faite sans susciter quelques réticences. Sur la place de Château-Renault, il est frappant de constater que la seule tannerie dont l'installation reçoit un avis défavorable des autorités locales est précisément celle qui ambitionne d'employer le tannage au chrome. En 1914, M. Viéron, industriel de Loire-Inférieure, demande à établir une tannerie au chrome. Dès que le projet

---

47. Archives de la Banque de France (BdF), rapports annuels de la succursale de Tours. Michel LESCURE, « Entre villes et campagne : l'organisation bancaire des districts industriels. L'exemple du Choletais (1900-1950) », in Jean-François ECK et Michel LESCURE (dir.), *Villes et districts industriels en Europe occidentale XVIIe-XXe siècles*, Tours, PUFR, 2002, p. 81-102 ; Florent LE BOT, « La chute de la banque Beaucé et Cie. La remise en cause de l'équilibre fragile du système industriel fougerais durant les années 1930 », *Annales de Bretagne et des pays de l'Ouest*, 114, 2007, p. 75-88.

48. BdF, Rapport de la succursale de Tours, 1903.

est connu, « une émotion très vive règne chez la plupart des industriels[49] ». Le Conseil d'hygiène se rend sur place et constate que le projet déverserait dans la rivière de nombreux produits chimiques qui « nuiraient à l'exploitation des tanneries existantes[50] ». Néanmoins, après avoir recommandé la mise en œuvre de dispositifs pour éviter ces effets, il émet un avis favorable comme à son habitude. Les tanneurs castelrenaudins protestent. Si bien que le Conseil émet un second avis, défavorable cette fois, repris dans l'arrêté du préfet qui considère que les produits « qui seraient déversés dans la rivière Le Gault, en amont d'un lavoir public et d'autres tanneries teinteraient les eaux de la rivière et causeraient un préjudice sérieux à ses usagers ». C'est très certainement vrai, mais cela l'est aussi pour les tanneries existantes, comme en témoignent les nombreuses protestations des riverains précédemment évoquées. C'est donc bien en définitive l'opposition des industriels locaux du cuir à la nouvelle méthode au chrome qui paraît motiver ce rejet. Face à cette opposition, Viéron décide finalement de déplacer son projet à Amboise sur une île de la Loire.

Ces industriels auraient-ils soudainement pris conscience des dégâts environnementaux de leur activité ? Certainement pas. Leur motivation est avant tout technique et commerciale. Leur réputation s'est construite sur un produit : le cuir tanné extra-lent aux écorces végétales. Persuadés que leur succès commercial en dépend, ils rejettent le procédé rapide au chrome. Ce conservatisme technique se retrouve dans d'autres villes tannantes. Dans le Cinglais, par exemple, le tannage rapide est introduit en 1921, mais le tannage végétal reste en usage jusque vers 1940[51]. Ailleurs en Normandie, à Broglie ou à Bricquebosq, le tannage traditionnel continue jusqu'en 1970[52].

Le tournant du développement durable : une solution pour une industrie en crise ?

Pour les tanneurs, le XXe siècle est celui du progrès technique mais aussi du déclin économique. Alors que la fabrication devient de plus en plus pointue sur le plan technique et que la productivité progresse, les entreprises sont confrontées à un tarissement de leurs débouchés et beaucoup ont fermé. C'est dans ce contexte que se situe le tournant du déve-

49. AD 37, 5M255.
50. *Ibidem*.
51. Philippe PONSOT, *Tanneries et tanneurs du Cinglais 1746-1962*, *op. cit.*, p. 94.
52. *Ibidem*, p. 109.

loppement durable à la fin du XXe siècle et au début du suivant, dont la caractéristique dominante est le retour en grâce du tannage végétal.

Le déclin économique au XXe siècle

Au XXe siècle, la filière cuir subit l'érosion des utilisations de cette matière et la concurrence de nouvelles matières synthétiques. Les « gros cuirs », tannés dans de grandes peaux de bovins et destinés à la bourrellerie et aux chaussures, sont particulièrement concernés alors qu'ils représentaient les plus gros volumes de production. L'agriculture, qui s'est motorisée durant les Trente Glorieuses, n'a plus besoin de harnais, colliers d'attelage et autres brides. Les cartables d'école sont désormais en fibres synthétiques. Les semelles de chaussures ne sont plus en cuir. Entre 1906 et 1936, les effectifs employés dans l'ensemble de la filière cuir chutent de 22 % [53]. L'évolution technique du tannage s'accompagne d'un inexorable déclin économique qu'elle ne parvient pas à enrayer. Depuis le début du XXe siècle, le nombre d'entreprises a été divisé par 38 et celui des emplois par 23 (graphiques 1 et 2).

Graphique 1 : Les tanneries en France (1901-2007)

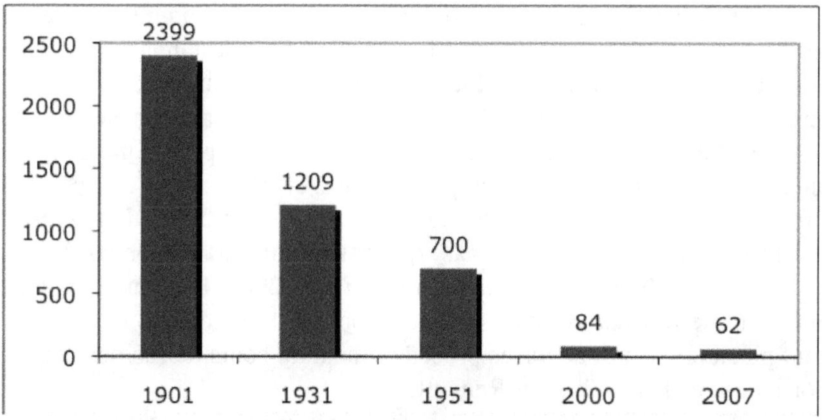

Sources : Florent Le Bot, *La fabrique réactionnaire*, *op. cit.* ; INSEE, enquête annuelle d'entreprises, 2007 ; Centre technique du cuir (http://www.ctc.fr).

53. Florent Le Bot, *La fabrique réactionnaire*, *op. cit.* Sur le cas de l'industrie de la chaussure, cf. Florent Le Bot et Cédric Perrin, « Mobiliser l'industrie de la chaussure, mobiliser ses territoires », *Terrains et travaux*, 19, 2011, p. 205.

Graphique 2 : Salariés des tanneries, France (1901-2007)

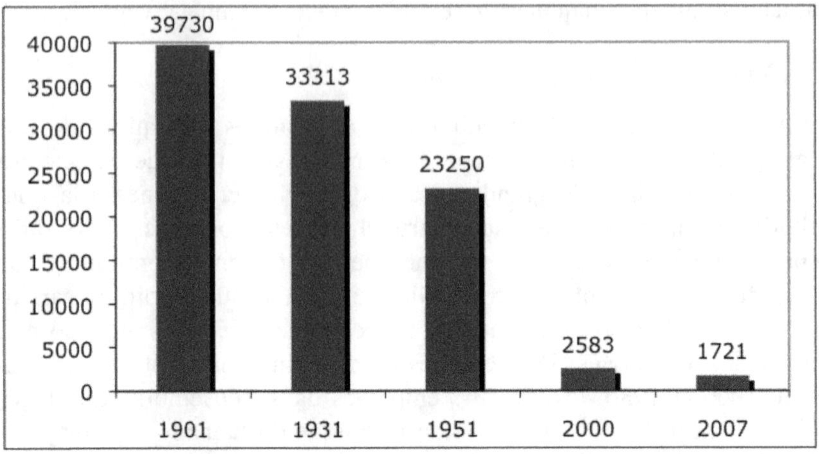

Sources : *Ibidem* graphique 1.

Deux grandes phases rythment cette évolution. Dans la première moitié du siècle, la crise donne lieu à un mouvement de concentration et la taille moyenne des établissements augmente : 16,5 salariés en 1901, 33,2 en 1951. Ce sont plus particulièrement les plus petites tanneries qui disparaissent ; celles qui étaient le plus ancrées dans le tannage végétal et qui n'ont pas su ou pas pu évoluer vers le tannage au chrome. Les lourdes immobilisations financières réduisent les capacités d'autofinancement de ces PME qui, par ailleurs, ont difficilement accès aux prêts bancaires dans un contexte de déclin des banques locales et régionales[54]. Cependant, dans la seconde moitié du siècle, les « grandes » entreprises de la branche souffrent aussi. La tannerie Haas, qui employait 140 personnes à la fin des années 1950, n'en emploie plus que 80 en 2009. Les tanneries Roux ont dû resserrer leur activité sur le site originel de Romans en abandonnant plusieurs usines acquises précédemment au cours de fusions/acquisitions, dont celle de Château-Renault.

Les districts de la tannerie et de la mégisserie ont fortement souffert. Dans le district tourangeau, il ne reste déjà plus que six tanneries en 1957, deux en 1980, la dernière fermant ses portes en 1985. Le district a totalement disparu. Du cuir à Château-Renault, il ne reste qu'un musée et quelques bâtiments récemment réhabilités. De même, à Lingolsheim, dans l'agglomération de Strasbourg, le parc des tanneries n'est plus qu'un élé-

54. Michel LESCURE et Alain PLESSIS (dir.), *Banques locales et banques régionales en France*, Albin Michel, Paris, 1999.

ment de patrimoine industriel depuis la cessation d'activité de la tannerie Costil fin 2005. Depuis 1979 le site alsacien ne s'occupait déjà plus que de la commercialisation. Le tannage se faisait dans l'usine normande de Pont-Audemer qui ferme également en 2005, mettant ainsi un point final à l'histoire de cette industrie dans cette ville qui en fut longtemps un centre important. Dans le Cinglais, la société des Tanneries de Normandie, la dernière en activité, arrête définitivement de produire sur place en mai 1962[55]. Très peu de mégisseries sont encore actives à Mazamet, Millau ou Graulhet.

La situation est toujours difficile au début du XXIe siècle. La tannerie occupe autant d'entreprises et de salariés dans tout le pays (graphiques 1 et 2) que dans un seul district un siècle plus tôt. Le chiffre d'affaires global est passé de 3,7 à 3,1 milliards d'euros (courants) entre 2000 et 2007, soit une baisse de 16 %. La tannerie est quasiment devenue un marché de niches avec des produits techniques de haute qualité, voire luxueux, et une demande exigeante. Costil produisait des cuirs haut de gamme pour des entreprises comme Vuitton, Dior, Cartier ou Hermès. Les sociétés Averpeaux, Rémy Carriat, Lauret ou Dupire ont adopté la même stratégie de développement. C'est une autre tendance lourde dans cette industrie : le déclin économique s'accompagne d'une montée en gamme. Il ne s'agit plus de produire des gros cuirs à semelles mais des produits plus techniques pour notamment la clientèle de la mode. Comme le souligne Sandrine Rousseau et Bertrand Zuindeau, dans le nouveau contexte habituellement qualifié de « post-fordiste », la régulation du marché ne se fait plus principalement par le coût mais aussi par la qualité[56].

Le tournant du développement durable

Ce tournant qualitatif s'accorde mal avec l'image d'industrie sale héritée de l'histoire. Il a donc incité les entreprises du cuir à réaliser un autre tournant : celui du développement durable. La conversion au développement durable à la fin du XXe siècle est une façon de s'adapter aux nouvelles exigences du marché[57]. Consommateurs, investisseurs, législateurs pressent les entreprises de faire évoluer leur gestion et leurs pratiques. Défendre sa durabilité est un moyen de se distinguer sur un marché du cuir devenu haut de gamme. Dans ce contexte et comme dans d'autres

55. Philippe PONSOT, *Tanneries et tanneurs du Cinglais 1746-1962*, *op. cit.*, p. 105.

56. Sandrine ROUSSEAU et Bertrand ZUINDEAU, « Théorie de la régulation et développement durable », *op. cit.*

57. E. LAVILLE, « Développement durable : le challenge du XXIe siècle pour les entreprises », *Cahiers Qualité et Management*, octobre 2001.

activités économiques, le développement durable est devenu un outil de gestion [58].

Le terme « développement durable » apparaît assez tôt comme une formule de compromis entre le développement (la croissance économique) et l'environnement [59]. La notion est suffisamment floue pour permettre diverses réappropriations et devient un « opérateur de neutralisation de conflictualité » qui permet de concilier des ambitions économiques et environnementales, à moins qu'il ne s'agisse d'en dissimuler les contradictions. Le risque étant dès lors que le développement durable ne soit plus qu'un slogan dans une opération de *greenwashing* (éco-blanchiment ou blanchiment vert) pour reverdir à peu de frais un passé peu reluisant [60]

Dans la tannerie, il existe un véritable intérêt pour le développement durable. Le Centre technique du cuir (CTC), qui est, peu ou prou, l'héritier de l'École française de Tannerie, établit une veille documentaire sur le développement durable [61]. Sa revue, *CTC entreprises*, publie des articles sur la protection de l'environnement. Dès sa première année de publication, en 2000, elle aborde par exemple l'aspect sanitaire dans l'étude d'impact ou la mesure de la teneur en métaux lourds dans les produits finis. Pour suivre l'application de la directive cadre européenne du 23 octobre 2000, elle publie des fiches sur la RSDE (Recherche des substances dangereuses dans l'eau) dans la tannerie-mégisserie. Sur le plan pratique, le CTC propose aux entreprises des services d'ingénierie et de certification environnementale. Les syndicats professionnels, comme le Syndicat général des cuirs et peaux, conseillent leurs adhérents sur le traitement et le recyclage des produits utilisés et l'application des normes en vigueur.

Le tannage rapide au chrome demeure la méthode la plus utilisée. Cependant, l'exigence environnementale a conduit à inventer des procédés de filtrage qui permettent d'éliminer les rejets toxiques ou tout au moins de les limiter. À la fin de la décennie 1990, par exemple, les tanneries Roux, de Romans, se sont équipées d'une unité de déchromage pour traiter leurs rejets qui finissent ensuite dans la station d'épuration de la commune [62]. Dans la même période, de nombreuses autres usines font cons-

---

58. Guillaume BARBAT, « Quelques réflexions autour du lien Compétences - Développement durable et de son impact sur le management de l'entreprise », *op. cit.*

59. Alice KRIEG-PLANQUE, « La formule "développement durable" : un opérateur de neutralisation de la conflictualité », *Langage et société*, 4/2010 (n° 134), p. 5-29.

60. Cf. par exemple le cas du groupe Eternit : Patrick HERMAN, « Enquête sur l'ex-roi de l'amiante. La métamorphose de l'héritier de l'empire Eternit », *XXI*, n° 15, 2011.

61. http://www.ctc.fr/publications/ctc_veille_doc/ctc_veille_tannerie.php3

62. *CTC entreprises*, 6, juillet-août 2001.

truire leur propre station d'épuration, notamment pour se mettre en conformité avec une nouvelle norme de 1998 sur la qualité des eaux. D'autres fabricants, comme les Tanneries Arnal de Rodez ou la Tannerie Garat et fils d'Armendaritz au Pays basque, font un choix encore plus radical en renonçant au chrome pour opter pour un tannage végétal ; ils en reviennent ainsi au procédé en usage au XIXe siècle, avant l'introduction du chrome. Ils valorisent ce choix dans une communication qui met en avant une « démarche Éco-Conception » qui réduit l'impact sur l'environnement[63]. Dans ce contexte nouveau, l'ancien tannage végétal se trouve ainsi paré des atours du développement durable. Pour certains, il serait même « beaucoup plus écolo » que le tannage au chrome[64]. Ce mouvement n'est pas spécifiquement français. Dans le cadre d'un marché mondialisé de longue date, il se retrouve par exemple au Maroc ou encore en Espagne où les établissements Josefa Benjumea, près de Valence, affirment utiliser des tanins végétaux « totalement biodégradables et sans impact environnemental[65] ».

Cependant, sans préjuger de la bonne foi de ces industriels, leur démarche présente une faiblesse : la certification. Leur engagement pour la durabilité s'inscrit dans une démarche de qualité, mais c'est un engagement autoproclamé. Il n'y a pas de contrôle extérieur. Le laboratoire du CTC bénéficie bien, à partir de 2004, de l'agrément du ministère de l'Environnement et du Développement durable, mais celui-ci ne concerne que l'analyse de l'eau[66]. Or, le développement durable ne se résume pas à ce problème. Il n'existe en vérité aucun label développement durable certifié par un organisme tiers. Ce problème renvoie aux limites opérationnelles de la notion de développement durable déjà relevées dans d'autres études : absence de compétences managériales, de critères de durabilité et de certification, clairement définis et largement reconnus et acceptés[67]. À titre de comparaison, dans le domaine de l'agriculture durable, l'ONG Rainforest Alliance, qui certifie des produits comme le bois, le café ou les

63. Cf. le site internet de l'entreprise : http://www.tannerie-arnal.fr/fr/la-tannerie-arnal.html, consulté le 19 octobre 2012.

64. C'est ainsi que le présente le reportage « Produire du cuir, c'est mauvais pour la planète » diffusé dans l'émission Global mag sur Arte le 20 juin 2011.
http://global.arte.tv/fr/2011/06/20/sommaire-du-lundi-20-juin/

65. http://josefabenjumea.com/fr/reliure.php, consulté le 19 octobre 2012.

66. Arrêté ministériel publié au *Journal Officiel* du 10 décembre 2004.

67. Guillaume BARBAT, « Quelques réflexions autour du lien Compétences - Développement durable et de son impact sur le management de l'entreprise », art. cit. ; Jacques LAURIOL, « Le développement durable à la recherche d'un corps de doctrine », art. cit.

bananes, s'est vue reprocher de délivrer un « label light » ; autrement dit de se positionner sur un modèle de durabilité peu contraignant[68].

* * *

Que le tannage soit placé et se place sous la bannière du développement durable a, *a priori*, de quoi surprendre. L'observateur informé du passé de cette industrie subodore l'artefact de communication, le *greenwashing*[69]. Le tannage végétal fut pratiqué de façon dominante jusqu'au tout début du XXe siècle. Sa relégation s'explique d'abord par les contraintes de son exploitation économique. Processus lent, il entraîne de longues immobilisations financières d'autant plus lourdes que les tanneries sont de petites entreprises. La recherche de procédés de tannage rapide, qui aboutit avec la mise au point du tannage au chrome, permet au secteur de se dégager de ces contraintes. Outre qu'il ne suffit pas à enrayer le déclin économique de toute une filière, le tannage au chrome est aujourd'hui mis à l'index pour son impact environnemental. Cependant, avant lui, le tannage végétal ne paraît guère plus avoir répondu aux objectifs généraux du développement durable. Procédé très polluant, il est l'une des principales sources de nuisances industrielles du XIXe siècle. Il a fortement contribué à la destruction d'écosystèmes comme la Bièvre à Paris et en région parisienne. Sur la longue durée, les tanneries se sont montrées davantage enclines à minorer leur impact environnemental qu'à endosser une quelconque responsabilité élargie. Ce retour sur ce que fut le tannage végétal en regard de son actuel regain, dans d'autres conditions économiques il est vrai, montre bien un changement total de perception. Mais, *végétal* ne veut pas dire *vert*. Le tannage végétal n'est pas écologique en soi. Ce n'est que récemment que le tannage s'est emparé du développement durable comme « champ d'innovation » et « outil de gestion » et d'organisation sous la pression du marché et les exigences des acheteurs[70]. Il reste que la conversion de ces entreprises au développement durable semble bien se limiter pour l'essentiel à la dimension environnementale. Elle se situe plutôt du côté des modèles de durabilité faible[71]. Il ne s'agit pas de transformer en profondeur le capitalisme, mais

68. Manuel DOMERGUE, « La grenouille et l'agriculture durable », *Alternatives économiques*, 322, mars 2013, p. 34-35.

69. Cf. notre note de lecture dans le présent volume.

70. Franck AGGERI et Olivier GODARD, « Les entreprises et le développement durable », art. cit.

71. Cf. Sandrine ROUSSEAU et Bertrand ZUINDEAU, « Théorie de la régulation et développement durable », *op. cit.*

bien au contraire de le faire durer. Loin de fonder une économie nouvelle « postfordiste » ou « postmoderne », le développement durable apparaît bien plus comme la nouvelle ruse de la raison du capitalisme qui permet à ce dernier de poursuivre son histoire. En répondant aux nouvelles injonctions écologiques que lui soumet la société, c'est bien, au final, le capitalisme lui-même qui se développe et qui dure grâce à l'invention du développement durable.

IDHES - Université d'Évry Val d'Essonne

* * *

Développement durable, consumérisme politique et marketing « vert » : De nouvelles sources de justification du capitalisme ?

Elsie VIGUIER

Introduction

Le mot d'ordre : « durable ». Dorénavant, les préoccupations sociales et environnementales s'intègrent dans tous les domaines, y compris dans les stratégies économiques des entreprises. Le développement durable est devenu incontournable car il tend à se définir comme l'orientation dominante de notre économie et touche en premier lieu la production et la consommation. Consommateurs, industriels, annonceurs et professionnels de la publicité sont tous concernés par cette idée de « durabilité » dont le consumérisme politique et le marketing « vert » constituent, semble-t-il, les expressions les plus visibles ou les plus prégnantes. À travers notamment la création de labels « bio », « éthiques » ou « équitables », le consommateur est amené à se positionner sur les plans politique et social. L'achat se transformerait ainsi en véritable acte politique. Le marketing « vert » serait une manière pour les entreprises d'intégrer les principes qui fondent le développement durable à leur stratégie de vente. Grâce à des pratiques publicitaires qui utilisent l'argument écologique, le marketing « vert » associe l'image d'une marque, d'un produit ou d'une entreprise à une démarche responsable et soucieuse de l'impact de la production industrielle sur notre environnement naturel. Par ce même enjeu politique ou stratégique de durabilité, le marketing « vert » et le consumérisme politique constituent deux composantes du développement durable. Créé comme un mode de régulation du marché, le commerce équitable est, quant à lui, une forme de consumérisme politique particulièrement intéressante dans le sens où l'enjeu est double : il s'agit d'allier le plaisir et la satisfaction des besoins à un enjeu collectif et moral. Aidé par l'étiquetage, le consommateur est renvoyé à ses responsabilités, mais il est surtout invité à consommer sans culpabiliser. Allier des exigences matérielles, à travers la garantie de qualité [1], et des exigences sociales, permet ainsi une double démarche, à la fois commerciale avec une condition de rentabilité, et altruiste à travers l'enjeu politique d'améliorer les conditions de travail et d'existence des producteurs.

Combattre la pauvreté, instaurer des principes de précaution écologique, replacer « la dignité humaine » au centre des débats, favoriser la participation politique des citoyens, responsabiliser les dirigeants d'entreprise, se préoccuper de l'avenir de la planète pour les générations futures... Le développement durable se présente comme un nouveau mode de gouvernance, un projet de société fondé sur de *nouvelles* valeurs telles que la solidarité, l'équité, la transparence, l'authenticité. Popularisé en 1987 lors de la publication du célèbre rapport Brundtland et officialisé en 1992 lors du premier sommet de la Terre à Rio, le développement durable trouve une légitimité grâce notamment à la Loi Grenelle 2 promulguée en 2010 et à la mise en place de l'Agenda 21 [2], véritable programme que chaque commune se doit d'intégrer dans sa politique d'aménagement du territoire. Mais le « développement durable » n'est pourtant qu'un concept englobant un ensemble de principes, de représentations, de théories et de techniques qui visent à concilier l'objectif de croissance économique et le respect des limites de la biosphère. Ce concept exprime l'idée que le capitalisme ne peut plus désormais fonctionner sur la seule base de l'accumulation au détriment des conditions sociales des travailleurs, du contexte écologique et de la santé des consommateurs. En ce sens, il se présente comme la solution pour sauvegarder le capitalisme tout en atténuant les effets de la critique. Ainsi, ménager la planète grâce à de nouveaux modes de consommation et de nouvelles politiques qui permettent de limiter les risques ou les effets de la production industrielle, autoriserait *durablement* la continuité de notre organisation capitaliste.

Je me suis alors demandée quel regard était posé sur le développement durable et ses composantes par les tenants de la critique, et au contraire par ceux qui, de par leurs pratiques ou leur discours, participent au bon fonctionnement de l'économie capitaliste. Dans ce sens, je me suis inté-

---

1. Aujourd'hui, deux organismes certificateurs internationaux sont chargés du contrôle : le système FLO (*Fairtrade Labeling Organizations International*) délivrant la certification *FloCert*, et le système *Ecocert Fair Trade* délivrant, lui, la certification *Ecocert*.

2. L'Agenda 21 est un document élaboré lors du premier sommet de la Terre au Brésil en 1992 et présenté aux collectivités locales sous le nom d'Agenda 21 local.

ressée aux militants du mouvement antipublicitaire, un mouvement qui conteste les pratiques publicitaires et qui s'interroge sur le fonctionnement économique actuel, mais aussi aux professionnels des métiers du marketing et de la publicité. J'ai ainsi réalisé, entre 2005 et 2011, une trentaine d'entretiens semi-directifs auprès de militants du mouvement antipublicitaire français et auprès de professionnels de la publicité, tous statuts confondus (créatif, commercial, enseignant chercheur en marketing, freelance, planneur, réalisateur de films publicitaires, directeur d'agence...), je me suis aussi attachée à analyser le « discours théorique » présenté dans une vingtaine de publications de ces mêmes acteurs ou de leurs pairs. J'ai ensuite confronté le regard des militants, selon lequel toute tentative pour « améliorer » le capitalisme est vouée à l'échec, à celui des professionnels de la publicité qui, au contraire, affirment la nécessité de donner au capitalisme un visage « plus humain » afin de le sauvegarder. Je me suis enfin interrogée sur les effets de la critique sur les pratiques et les discours justificateurs du capitalisme. Intégrant une partie de la critique, le développement durable, le consumérisme politique ou le marketing « vert » semblent devenir des sources de justification et de légitimation du système capitaliste.

La critique antipublicitaire

Qu'est-ce que le mouvement antipublicitaire ? « Antipub », un seul mot pour désigner un ensemble de groupes [3] et d'associations en opposition au système économique actuel mais dont l'un des angles d'attaque est la remise en question de la publicité. Né dans les années 1990 comme son homologue canadien *Adbusters* [4], le mouvement antipublicitaire français n'a de cesse de présenter la publicité comme un phénomène largement nocif pour le bien-être de la société. C'est en détournant les significations symboliques et en apposant d'autres symboles que l'antipublicité envisage d'atteindre le système publicitaire. Les pratiques collectives s'ancrent dans des dispositifs de sensibilisation et de mobilisation. Pour créer un lien avec le public et se faire connaître auprès des médias, les collectifs et les associations investissent l'espace public. Les pratiques les

---

3. *Paysages de France, Résistance à l'Agression Publicitaire (RAP), Casseurs de Pub, La Meute, le Collectif Contre le Publisexisme (CCP), la Brigade AntiPub (BAP), l'Église de la Très Sainte Consommation, Les Renseignements Généreux, le Collectif des déboulonneurs, le Collectif des désobéissants, Chiche !, le Clan du Néon...* Notons que les groupes dont il est question ici ne s'attaquent pas tous exclusivement à la publicité mais celle-ci occupe une place importante dans le combat qui est le leur.

4. En 1989, Kalle Lasn et Bill Schmalz fondent l'association *Adbusters* à Vancouver ainsi que la revue du même nom.

plus spectaculaires et les plus relayées par les médias sont peut-être les actions menées directement sur le visuel publicitaire. Ces actions consistent à agir sur l'image grâce aux barbouillages, aux bâchages ou encore aux détournements. Soit entièrement recouverte d'une bâche sur laquelle est écrit un message contestataire, soit déstructurée car barbouillée, soit encore substituée, l'image publicitaire raconte une tout autre histoire que celle vantée par le système consumériste. Selon les militants, le détournement des visuels publicitaires permet d'« utiliser la force de l'ennemi pour en provoquer la défaite », l'objectif étant d'annuler l'efficacité du message publicitaire pour déclencher une réflexion critique chez le public. Cette critique tente donc de remettre en question le système publicitaire mais elle s'attaque plus largement au capitalisme libéral.

> « [...] la publicité c'est beaucoup plus que simplement le supplément d'âme du système, c'est véritablement l'idéologie du capitalisme. Donc, moi, ce que je combats, c'est pas le fait qu'il y ait trop de pub ; ce que je combats, c'est pas le fait qu'il y ait des pubs plus odieuses que d'autres [...] ce que je combats c'est en fait l'idéologie publicitaire en tant que telle, parce que la publicité entretient toujours une double illusion. Il y a l'illusion tout d'abord que le bonheur serait la consommation, comme si le fait de posséder cette paire de baskets permettait de courir sept fois plus vite, mais c'est aussi l'illusion qu'il serait possible aujourd'hui de compenser la perte des repères de sens, la perte des identités, la perte des valeurs par la consommation de produits de marque. Donc, pour moi, en combattant la pub, je combats en fait, non simplement la société productiviste, la société consumériste, je combats le capitalisme.[5] »

Les arguments énoncés par les militants peuvent être répertoriés en quatre catégories mais, si j'ai souhaité créer une typologie, il n'en reste pas moins que ces jugements à l'encontre de la publicité et du capitalisme sont, dans la plupart des discours militants, fortement imbriqués. Une première catégorie attaque la publicité sur sa faculté à envahir l'espace et à s'imposer au regard du passant. Une deuxième catégorie de critiques concerne le consumérisme dont le gaspillage, la frustration et la destruction de la planète constituent les conséquences directes. Une troisième catégorie vise la fonction de récupération ou de détournement de la publicité. Parce qu'elle relaie des messages sexistes dans lesquels sont normalisés des rôles sociaux, parce que ces messages marquent l'imaginaire jusqu'à créer des identités symboliques, l'individu se verrait attribué, malgré lui, des archétypes imposés comme vérité par le jeu social.

---

5. Propos de Paul Ariès lors d'un entretien réalisé à Gaillac en mai 2008. Paul Ariès est notamment l'auteur de plusieurs livres dénonçant la société de consommation et le capitalisme.

Vecteur d'un imaginaire négatif transformant progressivement notre société en une « vitrine permanente », la publicité est considérée dans cette dernière catégorie de critiques, comme une « idéologie », à savoir une vision dominante et matérielle dans une société organisée par et pour la consommation. De la sorte, l'individualité de chacun serait réduite à cette seule vocation : devenir, désormais, un consommateur accompli. C'est donc dans le sillage de la tradition marxiste que « l'idéologie publicitaire » est ici pensée et dénoncée. « L'idéologie publicitaire » est cette vision du monde faussée qui tend à « réduire la totalité de l'être humain à la seule dimension de la consommation »[6]. Et cette remise en question d'une vision du monde à la fois faussée et dominante ne peut logiquement s'affranchir d'une opposition au système capitaliste libéral. En effet, dans ce contexte de libéralisation des marchés économiques, l'*antipub* se présente comme un « outil », un moyen d'expression au service d'une contestation plus globale, celle d'un système économique qui tend à faire du monde, une marchandise. La logique capitaliste s'inscrit dans une économie politique, mais cette vision exclusivement économique tend à faire de la consommation le seul rapport possible au monde (le matérialisme). La publicité devient indispensable en créant sans cesse de nouveaux besoins. Mais les antipublicitaires refusent un raisonnement qui tend à présenter la publicité comme simple corollaire du capitalisme. Au contraire, la publicité, à la fois « propagande », « pilier de la société capitaliste » et « idéologie du système », agirait à la manière d'« une courroie de transmission entre un système industriel qu'il faut faire tourner, dont il faut écouler les produits, et une demande de la part d'un consommateur qu'il faut "dresser" pour qu'il achète.[7] » Ce qui est en jeu pour les militants est lié au fait que la publicité n'est plus seulement une instance commerciale au service des industriels, afin d'écouler le stock de marchandises en perpétuelle augmentation, mais la publicité serait devenue la toile de fond de notre système, la publicité serait le média de prédilection d'un rapport au monde dominant, « elle est à la fois l'arme culturelle de la domination économique et l'arme économique d'une domination culturelle.[8] » La publicité constituerait ainsi un moyen d'intégration de la vie sociale et personnelle à la logique économique. Une logique pensée comme la seule possible, comme *naturelle*.

---

6. François BRUNE, *De l'idéologie, aujourd'hui*, Éditions L'Aventurine, 2003.

7. Propos d'un militant de RAP (Résistance à l'Agression Publicitaire) lors d'un entretien réalisé en novembre 2008.

8. François BRUNE, « Le conditionnement culturel à l'échelon planétaire », *Degrés*, « Le discours publicitaire », n° 44, 1985, p. 5.

« Le système [publicitaire] est intrinsèquement lié au régime socio-économique, le libéralisme capitaliste, dans lequel nous vivons, qu'on appelle par ailleurs "société de consommation", et qui a réussi en 50 ans à s'emparer de l'imaginaire de la majorité des gens, pour leur faire croire qu'il n'y a pas d'autre système possible. C'est seulement ces derniers temps que le public commence à percevoir que ce système "libéral" mène nos sociétés dans l'impasse, dans la "crise", y compris au niveau économique. Bien entendu, les militants de RAP, ou de la Décroissance, dont l'activité a servi un certain nombre de prises de conscience, commencent à être singulièrement écoutés.[9] »

S'attaquer à la publicité prend tout son sens dans la remise en cause de la logique capitaliste car, comme le rappelle Michael Löwy, capitalisme et publicité sont interdépendants, l'un sans l'autre n'aurait aucune raison d'être. La publicité dans une société post-capitaliste n'aurait aucune utilité et le capitalisme sans publicité s'apparenterait, pour citer les mots du sociologue, à « une machine sans huile dans ses engrenages [10] ».

Les revendications et les idées altermondialistes se retrouvent donc dans le discours de nos militants qui opposent à la mise en ordre capitaliste une réflexion sur les domaines social, environnemental, économique et politique. Les revendications des antipublicitaires renvoient à ce que Luc Boltanski et Ève Chiapello ont identifié comme les quatre sources principales d'indignation concernant la critique du capitalisme : l'exigence de libération ; le dévoilement de l'inauthenticité des personnes et des objets (unidimensionnalité) ; le combat de l'égoïsme à travers la formation de collectifs sur la base d'une solidarité ; la dénonciation de la souffrance et de la misère [11]. La contestation de la publicité prend racine dans une critique générale du capitalisme libéral, perçu par le mouvement comme une source d'oppression et d'inauthenticité, et reste ainsi fidèle au discours critique des années 1970. L'antipublicité, à la fois posture intellectuelle et politique, tente de participer à la construction d'une véritable alternative au capitalisme libéral et fait sienne la réflexion autour de la décroissance.

« Remettre en cause la publicité, c'est remettre en cause toute l'idéologie dominante de toute une société, à travers ses composantes et ses paramètres. La

9. Propos de François Brune lors d'un entretien réalisé en février 2009. François Brune est l'auteur d'une vingtaine d'essais ayant pour thèmes principaux l'idéologie publicitaire et les médias.

10. Michael LÖWY, « Publicité *vs* Environnement », *Contretemps*, n° 21, février 2008, p. 60-61.

11. Luc BOLTANSKI et Ève CHIAPELLO, *Le nouvel esprit du capitalisme*, Gallimard, 1999, p. 616.

pub est la propagande du système actuel. Faire la critique, c'est remettre en cause tout le système.[12] »

Le marketing « vert » : une redéfinition de la publicité ?

Or, dans ce contexte qui fait de la publicité une nécessité absolue, les uns la combattent, les autres en font leur métier. Mais dans les deux cas, la publicité est reconnue comme jouant un rôle influant. Influant et néfaste pour les premiers puisqu'elle serait « le langage d'une société sans limites ». Influant et nécessaire pour les seconds puisque notre économie ne peut se passer de publicité.

Je me suis alors intéressée aux discours de ces professionnels qui, tout en justifiant les pratiques propres à leur métier, redéfinissent le capitalisme et s'interrogent sur le rôle que peuvent jouer le consumérisme politique ou le marketing « vert » afin de rendre notre système économique « plus humain ». En effet, au-delà d'une justification de leurs pratiques professionnelles et du rôle indispensable que joue la publicité dans un contexte de capitalisme libéral, les discours de ces professionnels tendent à valoriser le consumérisme politique tandis que les pratiques publicitaires surinvestissent les thématiques autour de l'écologie, de la nature mais aussi du politique. Le consumérisme politique et le marketing « vert » semblent être, pour ces professionnels, des solutions pertinentes pour redéfinir le rôle de la publicité et lier la croissance économique au respect de l'environnement. En effet, le rôle de la publicité et du marketing doit être repensé si l'on se réfère aux discours des professionnels interrogés.

> « Ce qui est sûr... La publicité doit se redéfinir et ne plus imposer un modèle global et standardisé de consommation. Elle doit redonner la place centrale à l'individu, aux différences culturelles, elle doit aussi aider à repenser la relation entre l'homme et l'environnement. [...] En fait, elle doit poser de nouveaux repères, faire connaître les entreprises qui participent à un développement économique plus... plus respectueux de la planète.[13] »

D'une publicité « envahissante » à une publicité de « mauvaise qualité », le regard posé par les professionnels est empreint d'agacement. Le système publicitaire n'est pas parfait mais son existence n'est pas pour autant discutable, sa légitimité reste fondée et l'opinion des Français est invoquée pour en attester. Si les Français se plaignent d'un trop grand nombre de publicités, « ils préfèrent au fond d'eux-mêmes qu'il y en ait

---

12. Sébastien DARSY, *Le temps de l'antipub - L'emprise de la publicité et ceux qui la combattent*, Actes Sud, 2005, p. 133.

13. Extrait d'un entretien réalisé auprès de Joël, publicitaire freelance, en avril 2010 à Paris.

trop que pas du tout[14] » et ce « sentiment d'énervement et de lassitude » serait lié à la mauvaise qualité de la publicité ou à l'omniprésence de ses visuels. Selon les professionnels, il est nécessaire de prendre en compte « le malaise » qui tend à remettre en question l'idée de bonheur par la consommation en privilégiant le *mieux consommer* au *plus consommer*. Dans ce sens, les pratiques doivent répondre à une « exigence éthique » qui insiste sur la « responsabilité collective ».

> « Après, fatalement... faire la publicité est quelque chose qui, en soi, est très contestable parce qu'elle a un impact sur l'environnement, sur autre chose, sur les mentalités ; oui, bien sûr, c'est comme faire une pub pour une arme à feu, on aura beau faire une publicité, qu'elle soit drôle, qu'elle soit juste ou quoi que ce soit, derrière le produit reste le produit.[15] »

En effet, dans un contexte où le système néolibéral est fortement controversé, la publicité doit se redéfinir afin de prendre en compte les critiques qui lui sont faites et sauvegarder l'autonomie de la profession[16]. Des recommandations, voire des interdictions informelles et des déclarations communes signées par l'ensemble des acteurs qui évoluent et s'adaptent en fonction de la réception du public... voilà comment les professionnels de la publicité envisagent une redéfinition. L'acceptabilité est la clé. Toute campagne publicitaire qui ne heurte pas est jugée *acceptée* par le public, et cette acceptabilité constitue un critère essentiel afin d'éviter que ne soit contredite la légitimité de la publicité. D'une part, une réception négative implique une efficacité moindre du message et, d'autre part, un mécontentement général obligerait les représentants politiques à renforcer le cadre législatif.

> « [...] c'est surtout ce qui est acceptable ou pas socialement qui me paraît important, parce que la loi au final ce sera un reflet des... peut-être des espèces de conflits justement ; quand il y a un écart trop grand entre ce que la société accepte et ce qui se passe, et ben on en arrive à une loi. [...] Après, si la société devient

14. Extrait d'un entretien réalisé auprès de Benoît, directeur de création de l'Agence *Com'toujours*, en novembre 2006 à Toulouse.

15. Extrait d'un entretien réalisé auprès de Yvan, planneur pour l'agence *La Chose*, en février 2009 à Paris.

16. Dans ce sens, les acteurs du système publicitaire ont mis en place un ensemble de règles déontologiques dont le respect est surveillé par une instance d'autorégulation. Deux organismes sont chargés de surveiller l'application des règles concernant la publicité : le Conseil Supérieur de l'Audiovisuel (le CSA) qui n'intervient jamais avant la diffusion d'un programme et l'ARPP, Autorité de Régulation Professionnelle de la Publicité, qui est gérée par des annonceurs, des représentants de grands médias, des agences publicitaires, des associations professionnelles et une dizaine de cabinets d'avocats et de juristes. L'ARPP intervient donc dans l'intérêt des professionnels, et ce avant que la loi ne cadre et n'impose des règles qui ôteraient toute liberté à la profession.

publiphobe parce qu'elle est pas acceptable, heu... après ça veut dire lois plus fortes... [...] Parce que dans le comportement du consommateur on sait que l'acceptabilité va avoir un effet fort sur la mémorisation ; si elle va à l'encontre de certaines croyances ou de certaines valeurs du récepteur, alors ça diminue la capacité de mémorisation.[17] »

Les acteurs de la publicité sont donc obligés, d'une part, de tenir compte des critiques énoncées par les mouvements d'opposition dans leurs pratiques et, d'autre part, de trouver des sources de justification pour apaiser la critique.

Concernant les pratiques, la prise en compte des valeurs contestataires ou écologistes est donc nécessaire à l'acceptabilité, et devient la matière première utilisée pour la fabrication des visuels. Au niveau du message, l'entreprise se veut différente, remarquable, elle veut montrer au consommateur qu'elle connaît ses mécontentements et ses protestations et qu'elle les prend en compte. Les pratiques antipublicitaires n'ont pas échappé au détournement. Les annonceurs font appel aux tagueurs pour concevoir leurs logos, les graffitis sont devenus un véritable support de communication publicitaire et certains slogans antipublicitaires sont utilisés pour créer un décalage. La campagne d'affichage *Culture Pub* de 2007 n'a pas hésité à reprendre la forme et les slogans militants. La marque est taguée pour laisser apparaitre les messages « La sous-culture revient sur le net », « Il y a trop de pub »... De même, la technique militante du barbouillage des panneaux d'affichage a été utilisée pour une campagne *Leclerc* et ce, afin d'assimiler la marque à un engagement pour la *défense* du pouvoir d'achat des consommateurs. L'affiche est taguée, les prix barrés et le message se veut défenseur d'une baisse des prix. Pour justifier ces détournements, les professionnels de la publicité invoquent « l'ouverture d'esprit », « la chasse aux idées reçues », « la solution à l'uniformisation de la pensée »... L'alliance des contradictions serait un terreau fertile pour la créativité et les « grandes idées ».

Ces pratiques de récupération et de détournement des messages contestataires s'attaquent tout autant aux questions sociales, politiques et écologiques qui apparaissent comme des points essentiels dans la démarche commerciale de certaines entreprises. Pour les uns, il s'agit de soutenir la solidarité et de « s'investir dans l'éducation et la lutte contre la pauvreté », d'autres s'engagent dans la « consommation responsable », etc. Les « entreprises citoyennes », qui renouent avec des valeurs éthiques ou écologiques, se développent et tentent de surfer sur ces mouvements de

---

17. Extrait d'un entretien réalisé auprès de Stéphane, professeur de marketing à l'ESC Toulouse, en juin 2009 à Toulouse.

consommation. La défense de l'environnement s'exprime dans la publicité qui réitère le consumérisme « vert » inventé à la fin des années 1970. Ainsi, *Peugeot* s'inquiète de nos poumons et propose un véhicule diesel émettant 99,9 % de CO2 en moins. De son côté, *Total* « met en œuvre, dans une démarche active de développement durable, une politique volontariste en matière de respect de l'environnement, de préparation du futur énergétique, de gestion des ressources humaines et d'ouverture et de dialogue avec les acteurs de la société civile. [18] » Pour les acteurs de la publicité, le marketing « vert » est censé répondre à une critique du capitalisme, et notamment à une dénonciation de l'impact de la production industrielle et de la consommation sur la dégradation de l'environnement. Les militants antipublicitaires dénoncent, par exemple, une surconsommation dans les pays riches qui « s'accaparent 80 % des ressources de la planète » et participent « activement » à l'épuisement des ressources. En effet, selon les contestataires, il s'agit d'un enjeu qui touche à la survie de la planète, à l'« autodestruction écologique parce qu'on ne peut pas consommer plus dans ce monde limité dont on touche le bout [19] ». Pour les professionnels de la publicité, il est donc indispensable de communiquer l'engagement des entreprises car désormais la publicité doit participer à l'inscription, sur le plan de l'imaginaire collectif, des enjeux politiques dans le processus de consommation.

Le consumérisme politique : une réponse à la critique

Mais, au-delà de ce recyclage des thématiques comme l'écologie, la contre-culture, la révolte, l'opposition au système de consommation, l'antipublicité... un recyclage qui entre dans une stratégie publicitaire d'identification, le consumérisme politique, autre composante du développement durable, apparaît, aux yeux des professionnels, comme une véritable solution pour créer un sentiment d'engagement *concret* chez le consommateur. En effet, les mouvements de consommation engagée, réunis sous l'appellation de « consumérisme politique », se donnent ce même objectif de développer un sentiment de responsabilité sociale au moment de l'achat. Les origines du consumérisme politique sont par ailleurs éclairantes sur le rôle qui est aujourd'hui accordé au commerce équitable. En

---

18. Cf. le site de l'entreprise : http://total.com/fr/actionnaires/Environnement-Social-Gouvernance

19. Extrait d'un entretien réalisé auprès de Vincent Cheynet en novembre 2005 à Lyon. Vincent Cheynet est le fondateur de l'association et de la revue *Casseurs de pub* en 1999. Il a aussi créé, en 2003, le journal *La Décroissance*, un mensuel dont il est le rédacteur en chef.

effet, avec la création aux États-Unis, en 1899, de la NCL, *National Consumers' League*, la consommation devient le lieu d'un engagement politique. Se définissant à la fois comme mouvement social mais aussi comme lobby d'experts, la NCL devait répondre à deux objectifs : d'un côté, éclairer les consommateurs et les éduquer et, d'un autre côté, faire pression sur l'État afin qu'il légifère dans l'intérêt des travailleurs. La création de la *National Consumers' League* se basait sur l'idée que les consommateurs, de par le choix et l'acte d'achat, avaient un véritable pouvoir s'ils étaient éclairés des conseils d'experts et renseignés grâce à la mise en place d'une labellisation. Un pouvoir qui pouvait être employé pour réformer le capitalisme et obtenir l'interventionnisme de l'État. L'engagement de la NCL était donc basé sur la croyance que la logique du marché pouvait être un outil pour corriger les injustices de l'économie de marché [20]. Et c'est la même croyance qui est à l'origine du label « commerce équitable » mis en place en 1988 par *Max Havelaar*. En effet, il s'agissait alors de répondre à un appel des cultivateurs latino-américains de café suite à la suspension de l'accord de l'*International Coffee Organization* en 1989 qui signe la fin d'une régulation du marché et qui s'accompagne d'un effondrement des prix [21]. Les labels de commerce équitable [22] garantissent un prix de vente des biens qui couvre les coûts de production, un respect du travailleur (salaires décents, habitat correct, assurance de santé, respect des normes de travail et environnementales...) mais aussi une planification de la production sur le long terme. La sociologue Michèle Micheletti reconnaît que « les labels de commerce équitable se sont développés pour traiter des questions commerciales que les gouvernements n'ont pas été capables de gérer de façon satisfaisante et sont, par conséquent, d'excellents exemples de l'approche de gouvernance suscitée par l'inaction des gouvernements. [23] » C'est donc le constat d'une organisation de l'économie mondiale fondée exclusivement sur la rentabilité, sans que la situation des participants à l'échange marchand soit prise en compte, qui

---

20. Cf. Lawrence B. GLICKMAN, « Consommer pour réformer le capitalisme américain. Le citoyen et le consommateur au début du XXe siècle », *Sciences de la société*, n° 62, mai 2004.

21. Virginie DIAZ PEDREGAL, *Commerce équitable et organisations de producteurs. Le cas des caféiculteurs andins au Pérou, en Équateur et en Bolivie*, L'Harmattan, 2006, p. 63.

22. *Max Havelaar* et *Step*, *Minga*, *Bio Equitable*, *ESR* pour *Ecocert équitable*, *Ensemble pour plus de sens* pour la marque *Biocoop*, *Main dans la main* pour la société RAPUNZEL-Naturkost et enfin *Fair Flower Fair Plants (FFP)* pour le commerce des plantes et des fleurs.

23. Michèle MICHELETTI, « Le consumérisme politique. Une nouvelle forme de gouvernance transnationale ? », *Sciences de la société*, n° 62, mai 2004, p. 126.

a suscité la mise en place d'un mode alternatif de rationalisation du marché, une rationalisation prenant en compte les impératifs éthiques, écologiques, esthétiques et politiques. Derrière cette expression de « consumérisme politique », il y a donc l'idée d'associer consommation et positionnement politique : le choix du consommateur est un choix politique. Le *buycott*, par exemple, est une forme d'action collective qui vise à convertir la consommation en une adhésion aux valeurs exhortées par telle ou telle entreprise. Selon le sociologue Franck Cochoy, ces mouvements de consommation ont en commun « d'inscrire dans le jeu marchand des enjeux qui lui seraient *a priori* étrangers [24] ».

Dans ce sens, les acteurs de la publicité que j'ai rencontrés définissent le consumérisme politique, et notamment le commerce équitable, comme une réponse à la critique sans que la légitimité du capitalisme libéral soit remise en question.

> « Oui, la société évolue. On le voit bien... Les antipubs peuvent pas dire l'inverse, ils sont quand même obligés de le reconnaître avec le commerce équitable et tout ce qui tourne autour du développement durable. Je veux dire... il y a quand même des efforts qui sont faits, des efforts importants. Les gens se sentent un peu plus concernés. Par exemple, on prend de plus en plus en compte les problèmes qui concernent l'environnement ou même... la relation Nord/Sud. Par exemple, on paye à l'agriculteur ses produits pour qu'il puisse en vivre, déjà c'est pas mal. [...] Le système économique n'est pas parfait mais on n'a pas trouvé aujourd'hui de système qui soit meilleur, alors peut-être que ça existera mais jusqu'à preuve du contraire ça n'existe pas. Il faut le rendre meilleur en fait... [25] »

Notons d'ailleurs que les produits éthiques constituent une source de profits non négligeables, comme le montre par exemple la progression du chiffre d'affaires en France de produits labellisés Fairtrade/Max Havelaar qui passe de 12 millions d'euros en 2001 à 315 millions d'euros en 2011 [26], et qui représentaient, en 2007, 88 % du commerce équitable. Mais qu'il soit une belle opportunité financière pour les industriels ou un réel engagement en vue de réformer les modes de production capitaliste, le consumérisme politique répondrait, selon les acteurs de la publicité, à une véritable volonté des consommateurs d'exprimer des valeurs et des positions politiques ou militantes lors de l'achat. La consommation ne serait plus seulement le lieu d'une satisfaction personnelle de par les respon-

---

24. Franck COCHOY, « Faut-il abandonner la politique aux marchés ? Réflexions autour de la consommation engagée », *Revue française de socio-économie*, La Découverte, n° 1, 2008, p. 109.

25. Extrait d'un entretien réalisé auprès de Marc, créatif pour l'agence *HIMAcom*, en mai 2009 à Toulouse.

26. Données utilisées par le CREDOC et disponibles sur le site *Max Havelaar* : http://www.maxhavelaarfrance.org/le-commerce-equitable/en-chiffres.html

sabilités collectives qui sont associées aux choix du « citoyen-consommateur ».

Le commerce équitable : la bonne conscience du système

De son côté, la critique antipublicitaire reste vigilante et conteste notamment les pratiques généralement exercées sous le sceau « équitable ».

> « [...] il y en a peut-être qui font ça dans l'immédiat pour s'adapter au système capitaliste mais dans l'idée aussi que finalement le commerce équitable ça reste un rapport déséquilibré où c'est le sud qui produit et le nord qui consomme. Le commerce équitable me paraît être un excellent exemple effectivement de ce que la publicité, les grands médias, les grandes entreprises peuvent récupérer.[27] »

Parce que le commerce équitable ne prend pas en compte toutes les étapes de la production, tous les intermédiaires, et se focalise exclusivement sur les deux bouts de la chaîne dans la définition de l'équité, parce qu'il « remet peu en cause la domination occidentale sur les pays du Sud », parce qu'il « ne constitue pas une solution à la destruction accélérée de notre environnement », et enfin parce qu'il « offre aux multinationales et à l'État français un vernis éthique qui masque leurs nuisances »[28], la démarche ne constitue en rien un changement aux yeux des militants. L'argumentation vise à invalider l'idée selon laquelle un système capitaliste « plus humain » reste irréaliste et irréalisable. En effet, les militants expliquent que cette idée se fonde sur une contradiction fondamentale : un système sociétal qui s'organise selon une logique de rentabilité économique ne peut inclure d'autres logiques. Quand bien même des valeurs seraient « instrumentalisées » pour servir des intérêts financiers, la logique productiviste reste inchangée. Les militants affirment que toute démarche véritablement équitable et écologique est malheureusement incompatible avec la société capitaliste. D'un côté, le commerce équitable ne ferait que renforcer l'idéologie consumériste, et cela en jouant sur des valeurs d'engagement, de respect et de qualité. Ce type d'échanges commerciaux répondrait à un désir de marier éthique et étiquette afin de pousser à l'achat de produits labellisés, et le label jouerait ainsi le rôle d'une marque. En effet, les labels du commerce équitable agiraient comme des « dispositifs de captation » pour reprendre l'expression de Franck Cochoy. L'auteur explique que la captation suppose

---

27. Propos d'un militant antipublicitaire de *Chiche !* lors d'un entretien réalisé à Toulouse en décembre 2006.

28. Les Renseignements généreux, *Critiques et espoirs du commerce équitable. Alternative solidaire ou compromis capitaliste ?*, mars 2008. Texte téléchargeable sur : http://www.les-renseignements-genereux.org/brochures/415

« d'avoir prise sur quelque chose qu'on ne maîtrise pas » et nécessite la mise en place d'un ensemble de dispositifs, à savoir des techniques, des stratagèmes qui « permettent d'amener quelqu'un à prendre librement une décision qu'il n'aurait pas forcément prise s'il avait eu connaissance, dès le départ, de toutes les données sur lesquelles elle se fonde. »[29] Le commerce équitable serait ainsi un dispositif de captation facilitant, d'un côté, la vente du produit et, d'un autre côté, sa propre pérennisation.

> « En bon dispositif de captation, le commerce équitable s'appuierait sur la "bonne conscience chrétienne" ou sur une certaine sensibilité à la critique de l'économie de marché existante afin de pérenniser, de prolonger mais aussi de transformer son activité dans cette consommation engagée.[30] »

D'un autre côté, la publicité profiterait de « l'image vertueuse du commerce équitable pour redorer [son] blason » et pour « créer une pulsion d'achat assortie de "bonne conscience" »[31]. De cette manière, le commerce « éthique » cautionnerait et encouragerait l'idéologie consumériste dont l'effet pervers est « d'inverser la culpabilité en déculpabilisant celui qui a les moyens d'une consommation éthique et en culpabilisant celui qui doit se contenter d'une Malbouffe irresponsable.[32] » Conformément à la philosophie libérale, le consommateur devenu « consom'acteur » est présenté comme un acteur politique qui aurait le pouvoir de « corriger » le système capitaliste, un consommateur-roi capable d'orienter par ses choix de consommation les modalités de production. *Un pouvoir trop grand pour être vrai* et une réalité bien différente, selon les militants, dans le sens où les choix restent à la fois déterminés par la publicité, circonscrits à l'offre commerciale, limités par les moyens financiers et peu légitimés du fait d'un manque d'informations relatives à un éventuel aboutissement politique. Ainsi, aux « comportements économiques individuels » entendus dans le terme de « consom'acteur », les militants opposent une lutte collective et politique accompagnée d'une transformation des comportements individuels pour réaliser un véritable changement sociétal.

Les antipublicitaires définissent donc le commerce équitable comme un concept similaire à celui de développement durable, d'éco-croissance ou de voiture propre, à savoir des abstractions symptomatiques d'un refus

29. Franck COCHOY, *La captation des publics*, Presses universitaires du Mirail, 2004, p. 16.

30. Aurélie LACHEZE, « La consommation responsable, le nouvel appui du commerce équitable ? », *Les Troisièmes Journées Normandes de la Communication*, Colloque « Société et Consommation », Rouen, 11-12 mars 2004.

31. Les Renseignements généreux, *op. cit.*

32. Paul ARIES, *Putain de ta marque !*, Éditions Golias, Villeurbanne, 2003, p. 484.

du changement. Ces concepts constitueraient l'« habillage éthique » ou la « peinture verte » sous laquelle se dissimulent les contradictions du discours dominant et grâce à laquelle subsiste « l'idéologie de croissance. »

Conclusion

Pour une majeure partie des militants rencontrés lors des entretiens ou dans leurs écrits, le nouveau commerce, aussi équitable soit-il, reste donc ancré dans l'idée que la croissance (terme qui sous-entend l'économique) est la condition essentielle au bien-être collectif. Le principe de développement durable implique le développement, la croissance de la consommation et des besoins, et apparaît comme une véritable « imposture » aux yeux des antipublicitaires. Parce qu'il n'empêche en rien la surproduction tout en se présentant comme une solution, le développement durable, au contraire de ce qu'il ambitionne, tendrait à légitimer l'idéologie du développement et à « endormir » l'action politique radicale. Le capitalisme « à visage humain » ne serait rien d'autre qu'un leurre, c'est pourquoi les militants en appellent à un changement radical qui ne vise pas simplement les règles du jeu mais le jeu lui-même. Au contraire, pour les professionnels de la publicité, le développement durable et ses composantes comme le marketing « vert » et le consumérisme politique, sont aujourd'hui essentiels pour une redéfinition de nos modes de consommation et de production, et ce afin de sauvegarder notre système économique capitaliste. Un système qui n'est pas parfait, qui doit donc être « amélioré » et « régulé » grâce à une prise en compte des enjeux écologiques et politiques mais qui ne peut en aucun cas être remis en question.

Le développement durable impose donc des contraintes au système économique, des contraintes qui obligent à prendre en compte des variables non rentables économiquement, des contraintes « qui ne dérivent pas directement des exigences immédiates de l'accumulation », pour reprendre les mots de Luc Boltanski et Ève Chiapello. Or, ces contraintes jouent un rôle premier dans le processus de justification du capitalisme. En effet, ni le progrès matériel, ni la satisfaction des besoins, ni la liberté comme valeur fondatrice, ne suffisent à justifier une organisation sociale qui contient en elle-même sa propre finalité. L'accumulation du capital, comme but en soi, ne peut suffire à légitimer le système capitaliste, obligeant ainsi ce dernier à trouver des sources de justification au dehors. Pour résister à la critique, le capitalisme propose « des formes d'engagement compatibles avec l'état du monde social », mais aussi avec les aspirations de ceux qui savent se faire entendre. Le consumérisme politique, le marketing « vert » et le développement durable semblent être, aujourd'hui, ces formes de justification qui pérennisent le système malgré la critique. Plus globalement, le développement durable constitue une justification du capitalisme à vue totalisante (qui englobe toute la société) permettant à la fois, si l'on reprend ici la pensée des auteurs, de contrecarrer la critique et de lui donner un appui pour dénoncer les abus d'une accumulation sans limites. Éviter le gaspillage, proposer une planification, prendre en compte des enjeux écologiques… Les critiques sont entendues et les justifications, se référant à un bien commun, à savoir le bien-être de tous, légitiment de ce fait le capitalisme.

> « Si le capitalisme ne peut faire l'économie d'une orientation vers le bien commun où puiser des motifs d'engagement […], il a besoin de ses ennemis, de ceux qu'il indigne et qui s'opposent à lui, pour trouver les points d'appui moraux qui lui manquent, et incorporer des dispositifs de justice dont il n'aurait sans cela aucune raison de reconnaître la pertinence.[33] »

En ce sens, le système capitaliste est fort et il aurait trouvé dans la critique une voie de survie, à tel point qu'en son absence il en serait fragilisé. La critique oblige en quelque sorte les acteurs, les porte-parole, à argumenter la validité du système en référence au bien commun et à garantir « une amélioration effective en termes de justice ». Dans ce sens, les valeurs invoquées par la critique dans une stratégie dénonciatrice deviennent en partie celles du capitalisme.

EMC²-LSG - Émotion-Médiation-Culture-Connaissance
Université Pierre Mendès France Grenoble 2

* * *

33. Luc BOLTANSKI et Ève CHIAPELLO, *Le nouvel esprit du capitalisme*, *op. cit.*, p. 69.

L'éternel retour du *sweating system* ?

Pauline BARRAUD DE LAGERIE

Le drame récent du Rana Plaza — l'effondrement d'une usine au Bangladesh, le 24 avril 2013, et la mort de 1 135 personnes travaillant dans le bâtiment — a conduit à poser à nouveaux frais une question qui hante le commerce international depuis les années 1990 et l'essor du mouvement anti-*sweatshop* : comment faire en sorte que les travailleurs du Sud ne se tuent pas à la tâche d'approvisionner les consommateurs du Nord ? Et une question corollaire : dans quelle mesure peut-on et doit-on responsabiliser les entreprises du Nord de manière à ce qu'elles s'assurent que leurs fournisseurs garantissent le respect des droits fondamentaux de leurs travailleurs ? Tel est bien l'enjeu de la création d'une « responsabilité sociale des entreprises » (RSE) dans le « monde globalisé », deux notions qui sont au cœur des préoccupations actuelles.

Pour autant, la question de la responsabilisation des commettants n'a pas attendu ni la « RSE » ni la « globalisation » pour se poser. Il suffit, pour s'en convaincre, de regarder un siècle en arrière les suites du drame de l'usine *Triangle Shirtwaist*, à New York en 1911. Dans ce drame, cent quarante huit personnes, essentiellement des femmes, avaient péri dans l'incendie d'un immeuble de dix étages, dévolu à la confection textile. L'enquête avait rapidement établi que des portes étaient fermées, ce qui avait empêché les travailleurs d'accéder aux issues de secours réglementaires. Quelques jours après, le *New York Evening Journal* interrogeait « Qui est responsable ? » (cf. figure 1) et, plus encore, représentait la corde d'une potence assortie du texte : « Ceci doit aller à quelqu'un : qui est-ce ? » Et quand les deux propriétaires de l'usine avaient été acquittés, beaucoup s'étaient insurgés, non pas de la décision d'acquittement mais de la stratégie d'inculpation : de tous ceux qui auraient dû savoir que les centaines de travailleurs de l'usine Triangle travaillaient au péril de leur vie, le procureur n'avait retenu que ceux dont la responsabilité, à coup sûr, ne pourrait pas être démontrée (car, pour cela, il fallait en l'occurrence prouver qu'ils savaient que les portes étaient closes). Un journaliste terminait ainsi :

> « La conclusion monstrueuse de la loi est que ce massacre n'est de la faute de personne, qu'on ne pouvait rien y faire, ou peut-être même que, suivant une superbe phrase juridique qui est suffisamment large pour couvrir une multitude de défaillances de la justice, c'était " un acte de Dieu ! " [1] »

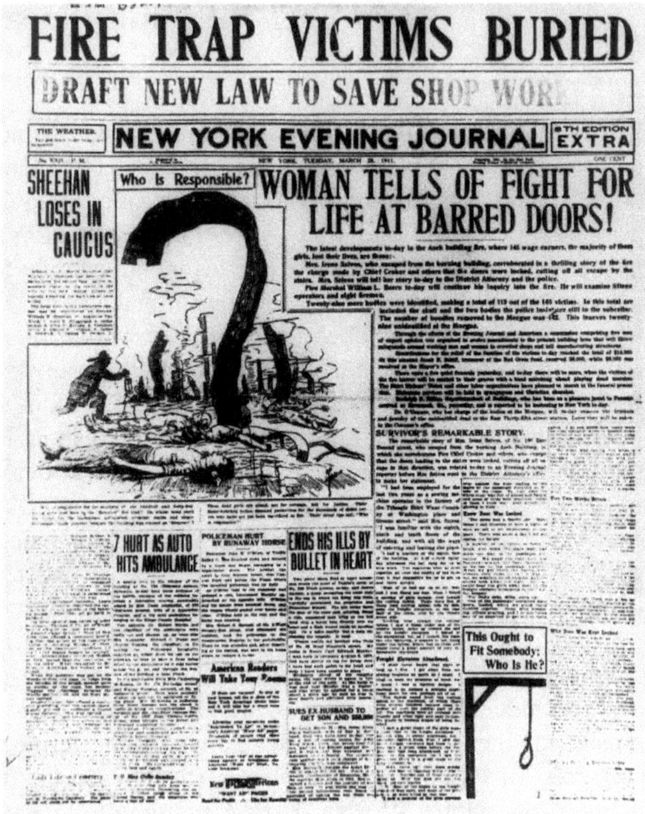

FIRE TRAP VICTIMS BURIED

NEW YORK EVENING JOURNAL

EXTRA

SHEEHAN LOSES IN CAUCUS

Who Is Responsible?

WOMAN TELLS OF FIGHT FOR LIFE AT BARRED DOORS!

SURVIVOR'S REMARKABLE STORY.

7 HURT AS AUTO HITS AMBULANCE

ENDS HIS ILLS BY BULLET IN HEART

This Ought to Fit Somebody: Who Is He?

Figure 1 : New York Evening Journal, mardi 28 mars 1911
(http://www.ilr.cornell.edu/trianglefire/photos/photo_display.html?sec_id=3)

Les drames du Rana Plaza comme de l'usine Triangle sont des cas extrêmes [2] dans le vaste ensemble des situations de grande souffrance de

1. « 147 Dead, Nobody Guilty », *Literary Digest*, 6 janvier 1912. Vingt-deux procès civils individuels furent lancés contre les propriétaires ; le 11 mars 1913, trois ans après le feu, Harris et Blanck payèrent 75 dollars pour chaque mort.

2. Cf. aussi l'article que nous avons consacré à une autre tragédie, l'effondrement de l'usine Spectrum en avril 2005, occasionnant la mort de 64 travailleurs : Pauline

travailleurs dans des configurations de sous-traitance. Il y a un terme, pour désigner ces « manufacture[s] — très souvent dans l'industrie textile — dans [lesquelles] les employés sont exploités, travaillent trop longtemps et/ou de manière forcée, dans [lesquelles] sévissent des abus physiques ou moraux, ou encore où on fait travailler des enfants[3] », c'est celui de « *sweatshop* ». Il nous servira ici de traceur pour observer dans quelle mesure les enjeux d'aujourd'hui rejouent ceux d'hier[4]. Car la notion de « *sweatshop* » a été déployée dans trois contextes différents : la fin du XIXe siècle, tout d'abord, a été le moment d'une première série de réflexions sur ce qu'on appelait alors « *sweating system* » ; un temps tombé dans l'oubli, le terme « *sweatshop* » a fait sa réapparition un siècle plus tard pour désigner deux types de structure, que nous appellerons « *sweatshops* domestiques » et « *sweatshops offshore* ». Nous ne montrerons pas seulement ce qu'il y a de commun entre les trois « problèmes » que les acteurs évoquent par ce même terme ; nous nous attacherons également à différencier les solutions envisagées pour défendre les droits des travailleurs dans des contextes institutionnels différents.

1. Le temps du sweating system

C'est probablement en 1850 que le terme « *sweating system* » est apparu pour la première fois, sous la plume du romancier et clergyman anglais Charles Kingsley qui, dans son essai *Cheap Clothes and Nasty*, mettait en lumière les centaines d'ateliers misérables cachés derrière la soixantaine d'ateliers présentables du quartier de West End à Londres. La formule s'est déployée par ailleurs aux États-Unis dans la seconde moitié du XIXe siècle, mais aussi en France, où elle a été exportée telle quelle[5]. Et elle a eu quelque succès, les syndicats et les réformateurs sociaux s'en

---

BARRAUD DE LAGERIE, « L'affaire Spectrum. La " responsabilité sociale des entreprises " à l'épreuve d'un drame », *Revue française de sociologie*, vol. 52, n° 2, 2011, p. 245-275.

3. Il s'agit là de la définition proposée par l'encyclopédie en ligne Wikipédia dans sa version francophone. Bien que n'ayant aucune validité formelle, les définitions de Wikipédia sont intéressantes car elles fournissent souvent une bonne approximation de la façon dont la plupart des gens se représentent une notion.

4. Cf. aussi Pauline BARRAUD DE LAGERIE, « Le salaire de la sueur. Un éclairage socio-historique sur la lutte anti-*sweatshop* », *Sociologie du travail*, vol. 54, n° 1, 2012, p. 45-69.

5. Les cas anglais, américain et français méritent d'être saisis conjointement, non seulement parce qu'ils sont très largement comparables, mais surtout parce que la construction du problème du « *sweating system* » dans ces différents pays s'est faite sur un mode spéculaire. Les penseurs et idées des milieux réformateurs circulaient déjà beaucoup. Et, comme en attestent les écrits de l'époque — l'ouvrage de Théodore Cotelle (1904), cité plus loin, en est un bon exemple —, les réflexions conduites dans l'un ou l'autre pays étaient systématiquement nourries des expériences étrangères.

étant immédiatement saisis pour placer le problème des mauvaises conditions de travail à l'agenda des pouvoirs publics.

1. 1. Qu'est-ce que le **sweating system** *?*

La définition du *sweating system* a fait l'objet de débats innombrables dans des arènes comme la Chambre des Lords britannique (1888) et le Comité des Manufactures américain (1892). Mais l'on peut retenir deux caractéristiques principales communes aux situations que les observateurs désignaient par ce terme : un lieu de production caractérisé par de mauvaises conditions de travail et inscrit dans une chaîne de sous-traitance.

La première caractéristique du *sweating system* est la pénibilité des conditions d'emploi et de travail, déclinée sous trois aspects : salaire de misère, temps de travail excessif, environnement insalubre. L'évocation du *sweating system* va ainsi de pair avec la description de lieux de production très exigus, généralement un petit atelier ou le domicile de celui qui fait office de patron et qu'on appelle « *sweater* ». L'exagération des heures de travail est présentée comme systématique. À titre d'exemple, l'enquête de la Chambre des Lords avance le chiffre moyen de quatorze à dix-huit heures quotidiennes pour l'ensemble des travailleurs qui, dans le quartier de l'East End de Londres, s'affairent à des travaux de couture ou de cordonnerie. Sur les salaires aussi, les enquêtes américaines et britanniques ont produit des renseignements étayés : des femmes de Philadelphie travaillant à domicile pendant quatorze heures gagnaient deux dollars par semaine tandis que, dans une fabrique, elles en auraient gagné trois ou quatre pour dix heures quotidiennes[6].

Ce dernier point est important : la plupart des observateurs du XIXe siècle décrivent le *sweating system* comme une organisation du travail qui s'oppose à la production centralisée dans des fabriques. Le « *sweatshop* » est un petit atelier, voire un domicile, plutôt comparable à ce que Frédéric Le Play appelait « fabrique collective », *i.e.* « le régime sous lequel le patron centralise le commerce des produits fabriqués au foyer domestique ou au petit atelier des ouvriers[7] ». Les auteurs français, comme T. Cotelle, G. Mény et P.-R. Du Maroussem[8], considèrent que le *sweating system*

---

6. Théodore COTELLE, *Le « Sweating System » : étude sociale*, (2e éd.), Angers, J. Siraudeau, 1904.

7. Frédéric LE PLAY, *La réforme sociale en France déduite de l'observation comparée des peuples européens*, Paris, Plon, 1864 ; cité in Georges MENY, *La lutte contre le sweating system*, Paris, Thèse pour le doctorat de droit, 1910, p. 18.

8. Pierre-Robert DU MAROUSSEM, *La question ouvrière : cours libre professé à la Faculté de droit de Paris*, Paris, Hachette, [1892] 1971.

relève d'une organisation similaire où de petits ateliers de production gravitent autour de grands fabricants. Et sans faire référence à l'auteur de *La Réforme sociale*, ce n'est effectivement pas autre chose que décrivent les observateurs du *sweating system* à l'étranger.

Nellie Auten[9], par exemple, décrit ainsi le système de confection textile. Une grande entreprise de vêtements (ou un grand magasin) estime qu'il va lui falloir un certain nombre d'articles de prêt-à-porter pour le prochain printemps/automne. Avant d'être confectionnés dans l'un ou l'autre de ces ateliers, les vêtements sont coupés, en grandes quantités, chez un fabricant (« *manufacturer* »). Ensuite, très peu d'entreprises ont assez d'ateliers en interne pour faire tous leurs habits, et beaucoup n'en ont aucun. Mais le fabricant reçoit par ailleurs des offres d'entrepreneurs (« *contractors* ») qui proposent de faire le travail dans leurs ateliers. Équipés de quelques machines à coudre, d'une ou plusieurs tables basses et de quelques chaises, ces ateliers abritent généralement quelques couturières et autres repasseuses. L'entrepreneur a parfois également des gens qui s'occupent des finitions, mais souvent il a lui-même recours à des finisseurs (« *finishers* ») qui proposent d'assurer le travail chez eux. Ainsi décrit, le *sweating system* se caractérise bien par une organisation en chaîne.

Une précision s'impose. Si la fabrique collective lie un travailleur à domicile à un patron, les descriptions du *sweating system* font généralement intervenir, en plus, un intermédiaire entre le travailleur et le détenteur du capital. Pour beaucoup d'observateurs, ce « *sweater* » est d'ailleurs la cause première de la misère des travailleurs. Ainsi Kingsley écrivait-il :

> « Du prix payé pour chaque article, non seulement le travailleur mais aussi le « sweater », et peut-être le « sweater » du « sweater », et un troisième, un quatrième et un cinquième doivent tirer leur profit. Et quand le prix du travail a déjà été rabattu au strict minimum, ce qu'il reste aux travailleurs après toutes ces déductions, laissez ces pauvres hommes vous le dire ![10] »

---

9. Nellie AUTEN, « Some Phases of the Sweating System in the Garment Trades of Chicago », *American Journal of Sociology*, vol. 6, n° 5, 1901, p. 602-645.

10. Charles KINGSLEY, *Cheap Clothes and Nasty*, Londres, Macmillan, 1850.

1. 2. À qui la faute ?

Comme le souligne Beatrice Webb dans son chapitre « *How to do away with the sweating system* » de l'enquête publiée en 1898 sous le titre *Problems of Modern Industry*[11], l'opinion publique de l'époque fait souvent porter aux intermédiaires, dits « *sweaters* », l'entière responsabilité du malheur des travailleurs. Elle en donne pour preuve un dessin publié dans le magazine *Punch*, dans lequel l'intermédiaire est représenté comme une grosse araignée suçant le sang des travailleurs qui l'entourent. Pour B. Webb, c'est là une vision erronée. En fait de grosse araignée gorgée de sang ou de notable gras enrichi à la sueur des travailleurs, l'intermédiaire est généralement un ancien mais qui ne vit guère mieux que ceux qu'il est supposé faire suer. Qui plus est, il peut être condamné pour vol s'il ne ramène pas les biens confectionnés aux fabricants, et se trouvera seul à la barre des accusés en cas de salaires impayés[12]. Dans cette perspective, ce sont les fabricants qui tirent le plus grand profit de la situation. Mais plus généralement, B. Webb décrit l'entrepreneur « *sweater* » comme l'instrument d'une oppression menée par la nation tout entière : fabricants, propriétaires, consommateurs, etc. D'après elle, la juste représentation de l'intermédiaire serait donc plutôt l'image du ver qui apparaît dans la viande avariée : sans en être la cause, il tire avantage de la pourriture qui l'entoure ; et s'il ne le faisait pas, une autre créature le dévorerait en même temps que la viande. Moins imagée, l'analyse de N. Auten va dans le même sens. Elle explique :

> « Le fabricant dit : "je donne mon travail à des entrepreneurs qui se présentent devant moi très désireux de le faire ; ce n'est plus mon affaire où et comment c'est fait". L'entrepreneur dit : "Je dois finir ce travail à telle échéance. Je dois le faire dans les temps ou on ne m'en confiera plus. Je suis obligé de faire venir mes travailleurs tôt le matin et de les faire rester tard le soir." [...] Le consommateur dit : "où est le Sunday journal ? Montrez-moi les bonnes affaires de demain. Je peux certainement aller à la ville jeter un œil à ces bermudas à 25 et 50 centimes ; et ces robes de soirée, bonne qualité, pour 1 dollar [...]. Oui, je dois pouvoir m'acheter quelque chose."[13] »

---

11. Beatrice WEBB and Sidney WEBB, *Problems of Modern Industry,* Freeport, NY, Books for Libraries Press, (1898) 1972.

12. Florence KELLEY, *The Sweating-System, In Hull-House Maps and Papers : A Presentation of Nationalities and Wages in a Congested District of Chicago, Together with Comments and Essays on Problems Growing Out of the Social Conditions,* New York, Thomas Y. Crowell, 1895, p. 27-45.

13. Nellie AUTEN, « Some Phases of the Sweating System in the Garment Trades of Chicago », *op. cit.*

Le texte sonne comme une fable, dont la morale se révèle en contre-pied radical avec le précepte mandevillien selon lequel la poursuite par chacun de son intérêt égoïste conduirait au bonheur de tous [14]. Ici, si la misère du travailleur n'est le souhait de personne, elle est en revanche la conséquence du comportement de tous. Pour N. Auten, le système serait sérieusement enrayé si l'on faisait en sorte que quelques personnes, faisant partie du processus, se sentent responsables : le propriétaire, l'intermédiaire, le fabricant, et en dernier ressort le consommateur. Déjà, au XIXe siècle, on cherche à responsabiliser les consommateurs, et on met à leur disposition des dispositifs pour sélectionner les biens produits dans des conditions acceptables. C'est le début des ligues d'acheteuses, des listes blanches, et des labels [15]. Mais la lutte anti-*sweatshop* s'est surtout traduite par l'établissement de nouvelles réglementations, restreignant la pratique du travail à domicile à des individus (aidés au plus de leur famille), et assimilant les droits des travailleurs à domicile à ceux de salariés directs du donneur d'ordre. Dans ce cadre, tout entrepreneur s'allouant les services de travailleurs, dans quelque local que ce soit, doit désormais déclarer ses activités, obtenir une autorisation, faire des contrats de travail et respecter les conditions prévues par le code du travail. Cela a conduit à la disparition progressive, au début du XXe siècle, d'un système élevé au rang d'archaïsme.

2. Le retour des « **sweatshops** »

Le terme « *sweatshop* », totalement passé de mode au cours du XXe siècle, est réapparu à la fin des années 1970, sous la plume de journalistes américains effarés de découvrir les conditions de travail dans certains ateliers de leurs grandes villes. Les articles se multiplièrent, dont les titres sont éloquents : « *The new sweatshops* » (*The Progressive*, 1978) ; « *Threadbare lives : New York's Chinese man apparel factories much like sweatshops* » (*Wall Street Journal*, 1978) ; « *New sweatshops : a penny*

14. Bernard MANDEVILLE, *La fable des abeilles ou les vices privés font le bien public*, Paris, Vrin, [1714] 1985.

15. Kish SKLAR, « The Consumers' White Label Campaign of the National Consumers' League 1898-1918 », in Susan STRASSER, Charles MCGOVERN, and Matthias JUDT, (eds.), *Getting and Spending. European and American Consumer Societies in the Twentieth Century*, Washington, D.C., Cambridge University Press, 1998, p. 17-36 ; Lawrence GLICKMAN, « Consommer pour réformer le capitalisme américain : le citoyen et le consommateur au début du XXe siècle », *Sciences de la société*, n° 62, 2004, p. 17-43 ; Marie-Emmanuelle CHESSEL, « Aux origines de la consommation engagée : la ligue sociale d'acheteurs (1902-1914) », *Vingtième Siècle*, n° 77, 2003, p. 95-108.

for your collar » (*New York*, 1979). Un journaliste du *New York Times* rapportait ainsi en 1979 :

> « Environ 500 usines textiles dans la ville de New York exploitent des minorités et des étrangers en situation irrégulière, en leur payant un salaire inférieur à la réglementation fédérale, et leur confiant du tissu pour de la couture illégale à domicile. L'I.L.G.W.U. [International Ladies' Garment Workers' Union] a lancé une nouvelle attaque contre ce que les responsables syndicaux appellent "le retour des sweatshop".[16] »

2. 1. Des ateliers clandestins

Lorsque les journalistes américains ont tiré la sirène d'alarme d'un « retour des *sweatshops* », ce qu'ils décrivaient c'était avant tout la réapparition de lieux de travail misérables, qu'ils comparaient généralement à une réalité d'un autre temps. En France aussi, bien qu'on ne parle pas explicitement de « *sweatshops* » dans un cadre « domestique », le même problème semble avoir émergé à la même période. Le vendredi 8 février 1980, FR3 diffusa un documentaire de Michel Honorin : « *French confection* ou une nouvelle forme d'esclavage moderne ». Le reportage, qui révélait les conditions de vie et de travail des sans-papiers de la confection dans le quartier du Sentier à Paris, eut un grand retentissement. Près de vingt ans plus tard, une journaliste d'*Alternatives Économiques* soulignait encore :

> « Quiconque vit, par exemple, dans le quartier du Sentier à Paris peut constater que le vrombissement des machines à coudre dure tard le soir et continue le week-end.[17] »

Et toujours en 2005, un article du *Figaro* titrait :

> « De Bobigny au Sentier, les machines à coudre tournent sept jours sur sept.[18] »

Comme dans le cas du *sweating system*, les « *sweatshops* domestiques » sont des lieux de production caractérisés par de longues heures de travail, un salaire faible et une insalubrité criante. En revanche, contrairement au temps du *sweating system*, ces ateliers sont désormais pensés sous le registre de l'illégalité puisqu'ils contreviennent à la législation sur le travail (un certain nombre sont même clandestins). De ce fait, s'ils produisent pour des producteurs ou des vendeurs beaucoup plus gros, ce

---

16. Damon STETSON, [sans titre], *New York Times*, 18 septembre 1979.

17. Carole YEROCHEWSKI, « Le travail illégal dans le collimateur », *Alternatives Économiques*, 28 février 1997.

18. Jean-Marc PHILIBERT, « De Bobigny au Sentier, les machines à coudre tournent sept jours sur sept », *Le Figaro*, 29 octobre 2005.

n'est plus — comme au tant du *sweating system* — au vu et au su de tous. Les donneurs d'ordre savent que ce genre d'atelier est désormais illégal et ne peuvent plus reconnaître ouvertement qu'ils y ont recours. Les propos du PDG de la marque *Nicole Miller Inc.* sont à cet égard révélateurs d'une posture (réelle ou fictive) de rejet absolu des *sweatshops* domestiques, au nom de l'exigence de qualité :

> « [Aux États-Unis], un *sweatshop* se met en route lorsque vous demandez à votre principal fournisseur de faire mille robes pour vendredi. Bien qu'il soit trop occupé, il accepte le travail et le sous-traite à une usine qui n'a rien à faire. Pourquoi cette usine n'est-elle pas occupée ? Parce que c'est un *sweatshop*. Ce n'est pas un *sweatshop* parce qu'elle a de faibles coûts de main-d'œuvre ou qu'elle exploite les travailleurs immigrés, mais parce qu'elle fait de mauvais produits. Le moment venu, les biens vous reviennent, les coutures sont mal faites, la taille n'est pas tout à fait exacte — ça, ou je ne récupère jamais les vêtements parce que l'atelier a été fermé [...]. Je suis forcément perdant.[19] »

S'il est vrai que les *sweatshops* domestiques sont rarement le fournisseur principal des grosses enseignes, et jouent plutôt le rôle de soupape de l'industrie textile, il n'en demeure pas moins que les cas d'approvisionnement auprès de ces ateliers ne sont pas inexistants ; et c'est bien du côté de la responsabilisation des donneurs d'ordre que les défenseurs des travailleurs ont cherché à trouver une solution.

2. 2. Espoirs et limites des poursuites judiciaires contre les commettants

De même que le cas Triangle est resté l'exemple paradigmatique du temps du *sweating system*, le cas El Monte est l'illustration incontournable des *sweatshops* domestiques. Il permet de voir les difficultés rencontrées par ceux qui entendent engager la responsabilité des commettants.

En août 1995, des agents d'État et fédéraux firent un raid dans une usine de vêtements à El Monte, en banlieue de Los Angeles. Ils y trouvèrent soixante douze immigrants thaï, privés de leurs passeports, retenus dans un bâtiment entouré de barbelés, qui travaillaient à l'assemblage de vêtements, seize heures par jour, sept jours sur sept, pour un salaire de misère avec lequel ils devaient rembourser leur trajet jusqu'aux États-Unis. Dès février 1996, la Cour fédérale condamna les huit responsables de l'atelier d'El Monte pour esclavage involontaire et emploi de main-d'œuvre clandestine (les peines allèrent de deux à sept ans de prison, assorties d'une amende de 250 000 dollars). Mais pendant le raid, les

19. Andrew Ross (ed.), *No Sweat : Fashion, Free Trade and the Rights of Garment Workers*, New York, Verso, 1997, p. 128.

agents avaient par ailleurs trouvé une série de documents prouvant qu'un certain nombre de fabricants et de distributeurs américains s'approvisionnaient auprès de ce « *slaveshop* ». Assurant la défense des travailleurs, Julie Su construisit donc un plaidoyer contre ces donneurs d'ordre, en soulignant qu'ils ne pouvaient ignorer les conditions dans lesquelles étaient réalisées leurs commandes. Elle soutenait ainsi que les donneurs d'ordre étaient, en pratique, les employeurs des travailleurs, et à ce titre contraints de respecter les lois en vigueur[20]. Sans préjuger du résultat, la Cour de Justice du District autorisa que distributeurs et fabricants soient poursuivis au titre de « co-employeurs » (« *joint employers* »). Mais l'issue de cette affaire se concrétisa finalement hors du tribunal, à l'amiable. En 1999, onze entreprises acceptèrent de payer plus de 3,7 millions de dollars aux cent cinquante travailleurs du *sweatshop* d'El Monte, tout en soulignant néanmoins qu'elles n'avaient commis aucune faute puisqu'elles ignoraient que leur partenaire violait la loi.

En France, où la responsabilité des donneurs d'ordre peut être engagée dans le cadre de la dissimulation du travail (article L. 324-9-1 du code du travail, 1975), un journaliste de *Libération* soulignait, en 2000, que la traque s'accentuait contre ceux qui contribuaient, par leurs commandes, à la persistance d'ateliers clandestins. Il donnait pour preuve l'exemple de deux grands confectionneurs, Morgan et La City, qui avaient ainsi été condamnés à de lourdes amendes, malgré leur pourvoi en cassation[21]. D'après lui, en une année, près de cinquante citations à comparaître avaient été délivrées à des donneurs d'ordre. Il se faisait l'écho de Jean-Pierre Dintilhac, président du Comité de lutte contre le travail illégal (Colti), satisfait de ses poursuites, et comparant les donneurs d'ordre à des receleurs. Pourtant, les cas de Morgan et de La City ont donné lieu à une si faible couverture médiatique que l'on peine même à mesurer la véracité des faits. Et surtout, outre qu'elle ne peut concerner que des cas de travail dissimulé (ce qui exclut les *sweatshops* correctement déclarés), la condamnation des donneurs d'ordre se présente comme une menace davantage que comme une pratique, tant se révèle difficile la remontée des cascades de sous-traitants. Les fabricants maintiennent quant à eux une même ligne de défense : les *sweatshops* domestiques sont certes condam-

20. Julie SU, « El Monte Thai garment workers : slave sweatshops », in Andrew ROSS, (ed.), *No Sweat : Fashion, Free Trade and the Rights of Garment Workers*, *op. cit.*, p. 143-150.

21. Thomas LEBEGUE, « Les patrons du noir dans la lumière », *Libération*, 15 novembre 2000.

nables, mais ce n'est pas à eux d'en assurer le contrôle. Ainsi, le PDG de Tati, Fabien Ouaki, affirmait-il :

> « Je ne suis pas flic, pas juge et ce n'est pas à moi de dénoncer les travailleurs clandestins. Il suffit de pousser des portes cochères pour en voir. Que chacun fasse son travail, que l'État protège les salariés et les employeurs en mettant en taule ou dehors ceux qui ne paient pas les charges sociales et qui font du travail clandestin. Mais ce n'est pas au donneur d'ordre de faire la police, de savoir où il achète : c'est impossible. On paie des impôts, on a des commissaires... [22] »

L'histoire de la lutte anti-*sweatshop* au tournant du XXe siècle s'était conclue par la mise en place d'une législation importante, réduisant le périmètre du travail à domicile en même temps qu'elle en augmentait la protection. Elle s'accompagnait par ailleurs d'un encadrement légal fort des conditions d'emploi en atelier. À la fin du XXe siècle, les *sweatshops* domestiques sont des ateliers qui fonctionnent de façon illégale et généralement clandestine. Si la nouvelle lutte anti-*sweatshop* a ainsi pu s'appuyer sur l'existence d'un arsenal réglementaire opposable aux patrons d'ateliers, elle a en revanche largement butté sur l'absence d'un outillage législatif permettant de poursuivre facilement leurs donneurs d'ordre. Au-delà de la stigmatisation ambiante du recours à ces sites de production, elle a donc surtout pris la forme d'un renforcement des activités d'inspection, assorties de sanctions contre les patrons d'ateliers.

3. « Sweatshops *» et « RSE » dans le « monde globalisé »*

Ce qu'on désigne le plus souvent sous le terme « *sweatshop* » depuis le début des années 1990, ce sont les « *sweatshops offshore* » (aussi appelés « *sweatshops abroad* » ou « *sweatshops overseas* »), des lieux de production caractérisés par de mauvaises conditions (« *sweatshops* »), présents dans des pays en développement et produisant pour des entreprises des pays développés (« *offshore* »). Contrairement aux ateliers du *sweating system* ou aux *sweatshops* domestiques, les *sweatshops offshore* sont de véritables entreprises intégrées, régies par un droit du travail local, théoriquement contrôlées par une inspection du travail locale, et avec lesquels les donneurs d'ordre font ouvertement affaire. Les droits fondamentaux des travailleurs y sont pourtant bafoués.

22. Interview : Fabien Ouaki, PDG de Tati. « La France a un problème avec le Commerce », *La Tribune*, 3 février 1997.

3. 1. L'exploitation des travailleurs dans les échanges globalisés

Les réformateurs sociaux avaient mis en avant les dangers du *sweating system* dans le courant du XIXe siècle. Les journalistes de la fin des années 1970 avaient constaté que de piètres conditions de travail se maintenaient dans certains ateliers des grandes villes occidentales. C'est à des ONG (organisations non gouvernementales) que l'on doit la primeur de la dénonciation des « *sweatshops* » que nous qualifions d'« *offshore* ».

Dès le début des années 1990, des organisations militantes se sont souciées des conditions dans lesquelles étaient produits les biens de consommation vendus par les enseignes occidentales. Une chose était sûre, la plupart d'entre eux n'étaient pas fabriqués dans les pays où ils étaient commercialisés. Les militants ont donc regardé du côté des pays en développement et y ont trouvé des conditions misérables dont le terme *sweatshop* leur semblait pouvoir rendre compte efficacement. Ce qu'ils désignent ainsi, ce sont toujours les mêmes conditions de travail : des salaires de misère, un temps de travail excessif, des conditions de travail insalubres — mais aussi la discipline arbitraire et l'interdiction de s'organiser[23].

Les militants anti-*sweatshop* relièrent rapidement la souffrance des travailleurs du Sud aux pratiques des marques et distributeurs occidentaux. Aussi, les années 1990 ont-elles été marquées par une multiplication de campagnes contre les donneurs d'ordre, dont le paroxysme fut atteint en 1995-1996. L'« année du *sweatshop* »[24], ainsi qu'on l'a appelée aux États-Unis, s'ouvrit en janvier 1995, lorsque le National Labor Committee (NLC) américain rencontra un groupe d'adolescents employés par l'usine Mandarin International, située dans une zone de libre échange du Salvador. Ils assemblaient des habits pour des marques américaines. Pour 56 cents de l'heure, ils travaillaient dix-huit heures par jour dans les phases de pic productif, sans même pouvoir se rendre librement aux toilettes. Les travailleurs de Mandarin avaient décidé de s'organiser autour d'un syndicat, mais la direction de l'usine s'était empressée de licencier les leaders de la protestation. Le NLC lança l'alerte et concentra l'essentiel de ses forces sur la dénonciation de la marque Gap[25]. Au terme d'une année

---

23. Tara J. RADIN and Martin CALKINS, « The Struggle Against Sweatshops : Moving Toward Responsible Global Business », *Journal of Business Ethics*, n° 66, 2006, p. 261-272.

24. Andrew ROSS (ed.), *No Sweat : Fashion, Free Trade and the Rights of Garment Workers*, *op. cit.*

25. Kitty KRUPAT, « From War Zone to Free Trade Zone : A History of the National Labor Committee », in *ibidem*.

d'actions, en décembre 1995, Gap accepta de maintenir ses commandes avec l'usine Mandarin, de réintégrer les syndicalistes congédiés et d'organiser un système de vérification indépendant pour contrôler les conditions de travail.

À peine cette première campagne s'achevait-elle que s'ensuivit ce qui est resté comme le fait d'armes le plus marquant du NLC : le scandale Kathie Lee Gifford. Lors de l'enquête qu'ils menaient pour leur campagne contre Gap, les leaders du NLC avaient découvert des étiquettes « Kathie Lee Plus » dans une usine du Honduras. D'après Kitty Krupat, les travailleurs de l'usine Global Fashion gagnaient quelque 900 dollars par an pour produire une ligne de vêtements qui assurait à la célèbre présentatrice de télévision Kathie Lee Gifford des royalties à hauteur de neuf millions de dollars. C. Kernaghan fit témoigner devant le Congrès celle qui allait devenir une véritable icône de la lutte anti-*sweatshop*, Wendy Diaz. Le 29 avril 1996, cette jeune orpheline hondurienne de quinze ans raconta comment elle travaillait de longues heures pour un salaire de misère depuis l'âge de treize ans pour subvenir à ses besoins et à ceux de ses trois jeunes frères. Ce témoignage eut un retentissement considérable, d'autant plus que la griffe Gifford communiquait depuis longtemps sur son engagement en faveur de l'enfance. En pleurs à la télévision, Gifford commença par dénier les allégations, puis à rejeter toute responsabilité (n'étant pas propriétaire de l'usine, comment aurait-elle pu savoir ?). Mais peu après, le syndicat du textile (UNITE) découvrit un autre *sweatshop* qui, en plein cœur de Manhattan, produisait également des habits Kathie Lee. Acculée, la présentatrice de télévision s'engagea à assurer un travail décent aux travailleurs de New York et du Honduras. Suivant la formule piquante d'Andrew Ross : « il ne lui fallut pas trois semaines pour accéder à la sainteté d'une croisée du droit du travail [26] ».

Les grandes campagnes médiatiques américaines (contre Mattel, Disney, Nike, etc.) n'ont certes pas eu leur pendant en Europe. Mais sans atteindre les coûts d'éclat du NLC, la Clean Clothes Campaign a néanmoins déployé, au cours des années 1990, une cinquantaine d'« appels urgents » épinglant les donneurs d'ordre dont le lien avec des *sweatshops* paraissait avéré.

---

26. Andrew ROSS (ed.), *No Sweat : Fashion, Free Trade and the Rights of Garment Workers*, *op. cit.*, p. 27.

3. 2. Les nouveaux dispositifs de régulation des conditions de travail

Faute de pouvoir s'adosser à une législation internationale, le mouvement anti-*sweatshop* contemporain s'est appuyé sur l'affirmation sans cesse renouvelée d'une « demande de vertu[27] ». Et les militants d'appeler les entreprises à se comporter de façon « socialement responsable » en mettant en place, volontairement, une série de dispositifs : codes de conduite, clauses sociales, audits sociaux et actions correctives.

Chacun de ces quatre dispositifs relève d'une logique particulière. Dans l'esprit des militants, les codes de conduite doivent permettre la reconnaissance, par les donneurs d'ordre, de leur responsabilité (morale, à défaut d'être légale) à faire respecter des droits fondamentaux des travailleurs de leurs fournisseurs. Les clauses sociales, introduites dans leurs contrats de fourniture[28], obligent les donneurs d'ordre à obtenir l'engagement des fournisseurs à respecter les droits de leurs travailleurs ; ainsi, les entreprises occidentales sont supposées refuser tout contrat avec un fournisseur moins cher car moins-disant socialement. Les audits sociaux doivent permettre aux donneurs d'ordre de connaître l'état réel des conditions de travail chez leurs fournisseurs, de telle sorte qu'aux yeux des militants, l'ignorance ne peut plus être un argument de défense, et nul donneur d'ordre n'est censé ignorer les conditions de travail chez ses fournisseurs. Enfin, pour éviter que les donneurs d'ordre ne se contentent d'abandonner les fournisseurs non conformes aux clauses sociales[29], l'injonction à mettre en place des actions correctives consiste à leur demander d'accompagner leurs fournisseurs vers la conformité sociale.

À titre d'illustration du fonctionnement concret de ces nouveaux outils de régulation des conditions de travail, prenons le cas du *Business Social*

---

27. David VOGEL, *The Market For Virtue : The Potential And Limits Of Corporate Social Responsibility*, Washington D.C., Brookings Institution Press, 2005.

28. Ces « clauses sociales » contractuelles sont qualifiées de « petites » par Isabelle DAUGAREILH (« La responsabilité sociale des entreprises, un projet européen en panne », *Sociologie du travail*, vol. 51, n° 4, 2009, p. 499-517, p. 513) pour les distinguer de celles qui ont été envisagées dans le cadre des accords commerciaux internationaux.

29. Pour fuir les risques de scandale, certains donneurs d'ordre avaient décidé de rompre leurs relations commerciales avec les fournisseurs trop médiocres. S'ils pouvaient espérer que leur rupture avec les *sweatshops* satisfasse les défenseurs des droits des travailleurs, il n'en a rien été. Les militants ont au contraire fermement dénoncé ce qu'ils voyaient comme un comportement de fuyard, et dont la formule « *cut and run* » rend bien compte. Ils souhaitaient éviter que ne se reproduise le drame de Sialkot : désertée par les entreprises occidentales à la suite du scandale des ballons de football fabriqués par des enfants, cette région pakistanaise avait subi une dégradation brutale des conditions de vie, et vu les enfants s'orienter vers de nouvelles sources de revenu (trafic de drogue, prostitution, etc.).

Compliance Initiative (BSCI), une initiative lancée en 2003 au sein de la *Foreign Trade Association* européenne pour permettre aux entreprises de contrôler les conditions de travail chez leurs fournisseurs [30].

Son code de conduite, d'abord, tient en deux pages et demie. Par leur signature, les membres du BSCI reconnaissent qu'ils ont la responsabilité d'assurer des conditions de travail décentes pour les employés fabriquant leurs produits « sans considération du fait qu'ils soient employés directement [...] ou par des sous-traitants ». Le code de conduite se décline ensuite en une clause de conformité que doivent signer tous les fournisseurs des membres du BSCI. Sur le fond, le BSCI a établi neuf chapitres constitutifs de la « qualité sociale » des usines : conformité réglementaire, liberté d'association et droit à la négociation collective, salaires, temps de travail, sécurité du lieu de travail, prohibition de la discrimination, du travail infantile et du travail forcé, protection de l'environnement. Pour chaque chapitre, le code du BSCI requiert la conformité avec tous les textes « applicables », qu'il s'agisse de lois nationales ou de conventions internationales (de l'OIT ou de l'ONU), quel que soit le texte le plus exigeant. À cet égard, pour être un succédané de « code du travail », le code de conduite n'en est pas moins essentiellement fondé sur des textes de droit (sélectionnés, ré-agencés, complétés, etc.). Et dans cette perspective, le système d'audit social est moins pensé pour imposer des normes alternatives [31] que comme un substitut à une inspection du travail jugée défaillante.

Les auditeurs sociaux n'appartiennent nullement à un corps de fonctionnaires d'État, ils sont employés par des cabinets d'audit (SGS, Bureau Veritas, Intertek...) proposant leurs services aux entreprises. Ce sont souvent des cabinets d'audit qualité qui ont diversifié leurs activités vers l'audit de la « qualité sociale » et qui, disposant d'antennes un peu partout dans le monde, peuvent envoyer sur site des auditeurs locaux pour une à deux journées. Sur place, les auditeurs doivent recueillir tous les documents (licences de l'entreprise, documentation sur la politique RH de l'entreprise, archives relatives à la gestion financière et à la gestion du personnel...), témoignages (des dirigeants et des employés) et indices (au cours de ce qui est appelé le « tour de l'usine ») de la conformité ou de la non-conformité de l'usine aux critères formulés dans la check-list issue

30. Cf. aussi Pauline BARRAUD DE LAGERIE, « Objectiver la qualité sociale », in François VATIN (dir.), *Évaluer et Valoriser. Une sociologie économique de la mesure*, (postface de Michel CALLON), Presses universitaires du Mirail, 2009, p. 229-245.

31. Il est en effet globalement admis que les réglementations locales et conventions internationales suffisent à définir les droits fondamentaux des travailleurs.

du code de conduite. L'auditeur doit ensuite remplir le rapport d'audit destiné au donneur d'ordre, dénombrer les non-conformités pour chaque chapitre et attribuer, en suivant une formule de calcul définie par le BSCI, une appréciation d'ensemble au site (« conforme », « améliorations requises », « critique »).

Commanditaire et destinataire du rapport d'audit, le donneur d'ordre peut alors s'en servir tout à la fois pour connaître le niveau de conformité sociale de ses fournisseurs, pour gérer son parc de fournisseurs, et pour communiquer sur ses engagements en matière de « responsabilité sociale ». Aussi, les conditions de travail sont-elles supposées s'améliorer.

À l'issue de cette dernière section, il apparaît donc que la responsabilisation des commettants, mode d'action secondaire dans la lutte contre le *sweating system* et contre les *sweatshops* domestiques, se présente aujourd'hui comme l'outil principal d'éradication des « *sweatshops offshore* ». Par ailleurs, cette responsabilisation des commettants est portée par une action triplement privée, où ce sont des acteurs privés qui se chargent de rédiger les codes de conduite (entreprises, éventuellement en partenariat avec des ONG), où ce sont des acteurs privés qui se chargent d'en contrôler le respect par les fournisseurs (les auditeurs sociaux issus de cabinets d'audit), et où ce sont des acteurs privés qui se chargent de sanctionner les donneurs d'ordre jugés défaillants (militants, consommateurs-citoyens).

Conclusion

Comme nous l'avons mis en évidence, le problème des mauvaises conditions de travail dans une configuration de sous-traitance ne date pas de la globalisation des échanges, et le projet de responsabiliser les commettants a par ailleurs toujours constitué l'une des voies envisagées pour résoudre ce problème. Elle n'a que peu été retenue dans le cadre du *sweating system* puis des *sweatshops* domestiques, étant privilégié le recours au droit du travail appliqué aux établissements de production eux-mêmes. Mais dans le cas des *sweatshops offshore*, où les réglementations locales en vigueur dans les pays du Sud sont régulièrement bafouées dans une relative impunité, la responsabilisation « sociale » des donneurs d'ordre du Nord se présente comme un moyen d'action alternatif, ou complémentaire, à la poursuite des employeurs directs.

Ceci étant, cette façon de recourir à des actions librement consenties par des acteurs économiques n'est pas non plus nouvelle. Au contraire, en tant que démarche fondée sur la profitabilité de la bienfaisance, la « responsabilité sociale » des entreprises se présente comme l'héritière évidente du patronage d'antan, dont Villermé décrivait ainsi le principe moteur :

> « Il serait temps [...] qu'à l'abandon complet dans lequel la plupart [des patrons] laissent l'ouvrier, à la pensée exclusive d'exploiter sa position, succédât de leur part une pensée plus généreuse, plus humaine, un patronage qui leur serait au moins aussi profitable que leur égoïsme.[32] »

Que la bienfaisance puisse être profitable ne justifie nullement, en soi, que l'on conteste la prise en charge patronale du bien-être des travailleurs. Ce qui est sujet à caution en revanche, c'est le postulat que « c'est ce patronage bien compris, bien exercé, qui peut le plus efficacement contribuer à l'amélioration du sort et de la morale des ouvriers[33] ».

D'abord, parce que la « responsabilité sociale » — comme autrefois le patronage — subordonne la protection des travailleurs à l'intérêt patronal, et éventuellement à l'efficacité de la pression consumériste. Ensuite, parce que rien n'est moins incertain que l'effet sur le sort des travailleurs, de la définition, par les donneurs d'ordre et/ou les militants — comme autrefois par les patrons et/ou les réformateurs sociaux —, des caractéristiques de leur bien-être, du mode d'évaluation de leur condition et des moyens de son amélioration. Pensé comme une béquille à une inspection du travail jugée défaillante, le système d'audit social n'est pas exempt d'effets pervers. C'est pourquoi il suscite tant la méfiance de certains syndicats locaux, plus soucieux de rappeler à leurs responsabilités les patrons et pouvoirs publics locaux que d'enrôler les entreprises occidentales dans la protection des travailleurs[34].

L'histoire de la construction de la relation salariale au XIXe siècle est riche d'enseignements pour analyser le temps présent. La redéfinition du lien entre le patron et le salarié a été réglée par la voie législative. Cela prit la forme d'un grand mouvement de réglementation des conditions de travail — assorti de la mise en place de l'inspection du travail — dans les années 1890, et du compromis de 1898 établissant la responsabilité systématique (sans faute) des patrons en cas d'accident du travail. Au regard de cette dynamique, peut-on imaginer que le mouvement anti-*sweatshop* contemporain s'achève sur l'établissement d'une responsabilité « dure » (par opposition à la *soft law*) des donneurs d'ordre envers les salariés de

---

32. Louis-René VILLERME, *Tableau de l'état physique et moral des ouvriers employés dans les manufactures de coton, de laine et de soie*, tome 2, Paris, Jules Renouard, 1840, p. 372.

33. *Ibidem*.

34. Pauline BARRAUD DE LAGERIE, « L'affaire Spectrum. La "responsabilité sociale des entreprises" à l'épreuve d'un drame », *op. cit*.

leurs fournisseurs ? Au-delà des suites données localement à des drames comme celui du Rana Plaza[35], peut-on envisager que des obligations soient pénalement opposables aux donneurs d'ordre et que ceux-ci puissent, par ailleurs, être civilement tenus à une indemnisation des travailleurs en cas de dommage ? La principale question demeure à ce jour celle de l'institution capable d'édicter les obligations, d'assurer le contrôle et d'administrer la sanction à une échelle internationale.

Pour l'heure, on constatera que la tragédie du Rana Plaza a réactivé l'appel à une responsabilisation des donneurs d'ordre. Celui-ci a pris notamment la forme d'une mobilisation pour inciter les grandes entreprises occidentales à signer un « accord de prévention des incendies et de sécurité des bâtiments du Bangladesh » proposé par les fédérations syndicales *IndustriALL Global Union* et *UNI Global Union*. Et, au-delà des engagements volontairement consentis par les entreprises, on a également vu se développer des projets de dispositifs plus contraignants. C'est le cas, en France, d'une proposition de loi visant à instaurer un « devoir de vigilance des sociétés mères et des entreprises donneuses d'ordre[36] ». Si la destinée de cette proposition de loi est encore très incertaine, l'idée d'une transformation des obligations légales des donneurs d'ordre fait en tous cas son chemin.

Université Paris-Dauphine - IRISSO (UMR 7170)

* * *

35. Monique SELIM, « Le Bangladesh en crise entre procès mémoriels et modèles globalisés », *Revista de anthropologie urbana*, n° 2, 2013, p. 49-58.

36. Cette proposition de loi a été déposée le 7 novembre 2013 par deux députés du groupe socialiste à l'Assemblée nationale ; le groupe écologiste est également porteur d'une proposition similaire. L'objectif est de responsabiliser les sociétés mères et entreprises donneuses d'ordre en cas de violation des droits humains ou de catastrophe environnementale, en introduisant « une obligation de moyen » en matière de prévention de ces dommages : « Une société est exonérée de cette responsabilité si elle apporte la preuve qu'elle a mis en place des mesures nécessaires et raisonnables pour prévenir les dommages. » Cf. http://www.assemblee-nationale.fr/14/propositions/pion1524.asp

Responsabilité sociale et implication territoriale contemporaine de Michelin à Clermont-Ferrand : une réactualisation du système d'encadrement paternaliste du début du XXe siècle ?

Thomas ZANETTI

Introduction

Le 31 mai 2006, une foule de plusieurs milliers de personnes se masse devant la cathédrale de Clermont-Ferrand où ont lieu les obsèques d'Édouard Michelin, le jeune patron du célèbre fabricant de pneumatiques décédé accidentellement au large de l'île de Sein à l'âge de 43 ans. Cet événement vient rappeler les liens affectifs entre une firme multinationale, née à Clermont-Ferrand à la fin du XIXe siècle et devenue au fil du temps leader mondial de sa branche industrielle et la capitale régionale de l'Auvergne. Une ville et une entreprise dont les destins réciproques ont été fréquemment associés, que ce soit sous la plume des journalistes, des observateurs de l'économie, dans les discours des milieux politiques ou des habitants, si bien que l'on a pu réduire Clermont-Ferrand à « Michelin-Ville ».

Cette interdépendance entre la firme et son berceau nous a conduit à analyser l'existence d'un « territoire Michelin [1] » soumis à des fluctuations dans le temps long et formé de quatre couches interdépendantes : une emprise spatiale, une organisation sociale, une fonction économique et une

1. Thomas ZANETTI, *Une ville et sa multinationale, une multinationale et sa ville : emprise spatiale, organisation sociale, fonction économique et régulation politique du « territoire Michelin » à Clermont-Ferrand (fin XIXe à nos jours)*, Thèse de doctorat en géographie, aménagement et urbanisme, Université Lyon 2, 837 p., 2012.

régulation politique. Dans cet article, nous nous concentrerons sur l'organisation sociale de ce « territoire Michelin », car elle nous semble illustrer tout à la fois la permanence de certains principes sociaux qui ont fondé la croissance industrielle de la firme durant la première moitié du XXe siècle, et le renouvellement du « volet citoyen » de Michelin dans son territoire d'ancrage.

On peut définir succinctement l'organisation sociale du « territoire Michelin » comme une construction socio-spatiale autonome et différenciée qui réunit les sites industriels de l'entreprise, ses prolongements résidentiels, ainsi que l'ensemble des équipements collectifs destinés aux salariés de Michelin. Dans la première moitié du XXe siècle, cette organisation sociale spécifique se confond largement avec la mise en place d'un système d'encadrement de la force de travail d'inspiration paternaliste, sur lequel nous reviendrons dans un premier temps. Si ce modèle traditionnel d'organisation sociale du « territoire Michelin » a inexorablement décliné dans la seconde moitié du XXe siècle, il nous semble que la nécessité pour le capitalisme d'attirer, de fidéliser et de rendre performants les travailleurs n'a pas disparu pour autant. Après avoir initié la formation d'une organisation sociale spécifique, Michelin a t-il renouvelé cette dernière en fonction des transformations de ses besoins productifs ? L'entreprise a-t-elle mis en place une nouvelle stratégie d'encadrement de la force de travail, notamment à la suite de l'émergence du concept de responsabilité sociale des entreprises (RSE) ? Ce dernier traduirait alors un effort de perpétuation du capitalisme et des profits qu'il génère, qui, dans le cas de Michelin, s'exprimerait à travers l'émergence d'un « capitalisme territorial », soit un système économique intégrant les contextes spatiaux et sociaux dans lesquels il s'insère pour assurer efficacement sa reproduction.

Cet article est issu d'un travail de thèse[2] dont le volet empirique a donné lieu à la consultation et au traitement de nombreuses archives (municipales, départementales, archives privées portant sur Michelin, archives anciennes de l'entreprise[3]...) et documents divers (publications officielles des collectivités et de l'entreprise), ainsi qu'à la réalisation d'une série d'entretiens auprès de responsables clermontois de la firme.

2. *Ibidem*.
3. L'accès à la grande majorité des archives de l'entreprise n'a pas été possible.

I. Paternalisme et encadrement social de la force de travail : « surveiller et produire »

À partir de la fin du XIXe siècle, Michelin entreprend de construire un imposant système paternaliste inspiré des conceptions développées par Frédéric Le Play, éminent penseur du christianisme social (1806-1882). Pour remédier à la déstabilisation globale qui touche les sociétés industrialisées ou en voie d'industrialisation, Le Play prône l'adoption du « patronage industriel[4] », qui recommande la prise en charge par l'élite économique des liens communautaires et de solidarité traditionnelle que l'industrialisation menace, en lieu et place de l'organisation patriarcale et de la tutelle habituelle du maître ou du seigneur :

> « Le patronage volontaire [...] se substitue donc directement aux institutions féodales [...] dès que se fait sentir le besoin de remédier au paupérisme et à l'antagonisme social développés dans l'Occident par le nouveau régime manufacturier.[5] »

Il s'agit donc de se détourner des relations de soumission encore fréquentes à l'époque pour développer un esprit de « paternité » chez les industriels, et d'obéissance au sein de la main-d'œuvre ouvrière. Afin que les patrons puissent exercer les devoirs d'assistance et de « protection affectueuse » qui leur incombent, il apparaît nécessaire de susciter respect et dévouement chez les ouvriers, d'autant que de la bonne réception des principes du patronage auprès de ces derniers dépend la réussite de l'instauration d'un système de contrôle social efficace des travailleurs.

I. 1. Attirer de « bons » travailleurs dans un contexte de démarrage industriel

La pensée leplaysienne trouve une écoute favorable auprès du patronat français du XIXe siècle, notamment au sein du mouvement philanthropique[6]. Cependant, dans la dernière décennie du XIXe siècle va se produire un glissement sémantique suite à la remise en cause du patronage industriel :

---

4. Frédéric Le Play, *La réforme sociale en France déduite de l'observation comparée des peuples européens*, Paris, Plon, 3 volumes, 1867.

5. *Ibidem*, p. 421.

6. Né à la veille de la Révolution, le mouvement philanthropique rassemble des hauts-fonctionnaires, des industriels et des banquiers et se développe sous l'Empire. Il désigne des pratiques d'assistance assurées par une frange de la bourgeoisie auprès des travailleurs ouvriers, dans le but de perpétuer sa domination.

> « En 1892, on peut considérer que le patronage industriel se craquelle au point de ne plus apparaître comme la grande œuvre salvatrice qu'il prétendait être.[7] »

Jugé archaïque par une nouvelle génération d'industriels, le concept montre ses limites et l'adoption en France du terme « paternalisme », repris de l'américain à partir de 1894[8], sanctionne alors l'échec du patronat catholique fortement inspiré par la doctrine leplaysienne en matière d'encadrement des populations ouvrières. L'usage du mot « paternalisme » introduit en effet une transformation de sens et adjoint une forte connotation négative à ce type d'attitude patronale. Une critique plus contemporaine porte sur les dérives autoritaires du système de relations sociales prôné par Le Play, au sein duquel les modalités d'exploitation de la force de travail sont occultées, tandis que les actes de bienfaisance sont exhibés. Contrairement aux incitations à l'indépendance présentes dans les textes leplaysiens, le paternalisme tend alors vers « une entreprise totalitaire en ceci qu'il vise à contrôler la totalité des pratiques et des comportements individuels et collectifs du groupe humain considéré[9] ». Si le paternalisme se caractérise par l'exercice constant d'un pouvoir coercitif et la définition d'un ensemble de contraintes pesant sur les travailleurs, les ouvriers n'auraient cependant jamais été, selon certains auteurs, complètement prisonniers du paternalisme[10], qui demeure, malgré les vives critiques qui lui sont adressées, l'« un des plus importants systèmes de rapports sociaux du travail[11] ».

C'est donc à une époque où l'application des théories leplaysiennes par le patronat industriel a déjà considérablement évolué que l'entreprise Michelin construit progressivement son système paternaliste. Les motifs de son action sociale sont naturellement associés à des impératifs d'ordre économique, même si certains fondements idéologiques leplaysiens peuvent être repérés dans des actions de l'entreprise auvergnate. Le premier objectif que se fixe la maison Michelin est de parvenir à disposer d'une force de travail suffisante pour alimenter sa première phase de croissance

---

7. Jean-Pierre FREY, *Le rôle social du patronat. Du paternalisme à l'urbanisme*, Paris, L'Harmattan, 1995, p. 106.

8. La première mention de ce terme apparaît dans un article du *Chicago Times* du 11 juin 1881.

9. Jean-Paul GOUX, *Mémoires de l'enclave*, Paris, Mazarine, 1986, p. 294.

10. Gerald ZAHAVI, « Negotiated loyalty : welfare capitalism and the shoeworkers of Endicott Johnson, 1920-1940 », *The Journal of American History*, vol. 70, n° 3, 1983, p. 602-662.

11. Michelle PERROT, « Le regard de l'Autre : les patrons français vus par les ouvriers (1880-1914) », in Maurice LEVY-LEBOYER (dir.), *Le patronat de la seconde industrialisation*, Paris, Éd. Ouvrières, 1979, p. 293-306, p. 294.

industrielle, et elle adopte très rapidement une politique de salaires élevés. Dans un bassin économique où l'activité industrielle n'est encore que peu développée, cette stratégie salariale vise à attirer une main-d'œuvre nouvelle, ouvrière ou technicienne en fonction des besoins de la firme. Les candidats sont généralement issus du monde rural proche, caractérisé par une absence de tradition ouvrière et un faible degré de formation au travail industriel. Un des principes de l'entreprise est « de bien payer les bons travailleurs [12] ». Ce principe fait référence au système des primes, établi en 1893, et qui introduit une part variable dans le salaire. Celles-ci sont d'abord accordées en fonction de la quantité produite, puis, à partir de 1898, selon la qualité du travail, et notamment l'absence de défaut sur les pièces fabriquées. Le développement de cette partie mobile du salaire doit ainsi permettre d'encourager les ouvriers à améliorer leur rendement et de favoriser la qualité et la régularité du travail. L'existence d'un système d'amendes prélevées sur les gratifications, en cas de manquement avéré à la conduite dictée par le patron [13], indique qu'à la « carotte » financière est étroitement associé le « bâton » des sanctions, le but de cette panoplie de récompenses/punitions étant de trier et de discipliner la main-d'œuvre.

Mais la mesure la plus importante pour répondre à l'objectif de recrutement et de fidélisation de la force de travail, bien qu'elle n'ait pas un caractère original [14], reste la « participation », sous-entendue aux bénéfices réalisés par l'entreprise, qui consiste en l'association du capital au travail, et qui a pu être considérée comme l'apogée du paternalisme [15]. On retrouve en effet dans cette initiative de Michelin un déterminant commun à de nombreuses actions d'inspiration paternaliste qui ont cherché à associer le capital au travail pour répondre au souci patronal de réduction des antagonismes sociaux. Instituée en 1898, la participation est d'abord soumise à des conditions d'ancienneté, sans que celle-ci ne soit toutefois suffisante, car le salarié, pour espérer être éligible à cette disposition, doit avoir fait preuve de son exemplarité : « Une participation aux bénéfices est instituée en faveur des ouvriers qui, par leur dévouement aux intérêts

---

12. Affiche de recrutement de 1912 (source : archives Michelin).

13. Lionel DUMOND, *L'épopée Bibendum : une entreprise à l'épreuve de l'histoire*, Toulouse, Éd. Privat, 2002.

14. Les premières initiatives en la matière ont été prises dans la première moitié du XIXe siècle, notamment par la Compagnie des Mines de la Loire (André GUESLIN, « Introduction », in André GUESLIN (dir.), *Michelin, les hommes du pneu. Les ouvriers Michelin de Clermont-Ferrand de 1940 à 1980*, Ivry-sur-Seine, Éd. De l'Atelier, p. 7-15, 1999).

15. Françoise PIQUE DE BRY, *Le paternalisme dans l'opinion des industriels français au XIXe siècle*, Thèse d'État en sciences économiques, Université Paris 1, 1980.

de la Maison, en auront été jugés dignes [16] ». Les trois-quarts du montant versé au compte de participation sont conservés par l'entreprise, qui le crédite annuellement d'une allocation à minimum garanti jusqu'à ce que le salarié quitte Michelin. C'est là qu'intervient l'article 3 du règlement de la participation, selon lequel « les sommes inscrites sur le livret du participant constituent une libéralité sous la condition résolutoire formelle suivante : les participants ne devront pas, dans les trois ans qui suivront leur sortie de la Société Michelin et Cie, [...] prendre un emploi ou aider d'une façon quelconque une maison faisant concurrence à la Société Michelin et Cie [17] ». Le but de la participation aux bénéfices a donc été, dans un premier temps, un moyen, en complément du niveau des salaires et des possibilités de gratification, d'attirer la force de travail, tout en développant l'attachement du personnel envers l'entreprise. La participation a ensuite eu pour objectif de susciter une émulation parmi les ouvriers afin de dégager et de stabiliser une élite ayant pour mission de donner l'exemple à l'ensemble de la main-d'œuvre :

> « Notre usine sera une usine modèle le jour où tous les ouvriers seront participants et seront dignes de l'être. [18] »

Alors qu'elle entame sa croissance industrielle, la firme Michelin entreprend d'identifier, de former et de s'appuyer sur de « bons ouvriers ». La nécessité de façonner un groupe professionnel stable, et d'en conserver les meilleurs éléments grâce à divers avantages financiers, est dictée par la lutte contre le *turnover*. Cependant, alors que l'entreprise ne peut plus assurer une hausse constante de ses salaires, elle se trouve rapidement devant un impératif de renforcement de sa stratégie de fidélisation, afin de contrer l'instabilité qui caractérise une force de travail encore très attachée à ses racines rurales.

I. 2. La reproduction sociale de la main-d'œuvre

Le logement apparaît dès lors vite crucial pour fidéliser la main-d'œuvre, d'autant qu'il permet aussi d'envisager une pérennité de l'emploi sur plusieurs générations. Fondée en 1909 dans le but de fixer spatialement les travailleurs, la Société des Habitations à Bon Marché (SHBM) Michelin est présidée par Édouard Michelin qui considère « le logement

---

16. Article premier du règlement de participation du 13 février 1898 (source : archives Michelin).

17. Article 3 du règlement de participation du 13 février 1898 (source : archives Michelin).

18. Préambule du livret de participation, juin 1898 (source : archives Michelin).

des ouvriers comme une des meilleures œuvres sociales que puisse accomplir le patron [19] ». Les réalisations de la SHBM restent limitées jusqu'à la fin de la première guerre mondiale, date à laquelle Michelin ne loge pas plus de 5 % [20] de sa main-d'œuvre. Elles vont ensuite se multiplier dans les années 1920, et porter la part des salariés résidant dans les cités Michelin à 12,2 % en 1926, puis 35,4 % en 1930. Cette même année, l'entreprise possède 3 443 logements sur la commune de Clermont-Ferrand, soit près de 10 % du parc immobilier total. La politique de logement menée par Michelin traduit évidemment l'intention de fixer spatialement les nouvelles recrues arrivées à l'usine, mais elle tend également, au vu du souci d'hygiène qui préside à la construction des cités, à maintenir la main-d'œuvre en bonne santé. Puis, l'enracinement induit par l'accès au logement, tout comme l'encouragement à cultiver le jardin qui lui est associé, participent à l'éducation de l'ouvrier et à son insertion réussie dans le système industriel. Enfin, les critères d'attribution pour bénéficier d'une cité (ancienneté, situation de famille et mérite au travail à partir de 1937) opèrent une distinction entre les différents travailleurs en dégageant les plus « méritants », et expriment la volonté de fidéliser la force de travail et de la moraliser selon les valeurs diffusées par l'entreprise.

Parallèlement à son intervention en faveur du logement de ses salariés, Michelin se préoccupe aussi de leur alimentation. Une société coopérative d'approvisionnement du personnel est créée dans ce but en 1910. Sa fonction première est l'approvisionnement des salariés en denrées alimentaires et produits de base, avant que les articles ne se diversifient au fil des années. Elle dispose également d'un restaurant qui sert environ 700 repas par jour, et dont le prix est prélevé, de même que celui des fournitures achetées dans le magasin, directement sur la paie des ouvriers. Puis sa vocation s'étend avec l'ouverture, en 1911, d'un local de bains-douches et d'une hôtellerie qui offre aux hommes seuls une chambre meublée pendant les quinze jours qui suivent leur arrivée à l'usine. À la suite d'implantations successives dans différentes cités Michelin, la coopérative comprend, à la fin des années 1930, dix succursales d'épicerie-boucherie, trois magasins d'habillement, ainsi que des lieux de vente séparés pour l'habillement, l'ameublement, la quincaillerie, etc.

19. *La construction des maisons ouvrières en série chez Michelin*, Michelin et Cie, 1925, p. 1.

20. Les calculs de la proportion de salariés logés par l'entreprise sont repris de l'étude menée par Laurence MOKRYZCKI (*L'habitat Michelin à Clermont-Ferrand*, Mémoire de maîtrise en géographie, Université Clermont II, 1985).

L'entreprise investit également, dans une perspective hygiéniste, le champ de la pratique sportive avec la création, en 1911, de l'Association sportive Michelin (ASM). Dès 1912, les 300 membres de l'association bénéficient de trois hectares d'installations diverses qui permettent la pratique de nombreuses disciplines sportives. Michelin encourage par ailleurs le développement d'amicales et de sociétés réunissant les salariés de l'usine autour de loisirs variés et construit une salle de spectacles munie de 1 050 places assises. L'objectif de moralisation de la force de travail s'exprime donc dans les œuvres dédiées aux loisirs et à la pratique sportive. Michelin permet alors à ses ouvriers un accès inédit à des biens culturels, à une consommation sociale, tant que ces pratiques collectives restent définies, contrôlées et encadrées par le patron.

Fortement inspirés par la théorie leplaysienne pour les institutions relevant de l'économie domestique (logement, coopératives), les frères Michelin le sont également par la doctrine hygiéniste [21]. La tradition de charité chrétienne qui anime le patron conduit celui-ci à dispenser des secours qui sont bientôt pris en charge par l'entreprise, et réunis dans son bilan sous le titre « Œuvres de bienfaisance ». Les premières mesures adoptées en ce sens visent à assurer la sécurité de la main-d'œuvre contre la maladie et les accidents qui peuvent survenir à l'usine. Michelin poursuit ensuite l'élaboration de son service médical, au sens global du terme, avec la création d'un dispensaire antituberculeux en 1921, suivie de celle d'un sanatorium en 1926, date à laquelle l'entreprise décide également de construire sa propre clinique. En plus de l'infirmerie et du cabinet de médecin existants au siège des Carmes, elle dote ses nouvelles usines clermontoises d'infirmeries annexes, offre des soins à domicile et équipe, en 1927, ses deux plus grandes cités d'un poste médical proposant des consultations gratuites trois fois par semaine. L'entreprise incite aussi, selon les pathologies identifiées, le placement des enfants en colonie de vacances, dans des écoles de plein air, des préventoriums ou au sein d'établissements marins.

Le domaine de prédilection de l'entreprise au sein de son vaste système d'œuvres sociales est celui de la natalité. Dès les années qui précèdent la Grande Guerre, Michelin offre à ses salariés une prime de 30 francs à la naissance de chaque enfant, montant qui s'élève à 90 francs si

---

21. André Michelin est ainsi membre du Parti social de la santé publique (Vincent VIET, « Entre prévention et engagement politique : le Parti social de la santé publique (1929-1939) », *Actes du colloque sur l'histoire de la protection sociale*, AEHSS, 10 p., 2008 ; Caroline MORICEAU, *Les douleurs de l'industrie. L'hygiénisme industriel en France, 1860-1914*, Paris, EHESS, 2009).

la mère travaille à l'usine depuis plus de neuf mois. En mai 1916, l'entreprise institue un système d'allocations familiales dont peuvent bénéficier les salariés ayant plus de deux ans de présence dans l'usine. Fruit d'une combinaison entre l'idéologie paternaliste et le devoir de défense de la Nation, il constitue une étape cruciale dans le développement des œuvres sociales de la firme et s'inscrit dans un mouvement national d'encouragement à la repopulation : « Des poupons, des nourrissons ! Telle est la formule qui succèdera forcément à la devise guerrière : des canons, des munitions ![22] ». La politique nataliste se développe ensuite avec l'attribution aux familles nombreuses d'un accès prioritaire aux logements de la SHBM Michelin, ainsi que d'un loyer réduit. Elle comprend enfin une série de mesures et d'équipements dont le but est d'accompagner la jeune mère : nécessaire d'accouchement, prime d'allaitement, crèche et visites à domicile où sont dispensées les règles d'alimentation et d'hygiène du nourrisson[23]. Au début des années 1920, le système de protection sociale de l'entreprise semble ainsi achevé. Sa nature a évolué d'un objectif d'amélioration de la productivité par la protection sanitaire de la main-d'œuvre vers une prise en charge à vocation universelle qui traduit la volonté de produire sa propre force de travail.

Après avoir encouragé ses salariés à la natalité, Michelin prend en main l'éducation religieuse, intellectuelle, technique, domestique et physique des enfants de son personnel, appelés à prendre la succession de leurs parents. Le système éducatif de l'entreprise est inauguré en 1912, avec l'ouverture d'un ouvroir et d'un patronage[24]. Les deux établissements vont constituer une préfiguration pour la création de véritables écoles Michelin, au sein desquelles la finalité morale reste toutefois très vive. En 1916, trois classes de filles sont ainsi ouvertes dans les locaux du patronage, et quatre ans plus tard, en janvier 1920, l'entreprise fonde une première école de garçons qui compte cinq classes de niveaux maternel et primaire. Le système éducatif se développe ensuite avec l'implantation progressive d'écoles dans la plupart des cités Michelin. L'entreprise

---

22. Michelin et Cie, *Michelin pendant la guerre 1914-1917*, 1917, p. 34 (source : BMIU Clermont-Ferrand).

23. S'apercevant probablement que certaines mères ne peuvent ou ne veulent se rendre à la crèche de l'entreprise, Michelin publie une brochure intitulée « Comment alimenter vos bébés » (Michelin et Cie, *Prospérité*, n° 27, 34 p., janvier-février-mars 1937.

24. Ces institutions, placées sous la responsabilité de la femme d'Édouard Michelin, manifestent la forte imprégnation religieuse qui caractérise l'origine des œuvres éducatives de l'entreprise. Le patronage a pour objectif le redressement moral des 150 fillettes qu'il reçoit, tandis que l'ouvroir accueille des jeunes filles pour les initier à leurs futures tâches ménagères.

dispose ainsi de 17 écoles en 1927, pour un total de 173 personnes employées. Ce chiffre augmente ultérieurement pour atteindre, en 1940, 21 écoles fonctionnant en externat et scolarisant 4700 élèves [25]. Les instituteurs y sont obligatoirement de confession catholique [26], particularité qui exprime, tout comme l'importance accordée à l'enseignement religieux [27], la méfiance de la famille Michelin vis-à-vis du système scolaire laïque et public. Leur rôle est alors essentiel, puisqu'ils sont chargés de diffuser et d'inculquer aux enfants des salariés un ensemble de valeurs morales et culturelles propres à un « esprit Michelin » [28]. Enfin, le contrôle du travail est une préoccupation constante qui vise à créer une émulation parmi les élèves, d'autant que le système éducatif Michelin entretient une perspective méritocratique d'ascension sociale par l'aptitude scolaire, et procèderait en ce sens d'une authentique « *utopie éducative* [29] ».

Puis, l'extension de la nature de la formation offerte entraîne une complexification du système scolaire. L'école de l'avenue de Charras accueille des fils d'ouvriers âgés de douze ou treize ans qui y préparent le certificat d'études. Les meilleurs d'entre eux intègrent ensuite, selon des critères sélectifs, l'école d'apprentissage, surnommée « La Mission ». Créée en 1921, elle constitue une antichambre de l'usine : les candidats y reçoivent un enseignement adapté à des métiers qu'on retrouve couramment dans l'entreprise : ajusteurs, tourneurs, dessinateurs, électriciens... L'institution a donc pour but de former de « bons ouvriers », après que l'école de garçons ait pu être le lieu d'un premier repérage de la future main-d'œuvre. Tandis que la formation des effectifs masculins est uniquement dirigée vers l'acquisition de compétences professionnelles, les enseignements dispensés aux filles insistent plus particulièrement sur leur futur rôle social et familial : école ménagère, cours de coupe et de mode, cours aux mamans. L'école de la rue du Nord apprend ainsi à ses élèves à devenir de « bonnes épouses », de « bonnes mères » et de « bonnes maîtresses de maison ». Le système éducatif tend alors à s'introduire dans la

---

25. Claudine SPINAZZE, *École et entreprise : les écoles primaires Michelin à Clermont-Ferrand de 1940 à 1967*, Thèse de doctorat en sociologie, Université Toulouse II, 1994.

26. Bien que les écoles Michelin ne soient pas confessionnelles.

27. Une note d'instruction religieuse est intégrée dans la moyenne de français, et la messe dominicale est sujette à une interrogation en classe le lundi matin. Les élèves sont également tenus de faire la prière en classe.

28. Corine VEDRINE, *Les bibs et l'esprit Michelin. Ethnographie d'un mythe industriel*, Thèse de doctorat en ethnologie, Université Lille I, 2006.

29. André GUESLIN, « Le système social Michelin », in André GUESLIN (dir.), *Michelin, les hommes du pneu. Les ouvriers Michelin de Clermont-Ferrand de 1889 à 1940*, Ivry-sur-Seine, Éd. de l'Atelier, 1993, p. 73-154, p. 113.

sphère domestique de sa main-d'œuvre pour prendre un caractère « materaliste »[30].

Presque immédiatement après la fin de la prise en charge du nourrisson, soit dès l'âge de deux ans, le système éducatif Michelin assure la scolarisation complète des enfants du personnel de l'entreprise, à des fins de formation professionnelle et d'instruction sociale. Un socle commun de valeurs morales est alors d'abord dispensé, avant que les parcours d'éducation ne se distinguent selon le sexe des élèves et leur future fonction familiale et sociale au sein du processus de production. Les différents degrés d'enseignement accompagnent la croissance des enfants dont on attend qu'ils deviennent des « petits travailleurs infatigables[31] ». Cette relève ouvrière, véritable main-d'œuvre héréditaire, a alors acquis toutes les compétences nécessaires à la réussite de son intégration dans le monde industriel.

Conclusion intermédiaire

L'imposant système social mis en place par Michelin s'est donc inspiré des théories de Le Play, mais également d'expériences patronales similaires, menées dans la seconde moitié du XIXe siècle. L'entreprise auvergnate apparaît alors comme l'un des derniers représentants français du paternalisme. Après avoir reproduit des initiatives antérieures en matière d'œuvres sociales, Michelin se montre par la suite novateur, voire précurseur d'un système dénommé « capitalisme de la protection sociale[32] ». La création d'œuvres dédiées au logement, à l'alimentation, aux loisirs, à l'éducation indique la volonté patronale de prendre en charge la vie des salariés par l'intermédiaire de la formation d'un ordre sanitaire et moral qui vise simultanément à retenir la main-d'œuvre présente et à préparer la future génération de travailleurs, dans une perspective de production et de reproduction sociale de la force de travail. Les avantages concédés à cette dernière et la diffusion des valeurs propres au patronage leplaysien ont pour fonction de faciliter son acclimatation au monde industriel tout en préservant une paix sociale favorable à la croissance économique. La politique sociale de l'entreprise, qui a exigé de lourds investissements,

30. Marie-Thérèse LETABLIER, « Régimes d'État-Providence et conventions de genre en Europe », *Informations sociales*, n° 151, vol. 1, 2009, p. 102-109.

31. Lion MURARD et Patrick ZYLBERMAN, Fontenay-sous-Bois, Recherches, 1976.

32. Le *Welfare Capitalism* est une conception qui s'est développée aux États-Unis durant les années 1920, notamment à partir de l'exemple de la firme Endicott-Johnson (Gerald ZAHAVI, « Negotiated loyalty : welfare capitalism and the shoeworkers of Endicott Johnson, 1920-1940 », *op. cit.*).

particulièrement pour le logement, prend alors un caractère systématique et permet un contrôle efficace des ouvriers en dehors de leur temps de travail, les accompagnant du « berceau à la tombe » :

> « Ainsi se ferme le cercle qui, depuis sa naissance dans une crèche Michelin, jusqu'à sa mort après laquelle on le mènera au cimetière dans un fourgon monté sur pneus Michelin, accaparant son travail et ses loisirs, tient enfermé le serf de cette nouvelle puissance féodale.[33] »

La question du gouvernement de la force de travail, l'impératif de « stabiliser, fixer, lier à l'entreprise et finalement inféoder son personnel[34] » amène donc la firme à recruter, fidéliser, protéger, discipliner, former, reproduire et acculturer une main-d'œuvre étrangère à l'industrie en vue de poursuivre sa croissance. En somme, le système d'œuvres sociales promu par Michelin dans le premier tiers du XXe siècle semble avant tout avoir été considéré comme un fondement de la prospérité de l'entreprise, la motivation patronale étant alors principalement d'ordre pragmatique, et la surveillance de la main-d'œuvre appréhendée comme une source de maximisation de l'efficacité productive.

II. Le renouvellement contemporain de l'organisation sociale du « territoire Michelin » à Clermont-Ferrand : « attirer et innover »

Longtemps, la firme Michelin a donc entrepris de régler les problèmes sociaux issus de la croissance industrielle par une action qui se matérialisait dans la création d'équipements collectifs et individuels destinés à la reproduction sociale de la force de travail. Puis, au lendemain de la seconde guerre mondiale, cette reproduction sociale de la main-d'œuvre a été largement prise en charge par l'État-Providence, dont l'action a prolongé l'autorité traditionnelle que défendait le paternalisme[35]. De nos jours, cette finalité ne correspond plus à un besoin, comme a pu nous le confirmer le directeur des sites Michelin de Clermont-Ferrand[36]. Aujourd'hui, après les cessions dans les années 1990 d'une maison d'accueil pour personnes âgées, des foyers de plein air pour les enfants malades, des coopératives d'approvisionnement du personnel et de la clinique de la

---

33. Jeanne LAVAUD, « Michelin ou la féodalité industrielle », *Europe*, n° 111, Tome 27, 1932, p. 473-485, p. 482.
34. François EWALD, *L'État-Providence*, Paris, Grasset, 1986, p. 119.
35. Louis MOREAU DE BELLAING, *L'État et son autorité*, Paris, L'Harmattan, 2005.
36. Entretien avec l'auteur, 3 février 2010.

Manufacture[37], ou encore après l'arrêt des nombreuses lignes de cars qui sillonnaient les villages du département, seul un nombre très réduit de ces équipements appartiennent toujours à l'entreprise. Il convient dès lors de s'interroger sur le devenir des œuvres sociales de l'entreprise, une fois celles-ci placées hors du contrôle patronal, et sur l'éventuelle réactualisation de l'organisation sociale du « territoire Michelin » après l'écroulement du système paternaliste.

II. 1. Le relais public et associatif de l'organisation sociale traditionnelle du « territoire Michelin »

C'est principalement le Comité d'entreprise (CE) qui assure désormais la gestion des activités culturelles et sociales encore réservées au personnel Michelin. Subsiste également la Société des Œuvres d'Hygiène du Personnel Michelin (SOHPEM), organisme géré de manière paritaire par le CE et la direction, qui regroupe les services sociaux (assistantes sociales, psychologues, soins infirmiers à domicile, aides ménagères) et le pôle petite enfance (crèche et relais des assistantes maternelles). Cet ensemble de services est destiné non seulement au personnel mais aussi à leurs familles. Autre grand secteur de l'existence des travailleurs longtemps investi par Michelin, l'éducation ne comprend plus qu'un faible nombre d'établissements dédiés à la formation professionnelle. Michelin continue d'investir ce champ en collaboration avec le ministère de l'Éducation nationale, grâce à l'École d'Enseignement technique Michelin (EETM[38]), qui propose près d'une trentaine de formations adaptées aux exigences de l'industrie et en lien avec les métiers présents dans les sites clermontois (productique, mécanique, électronique, conception). Hormis ces initiatives internes, Michelin a également investi le tissu local de formation supérieure en soutenant la création et en participant au fonctionnement de deux écoles d'ingénieurs clermontoises, dans les domaines de la mécanique et de l'informatique. Enfin, la firme a conservé son système de suggestions, apparu au début des années 1920 sous la forme initiale de « cahiers d'idées » et de « boîtes aux idées », afin d'encourager les salariés à proposer des progrès et des économies et de susciter une dynamique

37. Diminutif de Manufacture française des Pneumatiques Michelin (MFPM), société qui rassemble les activités de la firme en France, le terme de « Manufacture » est régulièrement employé à Clermont-Ferrand pour désigner l'entreprise.

38. L'EETM est un lycée privé hors contrat, c'est-à-dire qu'il ne reçoit pas de subventions de l'État mais dispose d'une autonomie pour définir ses enseignements. L'EETM est cependant intégré au Centre de Formation et d'Apprentissage de l'Éducation nationale en Auvergne.

d'émulation parmi la main-d'œuvre. Les suggestions portent aujourd'hui sur la sécurité des personnes, la qualité des produits et des services, les économies de production, les conditions de travail, la protection de l'environnement. Elles entraînent des primes qui pouvaient aller, à la fin des années 1990, jusqu'à 20 000 francs pour les plus importantes. Récemment rebaptisée « idées de progrès », cette démarche, qualifiée d'« innovation participative[39] », demeure une composante importante de la culture d'entreprise.

Dans le domaine du logement, le concours direct de la firme a disparu avec la vente progressive de l'ensemble des cités ouvrières, cependant, ce désengagement a induit un prolongement public de l'organisation sociale traditionnelle du « territoire Michelin ». En effet, dans le cadre d'un partenariat entre la firme, la municipalité et les bailleurs sociaux clermontois, une grande partie des anciennes cités Michelin ont été cédées, à un prix inférieur à celui du marché, à l'office municipal de logement social, contre la garantie de maintenir les salariés ou retraités de l'entreprise dans leurs habitations sans augmentation de loyer. On peut alors avancer que la municipalité, à travers l'initiative de son office de logement social, a pris la succession du service logement de Michelin en assurant en quelque sorte la stabilité de l'organisation traditionnelle du « territoire Michelin », à la différence notable que celle-ci n'est désormais plus liée à une volonté de contrôle de la classe ouvrière.

Après le délitement du paternalisme et sa réduction à un nombre limité de services directs, le tissu social clermontois a intégré plusieurs anciennes œuvres de Michelin, notamment sous une forme associative. Ce phénomène d'absorption de l'héritage de la firme et de prolongement de l'organisation sociale du « territoire Michelin » a, par exemple, conduit à la création, en 1997, de l'Association Gestionnaire d'Établissements et de Services Sociaux et Médicaux (AGESSEM). Si la majorité du public accueilli par les établissements sanitaires et sociaux de l'association se révèle être sans lien avec le personnel de l'entreprise, leurs bénéficiaires sont longtemps restés marqués par l'empreinte de la Manufacture, comme nous l'explique le directeur de cette structure :

> « Les gens étaient marqués, le siège c'était la SOHPEM donc c'était Michelin, les comptables c'était des Michelin, on m'a filé un bébé très Michelin.[40] »

L'AGESSEM rassemble aujourd'hui 300 employés, soit une structure de taille importante dans le paysage associatif et le secteur médico-social

---

39. Michelin et Cie, *Bilan Performance et Responsabilité 2002-2012*, juin 2012, p. 45.
40. Entretien avec le président de l'AGESSEM, 8 octobre 2009.

clermontois. L'héritage social de la Manufacture s'est ainsi répandu au sein de la société locale :

> « Par bien des côtés, le social se referme sur l'usine. Demeure une culture du social plus difficile à cerner. Discrète, elle se diffuse dans de nombreuses associations sanitaires et sociales de la ville ou du département par la présence tout à fait significative de nombre de cadres de l'entreprise dans les conseils d'administration.[41] »

L'entreprise continue donc, de manière indirecte, de jouer un rôle important dans les secteurs sanitaire et associatif clermontois. Ainsi, en 1996, son journal interne retrace le parcours de « gestionnaire du social » d'un ancien salarié qui, après son départ de l'usine, s'engage bénévolement dans l'organisation d'une banque alimentaire régionale, installée dans des bâtiments mis à disposition par la Manifacture[42]. Ces engagements à titre privé dans le secteur associatif témoignent de la réactualisation de la présence de l'entreprise au sein de son environnement social local. L'organisation sociale caractéristique du « territoire Michelin » s'est donc affaiblie, mais elle n'a pas disparu pour autant, certains services continuant d'être assurés par la firme, tandis qu'une majorité de ceux qui ont été abandonnés par la direction sont dorénavant gérés par des organismes extérieurs à l'entreprise, ce qui révèle le prolongement de l'organisation sociale patronale initiée dans la première moitié du XXe siècle. L'implication de la firme dans le devenir de ses anciennes œuvres sociales, à travers la définition des conditions de leur relais public ou associatif, constitue un témoignage de ce prolongement.

II. 2. Les cadres supérieurs, vecteurs d'une nouvelle organisation sociale du « territoire Michelin »

Aujourd'hui, Michelin fonde sa croissance sur une force de travail principalement composée de cadres, considérés comme les « nouveaux moteurs du capitalisme[43] », qu'il convient, au même titre que les ouvriers paysans du début du XXe siècle, d'attirer, de recruter, d'attacher à l'entreprise et d'accompagner afin de favoriser leur productivité. Le type de main-d'œuvre majoritaire ayant changé, on peut alors se demander si

41. Pascale QUINCY-LEFEBVRE, « Michelin sur la ville. Politiques municipales et paternalisme d'entreprise à Clermont-Ferrand », in Yannick MAREC (dir.), *Villes en crise ? Les politiques municipales face aux pathologies urbaines de 1789 à l'an 2000*, Paris, Créaphis, 2005, p. 513-527, p. 524.

42. *Michelin Magazine*, octobre-novembre 1996, n° 603.

43. Luc BOLTANSKI et Ève CHIAPELLO, *Le nouvel esprit du capitalisme*, Paris, Gallimard, 1999.

émerge une forme renouvelée d'organisation sociale du « territoire Michelin », afin d'encadrer les salariés hautement qualifiés. Confrontée au phénomène de *turn-over* de cadres flexibles et mobiles, la question du recrutement et du renouvellement d'un encadrement pour étoffer les équipes existantes se pose inévitablement dans une société de cette taille, d'autant qu'il apparaît parfois difficile d'attirer de jeunes cadres et ingénieurs à Clermont, comme en témoigne la directrice de la communication de Michelin à Clermont-Ferrand :

> « On a une grosse problématique pour attirer les jeunes cadres à Clermont. Il y a les étrangers, les Américains notamment, mais même les Français c'est difficile, quand on leur dit "il faut venir à Clermont", c'est terrible. Clermont c'est vraiment un frein.[44] »

Cette problématique spécifique a ainsi conduit Michelin à être beaucoup plus attentif et exigeant quant à la qualité de son environnement, tant du point de vue du cadre de travail que du cadre de vie urbain de ses salariés.

Afin d'attirer et de stabiliser ces éléments essentiels d'un capitalisme fondé sur la connaissance technologique, l'ancien système d'encadrement moral et social d'inspiration paternaliste s'est ainsi mué en un dispositif d'accompagnement qui a intégré les principes du néo-management, caractérisé par une idéologie de la performance[45] et formant une sorte de « paternalisme dépoussiéré » dont les fondements ne sont pas si éloignés de son prédécesseur, comme en convient le responsable du service Foncier France de Michelin :

> « De même qu'aujourd'hui on dit qu'il faut que le cadre étranger qui vient chez Michelin soit débarrassé de ses problèmes de scolarité, de logement, etc., de manière à ce qu'il puisse rapidement trouver sa place dans l'entreprise, c'est exactement le même problème qui prévalait à l'époque. La vision des dirigeants de l'époque était identique. Il fallait que les gens qui venaient travailler à l'usine ne soient pas préoccupés par les problèmes de la vie de tous les jours, il fallait qu'on l'aide à s'occuper de ces problèmes-là. Aujourd'hui, l'entreprise a conservé cette vision humaniste et sociétale du rôle qu'elle doit jouer, ni plus ni moins. L'entreprise a à cœur que le personnel qui vient travailler dans ses murs soit bien. C'est la problématique de l'attractivité, maintenant, en plus, on est dans une logique de concurrence, ce n'est pas que du philanthropisme, l'entreprise a intérêt à attirer les meilleurs, et pour attirer les meilleurs il faut avoir les conditions de vie au niveau des exigences.[46] »

---

44. Entretien avec l'auteur, 30 novembre 2009.
45. Luc BOLTANSKI et Ève CHIAPELLO, *Le nouvel esprit du capitalisme*, *op. cit.*
46. Entretien avec l'auteur, 3 février 2010.

L'obligation pour Michelin de disposer d'un vaste marché du travail qualifié à l'échelle métropolitaine a en effet modifié les conditions optimales du processus de reproduction sociale de la force de travail. Après s'être longtemps adressée à des ouvriers ruraux puis à des travailleurs immigrés, l'entreprise est désormais tournée vers les « cols blancs ».

La forte concentration chez Michelin de cadres très qualifiés et bien rémunérés induit par exemple une demande de logements d'un standing tout autre que celui des cités ouvrières. L'entreprise a ainsi confié au Comité interprofessionnel du Logement[47] la gestion d'un parc immobilier spécifique pouvant être mis à disposition de ses cadres qui résident à Clermont durant une période limitée. Pour les installations de plus longue durée, Michelin sollicite la promotion privée, comme l'indique le directeur des sites Michelin de Clermont-Ferrand :

> « On fait appel à des propriétaires privés pour loger des gens qui sont en stage, ou les expatriés qui arrivent et qui sont là trois mois sans leur famille. On a un service logement, composé de deux personnes qui animent 120 logements sur Clermont à peu près. Ils ne nous appartiennent pas mais on est en liaison avec des propriétaires, on s'engage à leur mettre en permanence des locataires.[48] »

L'intervention de l'entreprise dans le logement ne se fait donc plus directement, mais l'attention portée à ce domaine de l'existence de la main-d'œuvre s'est maintenue en prenant des formes plus adaptées aux conditions de vie des travailleurs qualifiés.

Les cadres sont aussi porteurs d'une demande de nouveaux types de services, qui vont de l'accueil de la petite enfance à la restauration, et influencent ainsi un renouvellement de l'action sociale de l'entreprise à Clermont-Ferrand. Michelin a, dans cette optique, développé une offre adaptée (agence de voyages, restaurant inter-entreprise, navettes entre les sites, service de repassage du linge, commerces, salles de sport ou de relaxation...) dans le cadre d'un projet d'amélioration du « bien-être » au travail dont le but est de favoriser l'efficacité de ses salariés :

> « Le projet Oxygène, prévu sur les Carmes, a pour objectif de concilier vie professionnelle et vie privée. Des espaces de détente, de repos et de relaxation seront mis à disposition ainsi que des services de proximité (presse, boulangerie, repassage).[49] »

---

47. Organisme gérant les fonds versés par les entreprises dans le cadre du 1 % patronal.
48. Entretien avec l'auteur, 3 février 2010.
49. Délibération du comité d'entreprise de Michelin Clermont-Ferrand, 28 mai 2009.

Dans le domaine de la petite enfance, l'entreprise a créé à Clermont deux crèches au milieu des années 2000. Ces structures sont là encore pensées selon une logique de productivité, la firme se chargeant de tout ce qui pourrait nuire à la concentration de ses salariés au travail.

Les cadres étrangers expatriés à Clermont-Ferrand, constituent également une catégorie de main-d'œuvre qui a motivé des initiatives spécifiques. La création, au début des années 2000, de l'École bilingue internationale Michelin, à l'initiative de la firme, s'adresse aux besoins de cette population particulière, composée de 600 personnes de 57 nationalités différentes. Cette structure scolaire, qui accueille les enfants des salariés expatriés et leur propose de suivre un enseignement totalement anglophone de la maternelle à la terminale, renvoie au statut de multinationale de Michelin. Elle constitue une nouvelle forme de prise en charge patronale, sans toutefois que l'on puisse y voir l'élaboration d'un système éducatif aussi complet que celui défini durant la période paternaliste. L'ensemble de ces initiatives témoigne donc, au cours des deux dernières décennies, du développement d'une stratégie sociale dorénavant tournée vers les cadres supérieurs. L'évolution socioprofessionnelle du personnel de l'entreprise implique une transformation des exigences des salariés en matière de consommation collective, de qualité de vie urbaine et d'épanouissement dans le travail.

Au final, l'organisation sociale du « territoire Michelin » a profondément évolué depuis le début des années 1990. Si l'action sociale directement menée par l'entreprise à Clermont-Ferrand persiste, elle se restreint désormais essentiellement aux obligations imposées par le législateur. On observe toutefois une diffusion des héritages paternalistes à travers le relais collectif opéré par un ensemble d'initiatives sociales locales, au sein desquelles l'entreprise intervient indirectement, notamment par l'intermédiaire de certains de ses anciens salariés, ce qui indique l'existence d'un prolongement de l'organisation sociale du « territoire Michelin » destinée aux classes populaires, à travers la persistance de l'héritage paternaliste. Enfin, on assiste à un renouvellement de la stratégie d'encadrement social de la main-d'œuvre, qui s'adresse désormais aux catégories de travailleurs dominantes, ce qui implique donc l'apparition d'une nouvelle organisation sociale du « territoire Michelin ». Nous venons de détailler comment celle-ci pouvait se décliner à l'échelle clermontoise, mais Michelin étant une firme multinationale, une implication identique existe-t-elle dans les différents territoires où elle est implantée ?

II. 3. La responsabilité sociale des entreprises chez Michelin : une extension de l'organisation sociale du « territoire Michelin » à l'échelle internationale ?

Le rôle social d'une firme mondiale se confond aujourd'hui avec la notion de responsabilité sociale des entreprises (RSE), définie en 2011 par la Commission européenne comme « l'intégration volontaire par les entreprises de préoccupations sociales et environnementales à leur activité commerciale et leurs relations avec les parties prenantes [50] ». En exerçant des responsabilités collectives et en adhérant à des valeurs éthiques, les multinationales chercheraient ainsi à maintenir leur légitimité sociale, en dehors du cadre de leurs simples activités économiques. Michelin a adopté cette démarche en 2002 en la rebaptisant « Performance et Responsabilité ». Celle-ci associe les actions de la firme en faveur du développement durable, elle qui déclare, par la voix de son actuel gérant, vouloir devenir un « leader incontesté en matière de mobilité durable et l'une des sociétés les plus innovantes, responsables et performantes dans le monde [51] ». Ainsi, afin de soigner son image d'entreprise soucieuse de l'écologie, Michelin a mis en place en 2002 un projet de préservation de 3 000 hectares de forêt tropicale, sur une ancienne plantation d'hévéas à Bahia (Brésil). Ce type d'initiative environnementale prolonge les actions menées depuis plus de vingt ans par la firme en faveur du développement économique local, par l'intermédiaire de la Société d'industrialisation et de développement économique (SIDE). Initialement créée pour compenser les réductions des effectifs clermontois de Michelin dans les années 1980-1990, l'action de cette structure, devenue en 2010 Michelin Développement, participe à la mise en œuvre de la responsabilité sociale de l'entreprise et s'est depuis étendue à une grande partie des bassins d'emploi dans lesquels le pneumaticien est implanté, notamment lorsque ceux-ci sont en reconversion industrielle. Michelin Développement apporte à des entreprises locales son expertise technique, juridique et commerciale, ainsi qu'un soutien financier sous forme de prêts bonifiés à cinq ans sans prise de garantie. Selon la firme, la structure a soutenu en vingt ans « la création de plus de 25 000 emplois en France et dans huit autres pays d'Europe, et de 2 000 emplois au Canada et aux États-Unis [52] ».

---

50. Commission européenne, *Livre Vert - Promouvoir un cadre européen pour la responsabilité sociale des entreprises*, juillet 2001, 35 p.

51. Entretien avec J.-D. Sénard, *Document de référence 2012*, Michelin et Cie, p. 2.

52. Michelin et Cie, *Bilan Performance et Responsabilité 2002-2012*, juin 2012, p. 47.

Michelin s'implique ensuite sur un plan social, voire politique, dans les territoires où l'entreprise est présente, en établissant des relations avec les organisations locales (collectivités territoriales, établissements d'enseignement, associations). L'intervention philanthropique de la firme se fait principalement dans quatre domaines : l'éducation, l'action culturelle et sportive, la mobilité des personnes et des biens, les initiatives caritatives :

> « En 2011, 17 millions d'euros ont été consacrés à cette participation à la vie des communautés où Michelin est implanté [...] Le Groupe a permis que 19 041 journées de travail soient consacrées par le personnel à des activités en faveur des communautés locales.[53] »

Ainsi, en Amérique du Nord, l'entreprise a lancé, en 2009, le *Michelin Challenge Education* pour lequel les principaux sites Michelin américains parrainent chacun une école élémentaire publique, située à proximité. Dans le cadre de ce programme, des employés volontaires de Michelin assurent un tutorat auprès d'élèves en difficulté, l'entreprise apportant également une contribution financière aux établissements concernés. Sur l'ensemble des continents où elle est implantée, la firme délivre des aides financières aux banques alimentaires locales, à des associations de bénévoles, à des clubs sportifs, à la recherche médicale, soutient des actions promouvant la sécurité routière, la réussite scolaire et l'intégration professionnelle des populations défavorisées, etc. Les initiatives en faveur de la formation technique et scientifique sont d'ailleurs généralement liées à des métiers (mécanique, logistique, informatique) que l'on retrouve dans l'entreprise. L'exercice de la RSE sert ici la stratégie de recrutement de Michelin, qui se rapproche des universités et des grandes écoles européennes dans le but de promouvoir les possibilités de carrière qu'offre l'entreprise. Une fois entrés chez Michelin, les salariés participent à de nombreuses journées de formation, dans le cadre d'une exigence constante de technicité des équipes de travail.

L'investissement dans la formation est également un moyen de créer un climat social favorable à la production, notamment lorsque le développement industriel de Michelin se heurte aux populations locales. Ainsi, alors que la firme souhaite s'implanter en Inde, dans l'État du Tamil Nadu, et se trouve confrontée depuis 2007 à une opposition des populations locales et d'associations humanitaires l'accusant de violer les droits d'une communauté d'« intouchables » par la destruction de centaines d'hectares de forêt et l'accaparement des ressources en eau, Michelin a, depuis, tenté

53. *Ibidem*, p. 45.

de résoudre cette contestation en prenant des initiatives médico-sociales. L'entreprise a en effet ouvert, en 2011, des dispensaires médicaux mobiles, une école française pour les expatriés et les ressortissants locaux, et un centre de formation professionnelle pour les futurs travailleurs de l'usine, afin d'apaiser les tensions nées de sa volonté d'implantation. Preuve de son intérêt à éviter un conflit durable qui nuirait à ses perspectives de croissance sur un des marchés les plus prometteurs de sa branche d'activité, Michelin soutient dans cet État du Sud de l'Inde la création d'emplois et de petites entreprises, puis a mis en œuvre des actions en faveur de l'environnement (gestion des ressources naturelles, développement d'énergies renouvelables) et de l'amélioration de la sécurité routière. Le comportement de la multinationale confinerait presque à la manipulation quand elle s'associe à des ONG indiennes et aux autorités locales, en concertation avec les populations concernées, pour aider les villageois les plus démunis à faire valoir leurs droits sociaux à travers la mise en place de « cellules d'interventions para-légales[54] », alors même qu'une partie des habitants de ces communautés accuse Michelin de violer leurs droits. Cette accusation est fondée sur le fait que le projet d'implantation du pneumaticien, en entraînant une destruction forestière, va à l'encontre du droit d'usage de la forêt dont bénéficient les populations locales depuis deux siècles pour assurer leur subsistance.

Enfin, la RSE, ou démarche « Performance et Responsabilité » chez Michelin, est conviée pour la redéfinition contemporaine de l'encadrement social de la force de travail, et ce à l'échelle de l'ensemble du groupe. La direction de Michelin relie d'ailleurs directement l'épanouissement professionnel de ses salariés aux performances économiques de la multinationale. Les dirigeants déclarent en effet vouloir « créer des conditions de vie au travail favorables à la réalisation du bien-être physique, de l'équilibre psychologique, de l'épanouissement relationnel et du sentiment d'accomplissement personnel[55] ». Dans ce but, l'entreprise a pris plusieurs initiatives visant à améliorer le cadre de travail de ses salariés et à leur offrir un équilibre optimal entre vie professionnelle et vie personnelle, ainsi qu'à protéger la santé et la sécurité de la main-d'œuvre. Comme au temps du système paternaliste clermontois, Michelin accorde des avantages sociaux à son personnel et à leurs familles, et a créé divers

54. Michelin et Cie, *Document de référence 2012*.
55. *Ibidem*, p. 127.

équipements présents sur les sites de l'entreprise visant à favoriser leur productivité en les déchargeant d'un certain nombre de contraintes : offre de restauration, aide aux transports, installations sportives, crèches et garderies, conciergeries, agences de voyages, billetteries pour des événements culturels, etc. L'ensemble des activités proposées par la firme dans le cadre de l'amélioration des conditions de travail de ses salariés est généralement regroupé au sein de programmes complets qui varient en fonction des pays : *Oxygène* en France, *Choose Well Live Well* aux États-Unis, *Balance* en Allemagne, etc.

Une attention particulière est portée aux nouveaux embauchés dans l'entreprise qui bénéficient d'un accompagnement personnalisé. Autrefois réservée aux cadres et ingénieurs français, une période d'intégration, qui dure de trois jours à quelques mois, permet à tout nouveau salarié du groupe de découvrir Michelin, son histoire, son organisation, ses valeurs ou encore sa démarche de RSE. La démarche « Avancer Ensemble », mise en place en 2011, traduit les nouvelles pratiques de l'entreprise en matière de management de son personnel. Cette démarche précise les engagements réciproques de l'employeur et des membres du personnel, et participe à la définition d'une nouvelle culture d'entreprise amenée à faciliter l'adhésion et la fidélité de la main-d'œuvre à Michelin, à ses objectifs économiques, à sa réputation et à son image. Considérées comme un atout majeur, les valeurs se référant à cette culture particulière ont été définies dans la charte *Performance et Responsabilité Michelin*, qui précise en plusieurs points le comportement professionnel que doivent adopter les salariés du pneumaticien. Celui-ci se décline en une série de « commandements », dont voici quelques exemples :

> « Je cherche à rendre mon activité plus performante. Par mon savoir-faire et mes initiatives je contribue à la croissance profitable et durable du Groupe » ; « Du fait de notre présence mondiale et de la notoriété de notre Marque dans chaque pays, conscient de ma responsabilité, j'agis en cherchant à contribuer au respect et à l'amélioration des conditions de vie et de bien-être des personnes avec lesquelles je suis en relation » ; « J'adhère aux valeurs de Michelin. Je suis le principal acteur de mon développement professionnel et fonde ma réussite sur mon engagement, mon excellence professionnelle et le respect des autres » ; « Je suis curieux et réceptif, j'imagine et j'accueille volontiers les idées nouvelles et essaye de les intégrer dans mon travail au quotidien » ; « Ma faculté à me remettre en cause me permet de faire des progrès permanents dans mon activité et mes comportements.[56] »

56. Michelin et Cie, *Charte Performance et Responsabilité 2010*.

Pour renforcer le respect par le personnel des valeurs qu'elle a définies, la direction a également rédigé un « code d'éthique », traduit en treize langues et distribué aux 115 000 salariés du Groupe :

> « Il souligne l'attachement du Groupe aux valeurs de respect et de responsabilité [...] Des lignes de téléphone éthiques permettent aux salariés de signaler, en toute confidentialité, des manquements à ce code. En respectant des normes éthiques élevées, Michelin souhaite renforcer son attractivité.[57] »

Ces initiatives montrent comment le patronat actuel reprend à son compte la pensée des fondateurs de Michelin à la fin du XIXe siècle, à travers des valeurs séculaires associées à l'entreprise : exemplarité, réputation, respect, innovation, progrès, mais aussi surveillance et contrôle social. Initialement conçu pour favoriser le développement industriel de Michelin dans son berceau clermontois il y a plus d'un siècle, l'encadrement de la main-d'œuvre, par l'intermédiaire d'avantages sociaux et matériels, d'un ensemble de valeurs culturelles et d'un esprit d'entreprise, a donc été redéfini en fonction d'objectifs économiques contemporains. Désormais élaboré en référence au concept de RSE, il est également pensé à l'échelle de l'ensemble du groupe, afin de composer un groupe professionnel mondial uni par l'adhésion aux valeurs et aux principes d'action que représente Michelin.

Conclusion

Depuis la fin du XIXe siècle, Michelin a en partie fondé sa croissance économique sur un encadrement social de sa main-d'œuvre, à l'origine fortement inspiré des théories leplaysiennes du patronage industriel. Essentiellement limité à « son » territoire clermontois pendant plusieurs décennies, on assiste aujourd'hui à une redéfinition de cette organisation sociale spécifique. Celle-ci s'effectue sur deux plans : d'une part, à Clermont-Ferrand où la mutation professionnelle des effectifs implique une gestion sociale différenciée ; et, d'autre part, à l'échelle internationale, où la cohésion de l'ensemble des salariés du groupe est recherchée à travers une combinaison entre les anciennes « recettes paternalistes », principalement dans les pays émergents, et une culture d'entreprise mondiale articulée autour du concept de RSE. Le cas de Michelin permet ainsi de vérifier l'hypothèse de l'existence de permanences entre le patronage industriel et la RSE :

57. Michelin et Cie, *Bilan Performance et Responsabilité 2002-2012*, juin 2012, p. 19.

> « Considérer l'enchâssement social de l'activité industrielle pour examiner les motifs de déploiement de la RSE, confronter les discours tenus et les réalisations concrètes pourrait révéler une filiation forte des deux doctrines. [58] »

Patronage comme RSE sont en effet des stratégies visant à pérenniser l'activité des entreprises et leurs perspectives de profit, à travers un investissement dans plusieurs domaines de la vie collective : santé, logement, éducation, culture, sport.

Ces pratiques des firmes renvoient ensuite à l'encastrement social des activités économiques [59], et à leur intégration dans un univers social qui présente des contraintes en matière de risques sanitaires, d'impacts environnementaux et de paix sociale, qu'elles s'efforcent de maîtriser pour garantir leurs bénéfices. En se situant à la croisée de l'intérêt collectif et de l'intérêt individuel, patronage comme RSE sont des systèmes d'encadrement de la main-d'œuvre et de maîtrise de l'environnement social dans lequel évoluent les firmes, dans un souci de maximisation du profit. Dorénavant, la volonté disciplinaire de contrôler les salariés en dehors du temps de travail n'est plus directement exercée par l'entreprise, néanmoins, les différents « commandements » de la charte *Performance et Responsabilité Michelin* indiquent, en encourageant des règles de comportement durant et en dehors du temps de travail, que l'intention de conformer les esprits demeure présente. Ainsi, ces deux systèmes répondent bien, chez Michelin, à un siècle d'intervalle, à une même finalité pragmatique.

À travers l'exemple de Michelin, la réactualisation des pratiques sociales traditionnelles amène donc à voir la main-d'œuvre comme une variable toujours essentielle pour la croissance des activités industrielles, à travers la continuité de l'encadrement des ouvriers dans les pays en développement, mais également celle des travailleurs les plus qualifiés dans les foyers anciens d'accumulation, désormais dédiés aux fonctions de recherche et développement. Elle permet également d'interroger, selon une perspective généalogique, l'évolution dans le temps du rôle de l'entreprise capitaliste dans la société, mais aussi de rendre compte de la détermination économique des rapports sociaux. On peut ainsi émettre l'hypothèse de l'émergence d'un « capitalisme territorial » au sein duquel l'ancrage des activités économiques, qui se manifeste notamment par une

---

58. Thierry HOMMEL, « Paternalisme et RSE : continuités et discontinuités de deux modes d'organisation industrielle », *Entreprises et histoire*, n° 45, vol. 4, 2006, p. 20-38.

59. Mark GRAVENOTTER, « Economic Action and Social Structure : The Problem of Embeddedness », *American Journal of Sociology*, vol. 91, n° 3, 1985, p. 481-510.

implication dans l'organisation sociale des territoires, devient une modalité de gestion des flux propre à assurer la perpétuation du système capitaliste, dont le but ultime demeure la recherche du profit.

Université Lyon III (CRGA-UMR EVS)

*   *   *

Entre économie de la fonctionnalité et monopole : la *United Shoe Machinery Company* dans la première moitié du XXe siècle *

José A. MIRANDA

1. Introduction

Après la forte croissance des « Trente Glorieuses », la crise des années 1970 mit en évidence l'existence d'un environnement économique international différent dans lequel il n'y avait plus d'offre abondante d'énergie ni de matières premières à bas prix. Il était donc inévitable de se poser la question du coût environnemental de l'activité économique. De plus, le progrès technologique et les changements dans la demande remettaient en cause le *leadership* de la grande entreprise fordiste et les services constituaient désormais le secteur majoritaire dans la structure économique. En réponse à cet environnement surgirent différentes propositions théoriques pour améliorer l'efficacité du système économique. L'une d'entre elles, développée à partir des années 1980, fut « l'économie de la fonctionnalité ». Cette proposition a été définie comme « le moyen d'optimiser l'utilisation ou la fonction des biens et services, tout en rationalisant l'utilisation des richesses existantes, qu'il s'agisse de produits, de connaissances ou de capital naturel », avec l'objectif de créer pour un produit la valeur d'usage la plus élevée possible, le plus longtemps possible, tout en consommant le moins de ressources matérielles et énergétiques possibles [1].

* Cette recherche a été menée au sein du projet HAR2012-33298, financé par le ministère de l'Économie et de la Compétitivité d'Espagne. Je remercie Florent Le Bot et Cédric Perrin pour leurs précieux commentaires et suggestions.

1. Sophie BOUTILLIER, Blandine LAPERCHE et Fabienne PICARD, *L'économie de la fonctionnalité : perspective historique et illustration empirique*, Réseau de Recherche sur l'Innovation, Documents de Travail, 35, 2013, p. 4.

Ce sont d'abord Orio Giarini et Walter R. Stahel qui présentèrent cette approche[2], mais c'est Stahel qui l'a ensuite le plus développée[3] ; d'autres auteurs s'y ajoutant après eux. Dans les études réalisées dans le cadre de ce courant, il faut souligner trois points de vue différents[4] : d'une part, les analyses centrées sur les entreprises et sur la façon d'optimiser leur fonctionnement[5] ; d'autre part, les études ayant adopté la logique du développement durable et ayant prêté une attention toute particulière aux ressources naturelles, à l'environnement et au problème du recyclage des déchets[6] ; enfin, celles qui se sont particulièrement intéressées à la configuration d'un système économique fondé sur les services[7].

Dans l'approche centrée sur les entreprises, l'économie de la fonctionnalité propose que ces dernières appliquent une stratégie de vente du service fourni par le produit plutôt que la vente du produit lui-même. Pour cela, les entreprises doivent conserver à long terme la propriété des actifs physiques qui leur fourniront, moyennant la location, des revenus à long

2. Orio GIARINI et Walter R. STAHEL, *The Limits to Certainty. Facing Risks in the Service Economy*, Kluwer, Dordrecht, 1989.

3. Walter R. STAHEL, « The Utilisation-Focused Service Economy : Resource Effiency and Product-Life Extension », in Braden R. ALLENBY et Deanna J. RICHARDS (eds.), *The Greening of Industrial Ecosystems*, National Academy Press, Washington DC, 1994, p. 178-190 ; « The Functional Economy : Cultural and Organizational Change », in Deanna J. RICHARDS (ed.), *The Industrial Green Game : Implications For Environmental Design And Management*, National Academy Press, Washington DC, 1997, p. 91-100 ; *The Performance Economy*, Palgrave Macmillan, London, 2006 ; « The Performance Economy : Business Models for the Functional Service Economy », in Krishna B. MISRA (ed.), *Handbook of Performability Engineering*, Springer, London, 2008, p. 127-138.

4. Sophie BOUTILLIER, Blandine LAPERCHE et Fabienne PICARD, *L'économie de la fonctionnalité : perspective historique et illustration empirique*, *op. cit.*, p. 5-7.

5. Oksana MONT, « Clarifying the Concept of Product-Service System », *Journal of Cleaner Production*, 10, 3, p. 237-245 ; Scott COOK, « The Contribution Revolution. Letting Volunteers Built Your Business », *Harvard Business Review*, 86, 10, 2008, p. 60-69.

6. Paul HAWKEN, Amory LOVINS et Hunter LOVINS, *Natural Capitalism. Comment réconcilier économie et environnement*, Scali, Paris, 1999 ; Jeremy RIFKIN, *L'âge de l'accès. La nouvelle culture du capitalisme*, La Découverte, Paris, 2005, et *La troisième révolution industrielle*, Les Liens qui Libèrent, Paris, 2012.

7. Jean GADREY et Philippe ZARIFIAN, *L'émergence d'un modèle du service : enjeux et réalités*, Liaisons, Paris, 2001 ; Jean GADREY, *Socio-économie des services*, La Découverte, Paris, 2003 ; Philippe MOATI, Martial RANVIER et Rodolphe SURY, « Bouquets pour répondre globalement aux besoins des clients. Éléments pour l'analyse économique d'une nouvelle forme d'organisation des marchés pour le régime de croissance post-fordien », CREDOC, *Cahier de Recherche*, n° 230, novembre 2006 ; Édith HEURGON et Josée LANDRIEU (éds.), *L'économie des services pour le développement durable*, L'Harmattan, Paris, 2007.

terme également. De plus, les entreprises doivent établir des liens étroits avec leurs clients et créer des mécanismes permettant l'adaptation des biens qu'elles produisent aux besoins de leurs usagers ainsi qu'au progrès technologique et elles doivent allonger la vie utile de ces biens (moyennant, par exemple, leur réparation et leur réutilisation par d'autres clients)[8]. Ces études citent généralement des exemples d'entreprises actuelles (telle que Xerox), mais ce type de stratégie fut aussi adopté par le passé, tout du moins depuis le XIXe siècle.

Le cas de la *United Shoe Machinery Company* (USMC) est particulièrement intéressant pour observer le fonctionnement pratique des propositions de l'économie de la fonctionnalité. En effet, cette entreprise appliqua pendant plus d'un demi-siècle les principales lignes d'action proposées par cette théorie et parvint à dominer presque complètement l'industrie des machines destinées à la fabrication de chaussures aux États-Unis et dans beaucoup d'autres pays. De fait, l'entreprise fut accusée à plusieurs reprises d'obtenir une situation de monopole précisément grâce à la stratégie proposée par l'économie de la fonctionnalité. Finalement, elle fut condamnée par la justice nord-américaine et elle dut renoncer à plusieurs de ces pratiques. Son cas est devenu une référence incontournable dans le domaine de la jurisprudence antimonopole ; il devrait également l'être dans le cadre de l'analyse des propositions de l'économie de la fonctionnalité.

Cet article envisage de montrer, au travers de l'histoire de l'USMC, que la réalité ne s'adapte pas toujours aux simplifications de la théorie, aussi bien pour ce qui est des approches de l'économie de la fonctionnalité que pour ce qui est des perspectives de la théorie néoclassique sur les conséquences des monopoles. Effectivement, la stratégie de vendre l'usage plutôt que la machine, et d'établir des liens étroits et de longue durée avec les clients fut très rentable pour l'USMC, mais elle a également contribué au fait que les usines de chaussures eurent à subir une véritable dépendance technologique à l'égard de cette compagnie et au fait que l'USMC soit parvenue à une domination monopolistique du marché de machines destinées à la fabrication de chaussures, domination qui limita pendant longtemps le développement d'autres entreprises du secteur. D'autre part, en remettant en cause la théorie économique néoclassique, cette position de monopole n'a pas empêché que l'entreprise ait un fonc-

8. Walter R. STAHEL, « The Performance Economy : Business Models for the Functional Service Economy », *op. cit.*, p. 132-136.

tionnement efficace et ait facilité la modernisation technologique de l'industrie de la chaussure, aux États-Unis et dans d'autres pays.

La première partie de l'article présente synthétiquement l'origine et la trajectoire de l'USMC et montre les principaux traits de sa stratégie entrepreneuriale, si proches des propositions de l'économie de la fonctionnalité, parmi lesquelles il faut souligner le système de location plutôt que celui de la vente des machines. Ensuite est exposée la manière dont le gouvernement des États-Unis a relié cette stratégie à la situation de monopole atteinte par la compagnie et la façon dont la compagnie a souffert des procès judiciaires contre ses pratiques monopolistiques. Dans la section suivante est examinée la relation entre le système de location et le contrôle du marché par l'USMC et est effectuée une analyse des conséquences de la position monopolistique de la compagnie dans l'industrie et les mesures adoptées par les tribunaux pour y remédier. Finalement, des éléments de conclusion sont proposés autour notamment de la notion de « marché disputé ».

2. L'USMC, un exemple parfait de l'économie de la fonctionnalité

La mécanisation de l'industrie de la chaussure ne s'est véritablement produite qu'à partir de la moitié du XIXe siècle, mais a ensuite progressé rapidement. C'est aux États-Unis que furent développées les principales innovations techniques dans cette industrie et qu'elles se sont diffusées le plus rapidement. Dans ce pays, l'acceptation rapide de la nouvelle technologie par les entreprises de chaussures a entraîné la création d'une importante industrie de machines pour le secteur. Le développement de cette industrie, à son tour, a motivé la création d'innovations et leur diffusion, de sorte qu'à la fin du XIXe siècle, presque tout le processus de production de la majorité des entreprises de chaussures nord-américaines était déjà très mécanisé.

La stratégie commerciale adoptée par les producteurs de machines fut décisive pour la diffusion rapide des innovations, car ils tendaient à créer de grands réseaux commerciaux et d'assistance technique, avec des délégations dans les principales villes productrices de chaussures, qui garantissaient aux clients la maintenance des machines et facilitaient la formation des opérateurs qui allaient les utiliser. De plus, les machines n'étaient pas vendues mais louées de sorte que les fabricants de chaussures n'ont pas eu à faire d'investissements importants en capital fixe pour incorporer la nouvelle technologie dans leurs entreprises.

Au départ, de nombreuses entreprises spécialisées surgirent dans la production d'un certain type de machines pour une phase précise de la fabrication. Cependant, la volonté d'offrir un système intégré de machines engendra une progressive concentration entrepreneuriale. Le résultat principal de ce phénomène fut la constitution, en février 1899, de la *United Shoe Machinery Company of New Jersey* (USMC), moyennant la fusion de cinq des principales entreprises de machines destinées à la fabrication de chaussures. L'USMC réussit à fournir des machines pour toutes les opérations de base du processus de production de la chaussure et sa participation sur le marché des machines les plus importantes dépassait 70 %. Ceci et une stratégie de réinvestissement important des bénéfices lui a permis de croître rapidement : en dix ans, la valeur des actifs de la compagnie passa de quinze millions de dollars à plus de quarante. De plus, l'USMC étendit son offre de machines et renforça son contrôle du marché moyennant un très fort investissement en recherche, l'acquisition de brevets et d'autres entreprises plus petites et moyennant l'embauche de personnels *R&D* de la concurrence. Ces acquisitions d'entreprises et la création de filiales mena à une réorganisation corporative, avec la constitution, en mai 1905, de la *United Shoe Machinery Corporation*, en vertu des lois de l'État du New Jersey, captant toutes les actions de la *United Shoe Machinery Company*[9].

Dans les années suivantes, l'important investissement en *R&D* et l'acquisition d'actifs de la concurrence continua ; cela permit à la compagnie de maintenir et même d'accroître sa part de marché. À la fin des années 1940, elle concentrait plus de 90 % du marché d'une bonne partie des machines fondamentales dans la fabrication de chaussures[10]. Son activité ne se limita pas à la fabrication et à la commercialisation des machines destinées à la fabrication de chaussures, mais elle se consacra également aux machines pour l'industrie du tannage et à la production et la distribution d'accessoires pour la fabrication de chaussures et de composants et matériaux pour ces dernières.

Dès le début, l'USMC adopta une stratégie entrepreneuriale coïncidant largement avec celle proposée par l'économie de la fonctionnalité puisqu'elle continua avec la pratique, héritée des entreprises l'ayant consti-

9. Carl KAYSEN, *United States v. United Shoe Machinery Corporation. An Economic Analysis of Anti-trust Case*, Cambridge (Mass.), Harvard University Press, 1956, p. 6-11.

10. *Ibidem*, p. 372.

tuée, de location de la majorité des machines et d'inclusion du service technique (installation des machines, instruction des opérateurs et réparation des machines abîmées) dans la location, sans charges séparées. À la moitié des années 1940, 80 % des machines de l'USMC utilisées dans les entreprises des États-Unis étaient louées et seulement 20 % étaient vendues. Généralement, les machines simples, à caractère auxiliaire, et quelques modèles anciens se vendaient. Ces ventes ne représentaient qu'environ 2 % des revenus de la compagnie. Au départ, les contrats de location aux États-Unis s'étendaient sur dix-sept ans, mais à partir du second procès pour pratiques monopolistiques contre l'USMC le délai se réduisit à dix ans et après le jugement rendu en 1953, à cinq ans. Cependant, dans d'autres pays, tels que la France, les contrats se maintinrent avec une durée d'environ vingt ans, au moins jusqu'à la seconde guerre mondiale [11]. Le paiement se faisait généralement en fonction de l'utilisation des machines ou bien en fonction d'une quantité mensuelle fixe, bien que pour certaines machines les deux types de tarif se combinaient. Les contrats comprenaient une variété de clauses limitant la liberté d'utilisation de machines ne provenant pas de l'USMC (clauses d'enchaînement) et obligeant même les locataires à utiliser des pièces de rechange, des accessoires et des matériaux de la compagnie.

Même avant la constitution de l'USMC, les entreprises de machines destinées à la fabrication de chaussures aux États-Unis avaient cherché la commercialisation internationale de leurs produits, établissant des points de vente et des entreprises de distribution dans d'autres pays, principalement en Europe, surtout au Royaume-Uni, en France et en Allemagne. L'USMC encouragea substantiellement cette expansion extérieure et, par conséquent, donna un élan à la diffusion internationale de la technologie nord-américaine en matière de chaussures, principalement en Europe, mais aussi dans différents pays hispano-américains et dans les dominions britanniques en Amérique, en Océanie et en Afrique. La compagnie fut capable de transposer, moyennant un vaste réseau de délégations et d'entreprises filiales, la stratégie de commercialisation qui avait permis la diffusion rapide de machines dans son pays d'origine et facilita ainsi beaucoup la mécanisation des entreprises de chaussures dans d'autres territoires. Les premières filiales de l'USMC s'établirent, la même année que la constitution de la compagnie, au Canada et au Royaume-Uni. En 1900, des entreprises similaires ont été créées en France et en Allemagne,

11. Florent LE BOT, *La fabrique réactionnaire. Antisémitisme, spoliations et corporatisme dans le cuir (1930-1950)*, Paris, Presses de Sciences Po, 2007, p. 355.

et déjà, au début de la première guerre mondiale, des entreprises de ce genre s'établirent en Italie et en Autriche. À cette période, l'USMC possédait aussi des délégations ou des dépôts de machines en Suisse, au Danemark, en Norvège, en Suède, en Belgique, en Australie, en Nouvelle-Zélande, en Argentine et en Espagne [12].

La compagnie réussit à transposer sur ses principaux marchés extérieurs la position dominante dont elle jouissait sur le marché nord-américain. La France et l'Espagne sont de bons exemples de la façon dont l'USMC a transféré dans d'autres pays sa position de *leadership* et des conséquences sur l'industrie de ces pays. La *United Shoe Machinery Company* de France avait été créée en avril 1900 en utilisant les installations à Paris de l'*International Goodyear Shoe Machinery Company*, l'une des firmes dont la fusion avait donné naissance à l'USMC du New Jersey, et des Usines Pocok, une entreprise consacrée à la commercialisation de machines nord-américaines pour l'industrie de la chaussure. La compagnie adopta la forme d'une société anonyme française, mais, en réalité, il s'agissait d'une filiale contrôlée par la centrale nord-américaine. Elle a été fondée avec un capital social de presque quatre millions de francs et, au départ, n'a pas limité ses activités au marché français, mais elle a approvisionné également les marchés belges, espagnols et portugais [13].

L'USMC de France confia sa représentation en Espagne et au Portugal à Andrés Serra, commerçant domicilié à Barcelone, ayant déjà de l'expérience en Espagne comme agent commercial d'une entreprise française consacrée à la distribution de machines nord-américaines pour l'industrie de la chaussure [14]. En 1906, elle nomma Antonio Serra Serramalera, le fils du représentant précédent, pour être son fondé de pouvoir en Espagne et, en 1909, Serra devint également le représentant de l'USMC du Connecticut. La croissance de l'activité de la compagnie sur le marché espagnol entraîna la constitution, en décembre 1917, de la *United Shoe Machinery Company*, *Sociedad Anónima Española*, qui reçut tout le négoce de distribution de machines sur la péninsule ibérique. En échange de ce trans-

12. José A. MIRANDA, « American Machinery and European Footwear : Technology Transfer and International Trade, 1860-1939 », *Business History*, vol. 46, n° 2, April 2004, p. 202.

13. Archive USM España : Extrait des statuts de la société anonyme *United Shoe Machinery Company* de France.

14. Archive USM España : Contrat entre Monsieur A. Serra et Messieurs Albert Hermann & Co., 1er janvier 1896.

fert, l'USMC du Connecticut obtint 95 % des actions de la nouvelle compagnie.

L'USMC installa des délégations dans les principaux centres de production de chaussures de France (Fougères, Limoges, Romans et Cholet) et domina la majeure partie du marché de machines destinées à la fabrication de chaussures du pays. Dans les années 1930, plus de 80 % des usines de chaussures en France étaient équipées de machines de l'USMC et, en 1938, le chiffre d'affaires de cette compagnie atteignit presque 43 millions de francs. Selon Florent Le Bot, l'USMC stimula d'une façon décisive la rénovation technologique de l'industrie de la chaussure française, principalement parce que son système de location permettait d'avoir accès aux machines moyennant un investissement initial très bas. Cependant, selon lui, la domination du marché exercée par cette compagnie a eu également des effets négatifs sur l'industrie. D'une part, elle a favorisé la création d'une multitude de petites entreprises, très faibles sur le plan financier. D'autre part, les tarifs élevés payés pour la location des machines augmentèrent les coûts de production, en particulier pour les entreprises ayant un moindre pouvoir de négociation. De plus, les clauses d'enchaînement et de non concurrence contenues dans les contrats de location limitèrent sérieusement la concurrence d'autres compagnies de machines et le long terme des contrats contribua au vieillissement du parc de machines en service dans l'industrie de la chaussure [15].

Sur la péninsule ibérique, l'USMC suivit la même stratégie consistant à s'établir dans toutes les concentrations importantes de l'industrie de la chaussure. Dans les années 1930, elle possédait des délégations à Elda, Palma de Majorque et Mahón, et des dépôts de machines à Elche et Oporto. Son contrôle du marché fut probablement encore plus grand qu'en France et, comme dans ce pays, il fut une voie fondamentale pour le transfert de technologie vers les entreprises de chaussures, grâce au système de location, qui réduisit l'incertitude quant à la nouvelle technologie et diminua énormément l'investissement de l'acquisition. De plus, ses techniciens adaptèrent la technologie importée aux conditions et besoins de l'industrie espagnole, et ils se chargèrent également de former les hommes nécessaires à l'assimilation des innovations, formant les travailleurs à l'utilisation des machines et informant les entrepreneurs sur les ressources techniques disponibles à chaque moment. Grâce à la délégation de l'USMC, les innovations développées aux États-Unis ne tardèrent pas

---

15. Florent LE BOT, *La fabrique réactionnaire. Antisémitisme, spoliations et corporatisme dans le cuir (1930-1950)*, *op. cit.*

à arriver dans les entreprises espagnoles. Quelques-unes des machines les plus importantes distribuées par la compagnie nord-américaine furent installées dans des usines de chaussures en Espagne la même année ou juste deux ans après le début de leur commercialisation dans le pays d'origine.

Cependant, comme en France, le système de location à long terme des machines, avec des clauses qui pénalisaient fortement le remplacement de ces dernières avant l'expiration du contrat et leur utilisation aux côtés de machines d'autres firmes, fut un outil puissant de l'USMC pour empêcher que des entreprises concurrentes puissent se développer en Espagne. Pour toutes ces raisons, les entreprises espagnoles furent à peine capables de générer de la technologie propre pour l'industrie de la chaussure, et même leur production de machines pour le secteur, copiant la technologie étrangère, fut très réduite durant le premier tiers du XXe siècle [16].

3. Les États-Unis contre la stratégie de l'USMC

Comme le signale l'économie de la fonctionnalité, concentrer toute son énergie pour fournir des services d'usage et de maintenance, au lieu de vendre des machines, a apporté des bénéfices élevés à l'USMC et a permis à cette compagnie de continuer sa croissance pendant plus d'un demi-siècle. Cette stratégie a également amené à produire des machines plus durables et à recycler celles qui étaient hors d'usage et par conséquent cela a permis la réduction de la consommation de matières premières et d'énergie et de la production de déchets. Les clients de la compagnie, c'est-à-dire les usines de chaussures, purent accéder aux machines avec un investissement initial bas et ont bénéficié d'un système qui leur apportait conseil technique et productif et qui adaptait la technologie à leurs besoins. Le système contribua également à ce que les postes de travail créés par l'entreprise ne se concentrent pas uniquement là où les machines étaient produites mais qu'une partie importante soit distribuée parmi les différents districts industriels de la chaussure.

Cependant, comme nous avons pu l'observer, l'USMC a également établi un contrôle monopolistique du marché, qui limita la liberté d'action des usines de chaussures et empêcha le développement d'entreprises concurrentielles dans le secteur des machines. Le gouvernement américain, et

---

16. José A. MIRANDA, « Dependencia tecnológica y crecimiento industrial en España : El desarrollo de la industria del calzado en el primer tercio del siglo XX », *Josep Fontana. Història i projecte social. Reconeixement a una trajectòria*, Crítica, Barcelona, 2004, p. 1203-1217.

beaucoup parmi ceux qui ont critiqué cette situation depuis le début du XXe siècle, attribuèrent précisément le pouvoir de monopole de l'USMC à sa stratégie d'économie de la fonctionnalité. De fait, le gouvernement des États-Unis traîna l'USMC en justice à plusieurs reprises pour restreindre la concurrence sur le marché de machines destinées à la fabrication de chaussures au travers de son système de location et des clauses restrictives contenues dans les contrats. Une première demande, interposée en 1911, se fondant sur le *Sherman Act*, fut finalement tranchée en faveur de la compagnie [17] par le tribunal. Mais lors d'un nouveau procès, débuté en 1915 et fondé sur le *Clayton Act*, le tribunal se prononça en faveur du gouvernement, en interdisant de nombreuses clauses obligeant les entreprises de chaussures à utiliser uniquement des machines, des accessoires ou des matériaux de la compagnie bailleuse [18]. En conséquence, à partir de 1922, les contrats de l'USMC eurent une durée moins longue, normalement de dix ans, ils ne comprenaient pas de clauses obligeant à l'utilisation d'autres machines de la compagnie, ils offraient chaque machine de façon séparée et différenciaient les paiements de fourniture de matériaux des paiements de machines.

Comme la position dominante du marché de machines destinées à la fabrication de chaussures de l'USMC continua, le gouvernement fédéral accusa de nouveau la compagnie en 1947, devant le tribunal de district du Massachusetts, d'avoir, depuis 1912, violé systématiquement le *Sherman Act* en essayant de monopoliser et en monopolisant, de fait, la fabrication et la distribution de machines destinées à la fabrication de chaussures et à l'industrie du tannage, la fourniture de pièces de rechange et d'accessoires pour ces machines et l'approvisionnement en matériaux pour la fabrication de chaussures.

Comme pour les litiges antérieurs, le procès se prolongea pendant plusieurs années, mais finalement, en février 1953, le tribunal se prononça contre l'USMC et déclara que cette compagnie monopolisait effectivement le marché de machines destinées à la fabrication de chaussures et le marché de certaines fournitures de cette industrie [19]. Selon le jugement, la domination du marché exercée par la compagnie se devait non seulement à son efficacité et au renforcement obtenu de la fusion initiale des principales entreprises du secteur, dont la légalité avait été ratifiée en 1918

17. United States v. United Shoe Machinery Company of New Jersey, 247 U.S. 32 (1918).

18. United Shoe Machinery Corporation v. United States, 258 U.S. 451 (1922).

19. United States v. United Shoe Machinery Company, 110 F. Supp. 295 (1953).

par la Cour suprême, mais aussi à l'emploi de certaines pratiques entrepreneuriales qui avaient agi à l'encontre de la concurrence. Parmi ces pratiques, il faut souligner l'acquisition de brevets, le contrôle de machines d'occasion et, tout particulièrement, le système de location. La Cour suprême confirma le jugement de la Cour du Massachusetts en mai 1954 et, même si la proposition du gouvernement de fragmenter la compagnie ne fut pas acceptée, cette dernière fut obligée de modifier substantiellement sa stratégie et de diminuer ses actifs[20]. L'USMC devait mettre en vente toute machine destinée à la location, et les conditions de vente et de location devaient être telles que, pour le fabricant de chaussures, la location ne soit pas substantiellement plus avantageuse que l'achat de machines. En outre, les nouveaux contrats de location ne devaient pas durer plus de cinq ans, et le locataire pouvait les résilier à volonté après un délai d'un an. Rendre une machine pour la remplacer par une autre de la concurrence ne devait engendrer aucune pénalisation. De plus, le service d'assistance technique ainsi que le déplacement de son personnel devaient être encaissés séparément.

L'USMC était chargée de préparer un plan, avant le 1er avril 1955, pour mettre fin aux contrats de location en vigueur et pour les remplacer par des ventes ou des contrats de location s'ajustant aux termes du jugement. Ce plan devait résulter d'un accord avec le gouvernement et les représentants de l'Association nationale de fabricants de chaussures. La compagnie et ses filiales devaient se défaire de toute leur activité de fabrication et de distribution de punaises, de clous et d'œillets, et devaient cesser de distribuer des matériaux pour chaussures non fabriquées par elle. L'USMC se voyait interdire d'acquérir une nouvelle entreprise de fabrication de machines ou de fournitures pour chaussures, ou d'actions dans ce type d'entreprise, si la transaction s'élevait à plus de 10 000 dollars. L'USMC ne pouvait pas non plus acheter de brevets, à moins qu'elle n'accepte de concéder une licence à d'autres entreprises pour l'utilisation de ces brevets à un prix raisonnable. De même, la compagnie était obligée d'octroyer, à tout demandeur, une licence non exclusive sur les brevets qu'elle possédait jusqu'au moment du jugement.

Même si la décision du tribunal ne concernait que les activités de la compagnie aux États-Unis, les changements occasionnés dans sa stratégie sur le marché nord-américain finirent également par se transposer dans ses

---

20. United States v. United Shoe Machinery Company, 347 U.S. 521 (1954).

filiales à l'étranger[21]. Dans la majeure partie des pays où opérait l'USMC, il y avait eu, depuis le début du XXe siècle, des mouvements de protestation des fabricants de chaussures contre ce qui était considéré comme des pratiques monopolistiques de la compagnie, mais en aucun cas les mesures adoptées ne rappellent celles des tribunaux nord-américains. En France, par exemple, il y eut plusieurs tentatives, durant les années 1930, pour interdire les clauses d'enchaînement dans les contrats de l'USMC, mais elles n'aboutirent pas[22]. Ainsi, jusqu'aux années 1950, l'USMC conservait, dans d'autres pays, des pratiques qu'elle avait dû abandonner aux États-Unis après la première guerre mondiale. Cependant, les conditions des contrats tendirent à être similaires dans tous les pays après le jugement de 1953.

Le jugement ordonnait que, passés dix ans, les deux parties devaient réaliser un rapport sur les résultats des mesures adoptées, pour évaluer s'il était nécessaire de les modifier. À la vue des rapports présentés, le juge Wyzanski, chargé du dossier au tribunal du district du Massachusetts, se montra satisfait des résultats du décret de 1953 et ne modifia pas ses dispositions[23]. Cependant, le gouvernement fit appel à la Cour suprême et obtint le soutien de cette dernière pour obtenir des mesures plus radicales contre la position dominante de l'USMC. Ainsi, le tribunal du Massachusetts décréta en 1969 que la compagnie devait se défaire d'au moins un tiers de ses actifs[24].

Face à la nécessité de réduire sa présence sur le marché de machines destinées à la fabrication de chaussures, la compagnie adopta la stratégie de diversification de ses activités et d'investissement dans d'autres productions. À cet effet, elle acquit plus de quarante entreprises, aux États-Unis et dans d'autres pays, de 1962 à 1973[25]. Cependant, beaucoup des projets de diversification ne furent pas rentables ; la valeur des actions de la compagnie diminua considérablement, permettant ainsi l'acquisition, en 1976, de l'USMC par une firme de Nouvelle-Angleterre, spécialisée dans des machines pour l'industrie du verre, deux fois plus petite qu'elle.

---

21. Iain HOWIE, *Serving the Shoemaker for 100 Years. The oficial Centenary History of British United Shoe Machinery*, British United Shoe Machinery Co., Leicester, 1999, p. 93.

22. Florent LE BOT, *La fabrique réactionnaire. Antisémitisme, spoliations et corporatisme dans le cuir (1930-1950)*, *op. cit.*, p. 116-118.

23. United States v. United Shoe Machinery Corporation, 266 F. Supp. 328 (1967).

24. United States v. United Shoe Machinery Corporation, 391 U.S. 244 (1969).

25. William S. BREWSTER, *USM Corporation. Our First 75 Years*, The Newcomen Society in North America, New York, 1974, p. 14-15.

Ainsi, l'USMC cessa d'être une entreprise indépendante pour devenir une division au sein d'Emhart Corporation.

4. L'USMC était-elle un monopole efficace ?

Récemment, divers auteurs ont révisé le cas de l'USMC et sont arrivés à la conclusion que les pratiques de la compagnie, considérées par les tribunaux comme une atteinte à la concurrence, principalement le système de location, ne l'étaient en réalité pas ; ils estiment que, quoi qu'il en soit, ces pratiques faisaient partie d'une structure industrielle efficace détériorée par les mesures antimonopolistes. Bien que cette défense de l'USMC repose sur des approches théoriques différentes, elle implique une défense de la stratégie soutenue par l'économie de la fonctionnalité. En premier lieu, ces auteurs soutiennent que le système de location était un moyen efficace pour assurer la qualité des machines et pour fournir les services et l'information nécessaires à l'utilisation de cet équipement. De plus, ils soulignent que le système de location diminuait les exigences financières imposées aux entreprises de chaussures, en réduisant les barrières à l'entrée sur le secteur, et protégeait ces entreprises contre le risque de mauvais rendement de la machine, de maintenance coûteuse ou d'obsolescence. Selon eux, la longue durée des contrats et les clauses interdites par les tribunaux, avaient effectivement tendance à empêcher les fabricants de chaussures d'acquérir des machines de la concurrence, mais cet effet négatif était compensé car elles permettaient de réduire les coûts associés à la relation commerciale entre le fabricant de machines et ses clients. De ce point de vue, aussi bien la durée que les clauses restrictives des contrats établirent des incitations adéquates à l'utilisation des machines et, surtout, permirent d'éviter des comportements opportunistes [26].

Par ailleurs, pour ces auteurs, la stratégie de la compagnie de ne pas encaisser séparément le service technique, ne peut être considérée comme une pratique monopolistique, mais comme une stratégie qui, historiquement, avait été utilisée dans l'industrie : elle réduisait le risque que les fabricants de chaussures endurent des problèmes techniques et leurs coûts associés et garantissait la maintenance des équipements aux bailleurs. De plus, c'était une stratégie socialement efficace car, en diminuant le risque, les fabricants de chaussures augmentaient leur demande de machines,

26. Scott E. MASTEN et Edwars A. SNYDER, « United States Versus United Shoe Machinery Corporation : On the Merits », *Journal of Law and Economics*, vol. XXXVI, April 1999, p. 33-70.

ainsi que leur productivité, en produisant plus de chaussures à des prix moindres [27].

Contrairement à ce qu'affirme la théorie économique néoclassique, il n'est pas totalement évident que la position dominante de l'USMC sur le marché ait provoqué une augmentation des prix des machines ou encore une réduction de son offre. Selon Carl Kaysen, les bénéfices nets de la compagnie après impôts représentaient environ 10 % du capital investi, c'est-à-dire qu'ils étaient similaires à ceux obtenus par d'autres entreprises dans des industries aux caractéristiques semblables et inférieurs à ceux d'autres grandes corporations. De fait, sa principale entreprise rivale aux États-Unis, Compo, qui contrôlait un pourcentage de marché très inférieur, avait un taux de bénéfices plus élevé. Ceci semble indiquer que les prix de l'USMC ne devaient pas être très supérieurs aux prix du marché en situation de concurrence. La preuve en est que les fabricants de chaussures déclarèrent, lors du procès contre l'USMC démarré en 1947, avoir été servis à bon prix par cette compagnie [28].

La théorie des marchés disputés explique de façon cohérente la raison pour laquelle l'USMC n'a pas profité de sa position dominante sur le marché pour imposer des prix plus élevés et obtenir ainsi de plus grands bénéfices. Selon cette théorie [29], quand, dans une situation de monopole ou oligopole il existe des concurrents potentiels qui pourraient entrer sur le marché et réduire la participation des entreprises dominantes, ces dernières se trouvent dans l'obligation d'agir de façon concurrentielle, aussi bien moyennant le contrôle de leurs prix qu'au travers de l'innovation et de l'amélioration de leurs produits et services [30].

Dans la première moitié du XXe siècle, les caractéristiques de l'industrie de machines destinées à la fabrication de chaussures aux États-Unis correspondent en général à celles qui sont définies pour les marchés disputés. L'USMC avait une position clairement dominante sur le marché mais il existait aussi aux États-Unis bon nombre d'entreprises beaucoup plus petites, spécialisées dans certains types de machines, qui pouvaient

27. Roger D. BLAIR et Jill Boylston HERNDON, « United Shoe Machinery and the Antitrust Significance of 'Free' Service », *Review of Industrial Organization*, 17, 2000, p. 301-311.

28. Scott E. MASTEN et Edwars A. SNYDER, « United States Versus United Shoe Machinery Corporation : On the Merits », *op. cit.*, p. 41.

29. William J. BAUMOL, John C. PANZAR et Robert D. WILLIG, *Contestable Markets and the Theory of Industry Structure*, Harcourt Brace Jovanovich, Orlando, 1982.

30. William J. BAUMOL, « Contestable markets : An Uprising in the Theory of Industry Structure », *The American Economic Review*, vol. 72, n° 1, March 1982, p. 1-15.

profiter de toute situation de défaillance de la compagnie dominante, tels que des prix élevés, une mauvaise qualité du produit ou l'inadéquation de ce dernier aux besoins des entreprises de chaussures, pour lancer un produit alternatif et réduire la part de marché de l'USMC. Compo représente un bon exemple du potentiel concurrentiel de ces entreprises : en effet, cette entreprise sut évaluer, avant l'USMC, les possibilités des machines à coller les semelles et réussit ainsi à s'emparer de la moitié du marché pour cette technologie aux États-Unis[31].

L'USMC contrôlait une grande partie des brevets enregistrés aux États-Unis en ce qui concerne les machines destinées à la fabrication de chaussures. Vers 1950, elle possédait environ 40 % de ces brevets. Même si cette domination des brevets a probablement agi comme une barrière d'entrée décisive dans l'industrie dans les premières décennies du XXe siècle, il semble en être autrement après la seconde guerre mondiale : en effet, tous les brevets importants relevaient du domaine public et pouvaient être copiés librement, alors que les brevets de l'USMC encore en vigueur ne permettaient que de petites améliorations. Il ne semblait pas non plus exister des économies d'échelle importantes dans la production de machines spécifiques, qui aient agi comme des barrières d'entrée dans le secteur, car les séries de production de chaque machine étaient courtes et les différents modèles des machines avaient un nombre réduit de pièces communes. Par conséquent, l'existence de concurrents potentiels aurait obligé la compagnie à suivre de près la situation du marché, comme s'il s'était agi d'une structure industrielle moins concentrée. De fait, il existe des preuves documentaires que l'USMC était très observatrice du comportement des autres entreprises de machines et que ses services techniques élaboraient sans cesse des rapports sur la présence de produits de la concurrence dans les usines de ses clients[32].

Quoi qu'il en soit, il est sûr que les mesures antimonopolistes appliquées à la compagnie à partir de 1954 ne donnèrent pas lieu à une baisse des prix, au contraire. Les prix de vente des machines et les nouveaux contrats de location furent multipliés par quatre en moyenne et, conformément aux calculs effectués par l'Association nationale de fabricants de chaussures, les nouveaux contrats de location en vigueur à partir du 1er janvier 1955 augmentèrent le coût de location de l'ensemble des machines de

---

31. Carl KAYSEN, *United States v. United Shoe Machinery Corporation. An Economic Analysis of Anti-trust Case*, *op. cit.*, p. 52-53 et 366-369.

32. Scott E. MASTEN et Edwars A. SNYDER, « United States Versus United Shoe Machinery Corporation : On the Merits », *op. cit.*, p. 40.

74 % pour les petites entreprises (avec une production inférieure à 1 800 paires par jour), de 65 % pour les entreprises moyennes (de 1 800 à 3 600 paires) et de 57 % pour les grandes entreprises (plus de 3 600 paires)[33].

Pour observer l'effet du jugement contre l'USMC sur les prix des machines destinées à la fabrication de chaussures aux États-Unis, le ratio « valeur des machines commercialisées/valeur des ventes de chaussures » a été utilisé comme indicateur indirect. Le raisonnement est que si le jugement avait provoqué une diminution des prix des machines, les fabricants de chaussures se seraient trouvés face à de moindres dépenses en machines par rapport à la valeur de la chaussure produite. Par conséquent, le ratio devrait avoir baissé. Or, le ratio, qui, effectivement avait diminué dans les années antérieures au jugement, augmenta après ce dernier et cela jusqu'au début des années 1970[34]. Par conséquent, les mesures antimonopolistiques prises à l'encontre de l'USMC n'occasionnèrent pas de diminution de prix ni d'augmentation de la concurrence qui ait eu pour conséquence une baisse généralisée des prix des machines destinées à la fabrication de chaussures. À cet égard, le jugement prononcé ne donna pas lieu à un gain social.

Certains auteurs suggèrent que les mesures contre la stratégie entrepreneuriale traditionnelle de l'USMC contribuèrent au déclin de l'industrie de la chaussure aux États-Unis à partir de la fin des années 1950. Cependant, les raisons de l'évolution de cette industrie sont essentiellement autres. La concurrence de la chaussure importée, en provenance de pays jouissant de coûts salariaux bien inférieurs, et l'attitude des distributeurs et des propres producteurs nord-américains préférant sous-traiter la production et même établir leurs propres usines dans ces pays, furent les principales raisons du déclin du secteur aux États-Unis. Si la situation de l'USMC accentua ce processus, ce fut de manière très superficielle et au travers de l'augmentation du coût des machines après le jugement de 1953, qui se serait traduit par une légère augmentation des coûts de production aux États-Unis.

De fait, la causalité agit en sens inverse. Le recul de l'industrie de la chaussure aux États-Unis fut la raison la plus importante du déclin de l'USMC. Sans aucun doute, les restrictions imposées par les tribunaux contribuèrent à la perte de concurrence de la compagnie et à la réduction

---

33. Carl KAYSEN, *United States v. United Shoe Machinery Corporation. An Economic Analysis of Anti-trust Case*, *op. cit.*, p. 329.

34. Robert W. CRANDALL et Kenneth G. ELZINGA, « Injunctive Relief in Sherman Act Monopolization Cases », *Research in Law and Economics*, n° 21, 2004, p. 277-344.

de son chiffre d'affaires, mais ces deux phénomènes se seraient produits de toute façon, même si l'USMC n'avait pas subi les mesures antimonopolistiques. La compagnie aurait pu difficilement conserver sa suprématie sur le marché international depuis les États-Unis sans le soutien d'une demande interne importante. L'affaiblissement de cette demande aggrava les effets du changement technologique et la perte proportionnelle de l'avantage concurrentiel dont avait joui l'USMC durant des décennies grâce à sa domination des brevets et du « savoir-faire » dans le type de systèmes mécaniques qui dominèrent l'industrie de la chaussure jusque dans les années 1950.

5. Conclusion

Dès la première moitié du XXe siècle, l'USMC s'adaptait pleinement aux approches qu'avait commencé à proposer l'économie de la fonctionnalité depuis la fin du siècle. Au travers de son système de location, avec des services de maintenance technique et de conseil inclus, plutôt que de se consacrer à la vente de biens durables, elle se spécialisa dans la vente de services liés aux machines. Cette option rapporta à la compagnie une bonne rentabilité, lui permit d'optimiser l'utilisation des ressources et la dota d'une communication directe et continue avec ses clients, les usines de chaussures, qui contribua à les fidéliser et qui permit à l'USMC d'avoir une information excellente sur l'évolution de la demande. Le système réduisit l'investissement nécessaire pour s'introduire dans l'industrie de la chaussure et le risque de l'investissement en technologie pour les entreprises du secteur. Il contribua également à améliorer la qualité des machines, à faire que celles-ci soient en parfait état et s'adaptent aux besoins de chaque entreprise et permit aux fabricants de chaussures de recevoir un bon conseil technique.

Cependant, la stratégie de l'USMC a également provoqué des problèmes qui ne sont généralement pas cités dans les études soutenant l'économie de la fonctionnalité. Ainsi, le système de location, avec ses clauses d'enchaînement, a fait que les usines de chaussures soient technologiquement dépendantes de l'USMC, que le coût des machines par unité de production augmente : selon certains auteurs, la conséquence fut une prolifération d'entreprises financièrement très faibles qui furent incapables de faire face aux périodes de crise. Mais surtout, le système a été rendu responsable d'avoir transformé l'USMC en un monopole qui a dominé pendant plus d'un demi-siècle le marché de machines destinées à la fabrication de chaussures aux États-Unis et dans d'autres pays, en réduisant son efficacité.

Pour la Cour suprême des États-Unis, le système de location fut à l'origine de la position monopolistique de l'USMC. Pour cette raison, elle obligea la compagnie à proposer à la vente toutes ses machines. Cependant, une analyse de la trajectoire de l'USMC conduit à nuancer cette responsabilité. Le système de location, les clauses restrictives de ce dernier et l'inclusion dans ce système du service technique contribuaient à maintenir la prédominance de l'USMC, mais ne furent par des raisons fondamentales. Comme les auteurs évoqués l'ont démontré, ces pratiques qui finirent par être limitées et même interdites par les tribunaux, permirent de façon efficace le développement de l'activité de la compagnie. De plus, elles n'étaient pas spécifiques à l'USMC, mais avaient aussi été utilisées et étaient utilisées par d'autres entreprises du secteur.

Le véritable pilier de la position dominante de l'USMC était sa supériorité technologique. Une supériorité obtenue par l'accumulation de brevets et du « *know-how* » dès sa constitution, avec la fusion des principales entreprises du secteur et qui fut alimentée postérieurement moyennant de forts investissements en recherche et, à une moins grande échelle, moyennant l'achat de brevets et des inventions. La prédominance de la compagnie s'est basée également sur les économies de gamme dont elle jouissait, grâce aux synergies existantes entre la production des différents types de machines, le service technique et la production et distribution d'accessoires, composants et matériaux pour chaussures. La bonne gestion de l'entreprise fut un autre facteur non négligeable de succès.

Ce fut la perte de la supériorité technologique, due au développement de nouveaux systèmes pour ce type de machines, qui fut la cause fondamentale du déclin de l'USMC. À cela s'est ajouté le recul important de l'industrie de la chaussure aux États-Unis et dans le Nord de l'Europe, principaux marchés traditionnels pour la compagnie. Les mesures judiciaires lui portèrent aussi préjudice, principalement à cause de la perte d'une partie des économies de gammes auparavant signalées ; cependant, sans ces mesures, la prédominance de l'USMC aurait été minée également. Ces mesures ont-elles réussi à réduire le pouvoir de marché de l'USMC et à encourager la concurrence ? La part de marché de l'USMC aux États-Unis a bien évidemment diminué à partir des années 1950 en faveur d'autres entreprises nord-américaines et des machines importées. Cependant, il semble que ces mesures n'aient pas amélioré l'offre, en ce sens qu'il n'y a pas eu de diminution de prix (au contraire, ils augmentèrent) ni d'amélioration de la qualité et des prestations des machines.

La position dominante de l'USMC sur le marché de machines destinées à la fabrication de chaussures ne se traduisait ni par une montée des prix ni par une diminution de l'offre de machines, comme le prédit la théorie économique néoclassique, probablement parce qu'il s'agissait d'un « marché disputé », sur lequel la possibilité d'intervention de concurrents potentiels encourageait l'USMC à fournir une offre efficace, avec des qualités et des prix concurrentiels. Malgré les effets négatifs générés par la stratégie de l'entreprise, nous pouvons considérer que l'USMC fut un monopole efficace qui a favorisé l'innovation technologique et l'amélioration de la productivité dans l'industrie de la chaussure des États-Unis et de bien d'autres pays.

L'expérience des années précédant la constitution de l'USMC semble indiquer qu'une industrie moins concentrée aurait permis d'atteindre un niveau semblable de progrès technologique. Il aurait même été possible de bénéficier d'un réseau de service technique aussi étendu et efficace aux États-Unis. Néanmoins, ce fut la concentration de ressources obtenue par l'USMC qui rendit possible la diffusion rapide de la technologie nord-américaine pour la fabrication de chaussures en Europe et dans d'autres territoires dès le début du XXe siècle. La suprématie des machines nord-américaines empêcha le développement d'une production importante de machines dans la première moitié du siècle dans beaucoup de pays, mais permit en échange que ces mêmes pays modernisent leur industrie de la chaussure. Les entreprises de chaussures nord-américaines pénétrèrent avec beaucoup de succès sur les marchés européens dès la fin du XIXe siècle, grâce à leur meilleur équipement, faisant des États-Unis le plus grand exportateur mondial de chaussures au début du XXe siècle. Cependant, la diffusion rapide de la technologie nord-américaine en Europe, surtout grâce à l'USMC, permit aux pays européens de faire concurrence de manière efficace à ces importations et, dans certains cas, de devenir même de grands exportateurs aux États-Unis.

La trajectoire de l'USMC illustre le dépassement de la théorie et de ses simplifications en deux sens : d'une part, elle montre que le modèle d'entreprise proposé par l'économie de la fonctionnalité, même s'il a des avantages évidents, peut également avoir des conséquences négatives pour les consommateurs et pour le fonctionnement du marché ; d'autre part, elle indique que les situations proches du monopole n'impliquent pas nécessairement l'inefficacité et que la concentration d'entreprises peut faciliter, à certains moments, la pénétration sur les marchés extérieurs ou la création et le transfert de technologie.

Université d'Alicante

* * *

De l'illusion « post-mécaniste » à l'illusion « post-industrielle »

Alexandre FERNANDEZ

On sait combien rompre cette manière de ruse de l'histoire que la plume de l'écrivain sicilien a si élégamment, et définitivement, formulée, a pu hanter les plus résolus sinon les plus avisés des stratèges de la subversion révolutionnaire [1] et… conforter les conservateurs de tout poil. Nous ne saurions ici proposer de dénouer cette manière de sortilège lampédusien ; l'historien sait bien que pas davantage que l'on ne saurait dire que rien n'est jamais nouveau sous le soleil, l'on ne découvre l'Amérique tous les jours… Et pourtant ! Combien de praticiens, combien de commentateurs ont cru pouvoir signaler — et, la plupart du temps, saluer — une aube nouvelle à chaque frémissement de l'histoire ; à partir de quelques indices, combien se sont plus à anticiper, et pour beaucoup à espérer, l'abolition de l'état existant — éminemment contestable sinon condamnable !

Ainsi, à la fin du XIXe siècle, l'apparition, la diffusion et la généralisation du (petit) moteur électrique, pour nombre d'observateurs, valut indice :

> « Le siècle prochain sera le siècle de l'électricité comme celui qui se termine a été celui de la vapeur. [2] »

1. LENINE, « Ce que sont les "amis du peuple" et comment ils luttent contre les social-démocrates », 1894, *Œuvres*, t. 1, p. 143-360, Moscou-Paris, Éditions du Progrès-Éditions Sociales, 1958, et « Discours au 2e Congrès des soviets des députés-paysans de Russie, 2(15) décembre 1917 », *Œuvres*, t. 26, p. 375-378, Moscou-Paris, Éditions du Progrès-Éditions Sociales, 1961.

2. Lazare WEILLER, la *Revue des Deux Mondes*, 1898, cité par Fabienne CARDOT, in François CARON et Fabienne CARDOT (dir.), *Histoire générale de l'électricité en France*, t. 1 : *Espoirs et conquêtes*, Paris, PUF-AHFE, 1991, p. 465.

Nous ne proposons ici que de présenter à la réflexion une mise en résonance de ces déclarations vieilles de plus d'un siècle autour de ce que fut la « révolution électrique » avec certains discours contemporains sur une « révolution informationnelle [3] » métamorphosant le monde. Il nous a semblé reconnaître là certaine *illusion*, sinon sur l'objet lui-même (nous laisserons aux spécialistes le soin de se prononcer [4]), au moins sur sa signification historique : l'illusion que crée la fascination de l'innovation ; une fascination qui, elle, n'a rien d'inédit.

Présenter les espérances qu'ont suscitées en leur temps l'apparition et la généralisation de la diffusion du petit moteur électrique nous permettra de comprendre de quel « nouveau » améliorant/subvertissant l'état existant, ce nouvel objet technique « offert » à l'économie et à la société parût être le signe. Comme promesse de dépassement de l'univers mécanique, celui de la concentration usinière, pour beaucoup, il parût être porteur de la modernité idéelle [5]. Il sera alors sans doute permis de retrouver dans la référence au « post » — et au « post-industriel » tout particulièrement —, amplifié dès la fin du XXe siècle et dans certains discours sur la révolution informatique et numérique une rhétorique prophétique à bien des égards comparable.

Le petit moteur électrique comme substitut aux grandes concentrations industrielles ?

Comme le relatent Alain Beltran et Patrice A. Carré, la possibilité du transport de l'énergie, démontrée par Marcel Deprez dès 1883, avant même que celui-ci fût possible dans de bonnes conditions industrielles, souleva les imaginations [6]. Déjà, plus de dix ans auparavant, l'un des plus célèbres vulgarisateurs de la science et des techniques du temps, Hippolyte Fontaine, se plaisait à parier ainsi sur l'avenir :

---

3. Nous ne saurions nous risquer à présenter ne serait-ce qu'une esquisse de l'imposante bibliographie sur le thème : mentionnons seulement l'un des ouvrages-clefs, la somme de Manuel CASTELLS, *L'ère de l'information*, Paris, Fayard, t. 1 : *la société en réseaux*, 1998, t. 2 : *Le pouvoir de l'identité*, 1999, t. 3 : *Fin de millénaire*, 1999. Le premier volume surtout fut sans doute l'un des textes qui contribua le plus efficacement à l'établissement du « paradigme informationnel » comme description et explication globales des mutations à l'œuvre à la fin du XXe siècle.

4. Dans une mise au point indispensable, Alain GRAS (*Les macro-systèmes techniques*, PUF, « Que sais-je ? », 1997), montre comment « le réseau ne doit en aucun cas être confondu avec le système » (p. 6).

5. Au sens de Maurice GODELIER, *L'idéel et le matériel*, Paris, Fayard, 1984.

6. Alain BELTRAN et Patrice A. CARRE, *La fée et la servante. La société française face à l'électricité*, Paris, Belin, 1991, p. 122.

> « Le fractionnement de la force motrice, en permettant son usage à domicile, sera le premier pas fait dans la voie de la décentralisation manufacturière ; il produira sans aucun doute une révolution salutaire dans un grand nombre de spécialités.[7] »

Les innovations électriques de la seconde moitié des années 1880 apparurent d'autant plus prodigieuses qu'il semblait qu'elles allaient permettre de s'affranchir des contraintes matérielles de l'âge de la vapeur, centralisatrice des ressources et des productions. Les nombreux brevets déposés, notamment par Nikola Tesla, témoignaient sans doute de la volonté d'améliorer générateurs, moteurs et transformateurs à la recherche d'un « système complet » électrique mais aussi, sur un autre plan — nous y reviendrons —, d'une conception du monde : Girolamo Ramunni parle d'une « idée fixe » qui « le guidait » et qui était de « concevoir des machines où frotteurs, balais et autres sortes de contacts mécaniques [seraient] sinon éliminés du moins réduits au minimum[8] ».

Passé en quelques années du registre de l'émerveillement[9] au domaine de la performance, le moteur électrique (petit ou grand) fut d'abord, essentiellement, support et instrument de l'essor industriel. En ce sens, sa vocation était d'augmenter les ressources énergétiques disponibles, de démultiplier la force mécanique en se juxtaposant ou, au besoin, en se substituant à l'hydraulique et à la vapeur. Ainsi, dans l'atelier même, le moteur électrique n'offrait que des avantages. L'aspect le plus visible résidait dans la disparition des poulies, courroies, arbres et autres : ce qui réduisait les risques d'accident et augmentait le rendement physique de la puissance installée (70 à 80 % de rendement pour les moteurs électriques vers 1900-1910 contre 60 à 70 % pour les installations mécaniques). Par ailleurs, la suppression de toute la machinerie mécanique permettait la transformation des ateliers :

> « Une étude attentive permettra de constater que les interruptions proviennent de déplacements inutiles, d'un mauvais fonctionnement dans l'approvisionnement, dans la transmission des matières ou des pièces à œuvrer [...] le moteur électrique permet ainsi aux industriels de rectifier et d'améliorer leurs installations d'atelier

7. In *La Revue industrielle*, 1871, cité in Alain BELTRAN et Patrice A. CARRE, *La fée et la servante. La société française face à l'électricité*, *op. cit.*, p. 120.

8. Girolamo RAMUNNI, in François CARON et Fabienne CARDOT (dir.), *Histoire générale de l'électricité en France*, *op. cit.*, p. 335.

9. Louis FIGUIER, *Les nouvelles conquêtes de la science. Les merveilles de l'électricité*, Paris, 1883.

et leurs méthodes de travail, de supprimer le temps perdu et d'apporter des économies nouvelles dans leur production. [10] »

On comprend les séductions qu'exerçait l'électricité. La très large diffusion du moteur électrique en témoignait. Devenu en quelques années d'une utilisation bien plus souple que le moteur à vapeur ou même à gaz de l'époque, d'un coût allant diminuant, l'emploi du moteur électrique devint plus facile et s'adapta progressivement à de multiples usages. Pour de nombreux secteurs d'activité, il était fort séduisant de pouvoir désormais varier la vitesse d'exécution : ainsi, dans l'imprimerie pour les rotatives ou dans la confection pour les machines à coudre, la fabrication pouvait être mieux contrôlée, en diminuant le mouvement tout en gardant des possibilités de reprise rapide [11]. Autant d'acquis qui n'étaient guère possibles pour un moteur primaire traditionnel. En outre, plus petit, le moteur électrique put, progressivement, être inclus dans la machine elle-même [12].

À ce compte, l'électricité serait « décentralisatrice » et « égalitariste » [13] ; en s'étendant, grâce au réseau de transport, elle placerait dans des conditions identiques de concurrence petites et plus grandes entreprises qui allaient désormais disposer également de lumière et de force : les économistes les plus réputés du temps l'assuraient, ainsi Albert Aftalion :

« La facilité de son installation [le moteur électrique], les frais relativement faibles qu'il entraîne ont incité des industriels ou même de simples entrepreneurs incertains de la production en fabrique, ou trop peu aisés pour acquérir une machine à vapeur coûteuse, à fonder des ateliers d'une trentaine d'ouvrières où un petit moteur d'un à deux chevaux actionne une, deux ou trois dizaines de machines à coudre. [14] »

À ce titre, le moteur électrique pouvait être le support technique de la république d'artisans et de petits entrepreneurs chère à tant d'esprits de la fin du XIXe siècle. Pourrait-il être un frein au développement de la concentration du capitalisme ?

---

10. Statistiques de la Compagnie parisienne de distribution d'électricité, 1912, cité in Alain BELTRAN et PATRICE A. CARRE, *La fée et la servante. La société française face à l'électricité*, *op. cit.*, p. 123.

11. Monique PEYRIERE, « Un moteur électrique pour la machine à coudre : une innovation dans l'impasse », *Bulletin d'histoire de l'électricité*, 19-20, 1992, p. 73-86.

12. Henri MORSEL, « Les freins à l'adoption du moteur électrique, à ses origines, en France », *Bulletin d'histoire de l'électricité*, 16, 1990, p. 9-24.

13. Alain BELTRAN et PATRICE A CARRE, *La fée et la servante. La société française face à l'électricité*, *op. cit.*, p. 119.

14. Albert AFTALION, *Le Développement de la fabrique et le travail à domicile dans les industries de l'habillement*, Paris, Sirey, 1906, p. 207.

Pour de nombreux auteurs du début du XXe siècle l'utilisation du petit moteur électrique devait maintenir le travail à domicile et éviter la concentration des ouvriers dans des usines de plus en plus gigantesques, ralentir l'exode rural, enfin retenir la femme et surtout la jeune fille au foyer. De fait, il paraît avéré que le moteur électrique a contribué, tout au moins en France, à retarder la concentration des établissements dans certains métiers comme la ganterie grenobloise, le tissage de la soie dans le Bas-Dauphiné ou la rubanerie stéphanoise. Le cas de la rubanerie, par exemple, où l'opération était spécialement simple et peu coûteuse — la barre du métier, auparavant actionnée manuellement (50 à 60 kg de pesée), le serait par un petit moteur d'1/4 de CV transmettant par courroie le mouvement aux différents organes du métier — illustre en fait l'ambigüité économico-sociale du moteur électrique. Industrie qui redoutait le déclin, faute d'avoir pu adopter la modernité thermique et mécanique de la vapeur, « le moteur électrique [serait] au service d'une vieille industrie qu'il [allait] rajeunir [15] ». Ainsi, l'*innovation* technique allait permettre à l'*ancien* de se perpétuer.

Bien davantage, ce n'était pas simplement d'un sauvetage économique qu'il s'agissait mais de perpétuation d'un mode de production économique et social pré-industriel. Le moteur électrique permettait de maintenir le tisseur dans son atelier, avec comme aides sa femme et sa fille. Outre le bienfait moral, c'était l'harmonie sociale préservée, un moyen sûr d'éviter la rue et surtout l'usine où se dégradent les mœurs des jeunes gens et des jeunes filles et où germent les mauvaises habitudes et les mauvaises idées [16]. Cette formidable nouveauté, que l'on n'hésitait pas à baptiser le « moteur familial [17] », devait permettre, aux yeux de ses promoteurs, de parfaire le modèle de la famille-atelier. On comprend, à ce compte, comment et pourquoi le moteur électrique, parce qu'il semblait pouvoir maintenir le *domestic system*, « fut plébiscité par la Fabrique [18] ». Plus globalement, en effet, l'emploi de tels moteurs semblait montrer qu'il était possible de s'affranchir, dans une certaine mesure, de la force

15. M. MANGINI (administrateur de la Compagnie électrique de la Loire), *La transformation du travail par le moteur électrique*, 1904, p. 14, cité par Brigitte REYNAUD, « L'électrification de l'industrie textile et l'entrée des femmes à l'atelier : l'exemple de la rubanerie stéphanoise », *Bulletin d'histoire de l'électricité*, 19-20, 1992, p. 55-98, p. 56.

16. M. MANGINI, *La transformation du travail par le moteur électrique*, *op. cit.*, p. 15.

17. Charles LEPROUX, *Monographie du passementier stéphanois : agonie, causes et remèdes*, Saint-Étienne, Imp. Générale, 1909, cité par Brigitte REYNAUD, in « L'électrification de l'industrie textile et l'entrée des femmes à l'atelier : l'exemple de la rubanerie stéphanoise », art. cit., p. 58.

18. Brigitte REYNAUD, « L'électrification de l'industrie textile et l'entrée des femmes à l'atelier : l'exemple de la rubanerie stéphanoise », *op. cit.*, p. 56.

physique et des savoir-faire traditionnels : « désormais la patience et l'attention [seraient] seules en jeu et non plus la force [19] ». Pour nombre de patrons, c'était sans doute espérer pouvoir substituer au compagnon — toujours tenté par l'indocilité (voir la figure du « Sublime [20] ») une main-d'œuvre en grande partie féminine, moins revendicative et meilleur marché [21]. Ainsi, le surgissement d'une nouvelle modernité technique dotée d'une haute technicité incorporée accompagnait le processus de déqualification déjà largement entamé dans la (grande) production manufacturière.

En fait, vanté pour les bienfaits qu'il dispensait au monde de la petite industrie, le moteur électrique servait autant sinon davantage l'organisation (et les profits) de la grande (et de la très grande). C'était là bien sûr une réalité que n'importe quel observateur attentif eût pu mettre en relief (et, malgré tout, il y en eut). Mais certaine illusion persista, soigneusement entretenue au demeurant. Notamment par les firmes spécialisées dans la conception, la production et la commercialisation des moteurs électriques qui, avec lucidité en l'occurrence, saisirent vite la formidable puissance de l'innovation. Cependant, alors même que la (très grande) industrie électrométallurgique (General Electric, Siemens, AEG, etc.) s'édifiait et se consolidait jusqu'à être l'un des principaux piliers du système industriel dès le tout début du nouveau siècle, leur publicité visait en premier lieu le monde de la petite industrie.

Kropotkine, le moteur électrique et l'abolition du salariat

On comprend aisément pourquoi, instruits par l'expérience du machinisme industriel du XIXe siècle, nombre de leaders ouvriers restèrent d'abord pour le moins circonspects [22] devant les déclarations enthousiastes des thuriféraires de la machine nouvelle. Sans doute, peu à peu,

19. M. MANGINI, *La transformation du travail par le moteur électrique*, *op. cit.*, p. 17.

20. Type de l'ouvrier qualifié forte tête, rétif à la discipline de l'usine et prêt à chaque instant à claquer la porte au nez de son patron, bien connu grâce au portrait, à charge, qu'en dressa Denis POULOT, lui-même ancien ouvrier devenu petit patron, *Le sublime ou le travailleur comme il est en 1870 et ce qu'il peut être*, [1869], introduction par Alain Cottereau, Paris, François Maspéro, 1970.

21. L'enquête parlementaire de 1904 sur les industries textiles révèle une proportion de 4/5e de femmes sur la totalité des emplois textiles, qu'elle lie au « remplacement des hommes par les femmes est le résultat de la diffusion de la force motrice domicile » : Brigitte REYNAUD, « L'électrification de l'industrie textile et l'entrée des femmes à l'atelier : l'exemple de la rubanerie stéphanoise », art. cit., p. 64.

22. Alain BELTRAN et Patrice A. CARRE (*La fée et la servante. La société française face à l'électricité*, *op. cit.*, p. 120) évoquent en ce sens une lettre du vieil Engels, mais sans donner les références.

chez les marxistes au moins (ceux de la Seconde internationale où dominaient les Allemands de la SPD adossés à leurs centaines de milliers de membres et aux millions de syndiqués, dont une part notable employée dans les grandes firmes électro-chimiques et électro-métallurgiques) put-on convenir que l'expansion de l'électrification, l'exceptionnelle croissance de force dont elle était porteuse, pouvaient valoir signe d'une sorte de théorie — « appliquée » ? — du développement des forces productives (que l'on voudra voir plus tard exprimée dans la fameuse formule de Lénine concernant la définition du socialisme). Mais, précisément, il ne s'agissait pas là de couver d'un regard attendri quelconque « petit » moteur électrique que sa taille eût distingué intrinsèquement des grosses implantations des grandes firmes[23]. Au demeurant, dans les pays où, tout à la fois, l'industrialisation fut sensiblement plus lente, moins présente au cœur de la quotidienneté, où demeuraient peut-être chez les ouvriers socialistes et surtout anarchistes des formes latentes de quasi-luddisme, la conversion fut peut-être plus lente. C'est ainsi, par exemple, que le fondateur du parti socialiste ouvrier espagnol (PSOE), Pablo Iglesias, affirmait, en 1896, que ce ne seraient pas les avancées de la technique qui amélioreraient la condition ouvrière, mais l'amélioration de l'ouvrier, grâce à la solidarité de classe, qui serait la condition des avancées de la technique[24]. Sans doute, voyait-il lui aussi que « si avant c'était la mécanique et la vapeur, aujourd'hui [c'était] l'électricité qui conduisait le mouvement continu du progrès industriel ». Mais la constatation de la substitution ne valait pas adhésion sans réserve. Bien au contraire ; à ses yeux, le moteur électrique n'apporterait aucun gain véritable du point de vue de la « production scientifique et proportionnée [*sic*] » mais ajouterait plutôt, en raison de sa nature « contraire à la socialisation de la production », à « l'anarchie propre aux doctrines individualistes »[25].

Précisément, en 1910, dans les chapitres de la seconde édition de son *Champs, Usines et Ateliers* consacrés à la petite industrie, Kropotkine

---

23. Bien au contraire. Au prix d'une instrumentalisation de la dialectique, ces derniers verraient dans le développement de la mécanique et du machinisme global — bien que responsable tant de la surproduction que du chômage — une tendance à la suppression de la division du travail née de la première phase industrielle, à la socialisation de l'économie (concentration de la propriété) et à la réduction des inégalités grâce à l'élévation matérielle de la production, soit, en somme, une progression vers la société sans classes.

24. Pablo IGLESIAS, « Progreso Maquinista », *La Lucha de Clases*, 20 juin 1896, Bilbao, cité in Norberto IBÁÑEZ ORTEGA, *Gigantismo industrial. Racionalización y productivismo de entreguerras en la Ría de Bilbao*, Madrid, Catarata, 2011, p. 25.

25. Pablo IGLESIAS, « Los Altos Hornos de Vizcaya », *La Lucha de Clases*, 7 avril 1904, cité in Antonio ELORZA et María del Carmen IGLESIAS (dir.), *Burgueses y proletarios. Clase obrera y reforma social en la Restauración*, Barcelone, Laia, 1973, p. 280.

insérait une description de la diffusion du petit moteur électrique en Angleterre, en France et même, dans une certaine mesure, en Allemagne. Ainsi, parmi bien d'autres, la description de l'industrie du peigne à Oyonnax ; 120 patrons employant de 2 à 15 ouvriers s'y consacrent et près de 1 200 personnes qui, par ailleurs, exploitent une parcelle de terre, y fabriquent des peignes, à domicile, grâce à l'électricité qui, produite par la chute d'eau voisine est distribuée dans le logement où elle met en mouvement de très petits moteurs (de ¼ CV à 12 CV)[26]. L'électricité était ainsi en train de réconcilier l'agriculture et l'industrie « brouillées par les moteurs hydrauliques, la vapeur, le machinisme[27] ». Kropotkine voulait y voir l'un des « signes qui nous permettent de prévoir qu'un changement dans le sens indiqué trouverait les éléments nécessaires pour s'accomplir[28] ».

De quel sens s'agit-il ? Depuis longtemps déjà, Kropotkine s'efforçait de proposer à l'anarchisme un corps de doctrine qui rompît clairement avec les errements nihilistes tout en continuant à s'opposer à la fascination économiciste des dirigeants socialistes[29]. Plus que concept global, véritable *Weltanschaung*, l'« entraide » était proposée comme mode d'organisation de la production et des échanges[30]... et le moteur électrique lui parut pouvoir en représenter sinon l'expression en tous les cas le moyen. Il n'est à cet égard que de savourer son évidente satisfaction lorsque, par exemple, à propos de la situation d'Oyonnax évoquée plus haut, il livre au lecteur l'information selon laquelle 300 des 1 200 ouvriers à domicile seraient d'anciens salariés.

Sans doute Kropotkine n'est-il point ni aveugle, ni naïf. Il prend soin de rappeler que si la petite industrie n'est point « surannée », son développement contemporain s'accomplit parallèlement, et malheureusement, à l'essor prodigieux de la grande. Il rappelle à plusieurs reprises dans l'ouvrage l'extrême misère de nombre de travailleurs à domicile, notamment dans le textile. Mais il note en contrepoint que les travailleurs à

---

26. Pierre KROPOTKINE, *Champs, Usines et Ateliers ou l'industrie combinée avec l'agriculture et le travail cérébral avec le travail manuel*, éd. fr. Paris, Stock, 1910, p. 277.

27. *Ibidem*, p. 212.

28. *Ibid.*, p. 218.

29. Bien que sommaire, cette interprétation du marxisme comme un économicisme fut largement partagée et bien au-delà des critiques libertaires du type de celle de Kropotkine ; il est vrai que ces critiques pouvaient trouver matière tant dans les écrits (chez Kautsky par exemple) que dans les pratiques des dirigeants socialistes : pour une critique marxiste contemporaine d'un certain « économisme » marxiste, cf. notamment Karl KORSH, *Marxisme et philosophie* [1ère éd. Munich, 1923], rééd. fr., Paris, Allia, 2012.

30. Pierre KROPOTKINE, *L'entraide, un facteur de l'évolution*, trad. fr., Paris, Hachette, 1904.

domicile dans l'horlogerie par exemple vivent plutôt bien ; et quelle belle démonstration que l'abolition du salariat — support théorique en même temps qu'aspiration sociale et politique fondamentale du mouvement ouvrier dans son ensemble — est non seulement désirable mais également possible... [31]

En ce sens, à toutes les pensées de l'associationnisme — qu'il fût de lignée « anarchiste », « républicaine-solidariste » [32] ou qu'il voulût se situer quelque part au sein des improbables synthèses qui tentaient alors d'éclore [33] —, le *petit* moteur électrique offrait littéralement matière à argumentation. Pour les uns, il s'agissait bien de l'illusoire possibilité de l'émancipation par la technologie accessible à tous les travailleurs, pour les autres, sans que cette dimension soit exclue, il apparaissait plutôt comme un outil solide d'harmonie sociale. En tous les cas, cet objet technique paraissait pouvoir « réaliser » l'idée. Non seulement en vertu des qualités techniques propres du moteur lui-même, mais précisément, sur un autre registre, en référence aux vertus spécifiques de l'électricité elle-même : linéarité, instantanéité, quasi-immatérialité [34]...

Métaphores de la métamorphose

Significativement, nous semble-t-il, c'est une parabole électrique qui a servi à Jacques Lacan pour introduire « l'effet de réalité » dans son séminaire sur la relation d'objet :

> « C'est à peu près comme si, ayant à s'occuper d'une usine hydraulique électrique qui est en plein milieu d'un fleuve [...] quelqu'un se mettait, pour parler de ce qui se passe dans cette machine, à rêver au moment où le paysage était encore vierge et où les flots coulaient d'abondance. Or, c'est la machine qui est au principe de l'accumulation d'une énergie quelconque, en l'occasion cette force électrique, qui peut ensuite être distribuée et mise à la disposition. [...] Dire que l'énergie était là dans le courant du fleuve [...] ne veut rien dire, car l'énergie, en cette occasion, ne commence à nous intéresser qu'à partir du moment où elle est accumulée, qu'à partir du moment où les machines sont entrées en action. Sans doute sont-elles animées d'une propulsion qui vient du courant du fleuve, mais croire que le courant du fleuve est l'ordre primitif de l'énergie, confondre avec

---

31. Cf. dans ce dossier, l'article de Claude Didry et de Florent Le Bot (Ndlr).

32. Alexandre FERNANDEZ, « Réseaux techniques et solidarités : des liaisons à préciser », in Pierre GUILLAUME, *Les solidarités. Le lien social dans tous ses états*, Pessac, MSHA, 2001, p. 475-489.

33. Alexandre FERNANDEZ, « Adrien Marquet et la modernité électrique : ordre, autorité... électricité ? », *Bulletin d'histoire de l'électricité*, numéro spécial « Utopies et électricité », 2000, 35, p. 123-131.

34. Alexandre FERNANDEZ, « Des villes inodores ? Des représentations de l'urbanité au XXe siècle », in *Odeurs et parfums*, 121e Congrès national des sociétés historiques et scientifiques, Nice, 1998, Paris, Éd. du CTHS, 1999, p. 21-28.

> une notion de l'ordre du *mana* cette chose d'un ordre bien différent qu'est l'énergie, et même qu'est la force, vouloir à toute force retrouver dans quelque chose ce qui serait là de toute éternité la permanence de ce qui est accumulé à la fin comme l'élément de *Wirkung* (d'effet), de *Wirklichkeit* (de réalité) possible — cela ne peut venir à l'idée qu'à quelqu'un qui serait fou.[35] »

Et pourtant, comme le dit Olivier Bomsel dans le récent ouvrage qu'il vient précisément de consacrer à l'économie immatérielle, et où il cite ce passage de Lacan, cette « folie [...] qui nourrit les discours prophétiques sur Internet qui voient dans le réseau une forme de *mana* de la connaissance universelle existe[36] ».

Elle puise, nous semble-t-il, dans toute une représentation énergéticienne (et en même temps très hostile à la « production » d'énergie, comme l'explique Lacan), dont on peut penser que la signification fut, d'une certaine façon, de réanimer, à la fin du XIXe siècle, les anciens *fluides*... convertis en *flux*. La production écrite en ce sens fut, durant les décennies encadrant le tournant du siècle, considérable, reconnue (Wilhem Ostwald obtient le prix Nobel en 1909). Il pouvait s'agir d'une heuristique : un système mécanique éliminant la notion de force ; une cosmologie considérant l'énergie et non la matière comme substance du monde physique[37]. D'une poétique ; ainsi cet éloge de l'automobile, à front renversé — où celle-ci, « moteur » au sens de mouvement « recrée ce que la vapeur a détruit » :

> « Nous ne voulons et ne pouvons renoncer aux conquêtes scientifiques qui ont bouleversé notre existence, mais nous refusons d'être uniquement des esclaves au service de la technologie [...] On parle volontiers de la révolution que l'automobile devrait susciter dans les transports. En un sens cependant cette révolution est surtout réaction. [...] Car vous qui ne connaissez d'elle que le monstre feulant qu'on voit sur les routes, l'engin à explosion qui répand terreur et puanteur, sème l'affolement parmi les équipages et la mort dans les basses-cours ; vous qui ne voyez en elle qu'un Moloch sur pneus, engloutissant les kilomètres pour les rejeter en fumeuses déjections de poussières souillées d'essence ; vous qui la considérez comme la machine par excellence, qui incarne la dernière folie *up to date*, à savoir la folie de la vitesse, vous ne la connaissez pas [...] Car le sens de l'automobile n'est pas de damer le pion au chemin de fer en battant ses records.

---

35. Jacques LACAN, *Le Séminaire*, livre IV : *La relation d'objet*, Paris, Seuil, 1994, p. 45.

36. Olivier BOMSEL, *L'économie immatérielle. Industries et marchés d'expériences*, Gallimard, « Essais », 2010, p. 126.

37. Abel REY, *L'énergétique et le mécanisme du point de vue de la connaissance*, Paris, Alcan, 1907.

> Le sens de l'automobile, c'est la liberté et la conscience de soi. Elle est la résurrection de la diligence et de toute sa poésie.[38] »

D'une politique enfin, bien entendu : ainsi du botaniste et sociologue britannique, influencé tant par Herbert Spencer que par Frédéric Le Play, Patrick Geddes, dont le projet de réforme sociale par le *Town Planning*[39] voulait substituer aux villes monstrueuses et à leurs crassiers qu'avaient créés la vapeur et la mécanique (l'économie « paléotechnique » dira l'un de ses lecteurs, Lewis Munford, dans les années 1930) une organisation urbaine soigneuse… régénérée par la « néotechnique » que pouvait laisser espérer un bon usage de l'énergie électrique[40].

D'une illusion, l'autre : la révolution informationnelle contre le capitalisme industriel ?

Le discours sur la radicalité de l'innovation sociale dont serait porteuse l'innovation technique ne date point de l'apparition des micro-ordinateurs et d'Internet. On peut, à loisir, distinguer une « troisième » révolution industrielle — la révolution informationnelle — comme on a pu en distinguer une « seconde » — la révolution électrique[41]. On peut vouloir, en outre, réfuter le caractère « industriel » de celle-là, puisque *société « post »-industrielle* il y aurait. Or, ce qui n'était que prospective, sinon espérance, dans l'ouvrage de 1973 de Daniel Bell[42], est devenu simple

---

38. Otto Julius BIERBAUM, *Eine empfindsame Reise im Automobil*, Munich, Georg Muller, 1903, p. 266, cité in Claude QUIGUER, *Femmes et machines de 1900. Lecture d'une obsession Modern Style*, Paris, Klincksieck, 1979, p. 322-323.

39. Patrick GEDDES, *Cities in Evolution*, Londres, Williams and Norgate, 1915, éd. fr., Paris, Temeros, 1994.

40. Lewis Mumford souligne que « dans le même temps l'effet de ses améliorations néotechniques » allait être renforcé par la pratique de l'asepsie dans les opérations chirurgicales, les progrès en bactériologie et des inventions comme la radio. *The City in History*, trad. fr. : *La Cité à travers l'histoire*, Seuil, 1964, p. 598.

41. Il ne saurait être question d'en débattre ici. Sur le concept de révolution scientifique et technique tel qu'élaboré par Radovan Richta et présenté en France dans trois articles majeurs dans *L'homme et la société* : « Révolution scientifique et technique et transformations sociales », 1967, 3, p. 83-103 ; « La révolution scientifique et technique et les choix offerts à la civilisation moderne », 1968, 9, p. 29-53 ; « La dialectique de l'homme et de son œuvre dans la civilisation moderne », 1969, 13, p. 39-57, une présentation dans A. FERNANDEZ, « Sur le 'développement des forces productives' : la révolution scientifique et technique de Radovan Richta au cœur des années 1960 », communication inédite lors du colloque « Actualité de la pensée de Marx », Bordeaux, 2013.

42. Daniel BELL, *The Coming of Post-Industrial Society. A Venture in a Social Forecasting*, New-York, Basic Books, 1973, trad fr. : *Vers la société post-industrielle*, Paris, Robert Lafont, 1976.

constat, ne souffrant aucune discussion[43], dans les manuels, sous la plume de nombre de chercheurs et dans les propos des politiques et décideurs de toute nature ; au mieux, une évocation descriptive fondée sur quelques statistiques sur l'emploi vaudrait analyse. En fait, ce qu'annonçait Bell serait advenu ; pourtant, dès 1969, l'ouvrage d'Alain Touraine[44] ne s'embarrassait pas dans son titre des mêmes précautions que celui de Bell.

C'est qu'à l'inverse de la sociologie fonctionnaliste, clinique en quelque sorte, et éminemment conservatrice de Bell (c'était l'auteur en 1959 de *La fin des idéologies*), celle de Touraine voulait prendre toute sa place dans le champ de la nouvelle gauche dont il devint l'une des figures majeures. Que chez Touraine l'anticipation désirante s'articulât à la critique de la société existante, rien de surprenant : on s'inscrivait là dans une lignée progressiste bi-séculaire au moins. Ce qui, plus de quarante ans plus tard, en revanche, retient l'attention, c'est l'art et la manière — et la fortune de la formule, passée dans le domaine public en quelque sorte. Au point de départ d'une nombreuse lignée. Comment expliquer cette bonne fortune ? De quoi s'est-il bien pu s'agir ?

En premier lieu, comme annoncé, d'une critique de la société industrielle : de l'aliénation des hommes, des hommes au travail entre autres et (une fois encore) des salariés en particulier (cf. les autres ouvrages de Touraineet ceux contemporains de Serge Mallet, plus tard sur un registre plus philosophique ceux d'André Gorz, etc.) ; et, de plus en plus à partir de la fin des années 1970, des « ravages écologiques » induits, que ce soit sur le ton du lamento ou sur celui de la prise en considération « objective » (les « externalités négatives » des économistes) ; enfin, articulée aux deux premières, d'une critique de la « *big technology* », de la technoscience, etc. Cependant, s'en tenir à ce registre critique comporte le risque d'être compté parmi les réactionnaires, les nostalgiques de la société *pré*-industrielle.

C'est là, en deuxième lieu, qu'intervint le « *post* ». Nous ne saurions ici procéder à un état de l'art, tant la matière est fournie. Suggérons simplement que la rhétorique du post repose, d'une part, sur une juxtaposition chronologique des situations et qu'en ce sens, en ignorant toute généalogie, elle témoigne d'une conception quelque peu a-historique du

43. Au début des années 1960 encore, les débats portant sur la nature et l'avenir de la (des) société(s) technique(s) et industrielle(s), de part et d'autre de l'Atlantique n'avaient point paru trancher aussi fermement en ce sens : que l'on compare, par exemple et pour ne s'en tenir qu'à la France, Ellul, Aron et Jouvenel.

44. Alain TOURAINE, *La société post-industrielle. Naissance d'une société*, Paris, Denoël, 1969.

monde et des choses ; que, d'autre part, l'usage du post fonctionne comme un piège rhétorique en assimilant au passéisme ou à la réaction toute réticence à (re)connaître ce qui advient. Mais qu'est-ce qui serait advenu ou serait en train d'advenir ?

C'est à ce niveau que l'on trouve le troisième étage de l'édifice : la société industrielle serait davantage même que le fondement du capitalisme ; en faire la critique vaudrait critique du capitalisme. Plusieurs appartements se côtoient à cet étage : nous ne saurions en faire un inventaire exhaustif. Considérons-en quelques-uns seulement, parmi ceux qui abritent la volonté d'un véritable changement du « paradigme technique global ». À grands traits, les innovations techniques de la fin du XXe siècle, les si fameuses NTIC, ne procéderaient point d'une simple évolution du capitalisme industriel. Bien au contraire, puisque nous avons vu que l'on se situait désormais *après* l'âge industriel. À ce compte, ces techniques, résolument « nouvelles » et immatérielles ou presque, et en ce sens débarrassées de la gangue qui collait aux « vieilles » techniques, contraintes à l'extraction des matières premières, à la transformation de celles-ci et à la mise au travail de millions d'hommes au profit de quelques-uns — le capitalisme classique, historique — ouvriraient une ère… nouvelle. En métamorphosant les formes d'accumulation du capital et d'organisation de la production — la « fin du *fordisme* » et des grandes entreprises concentrées et hiérarchisées[45] —, elles auraient créé les conditions d'une véritable mutation sociale, « sociétale », voire anthropologique : la société en réseaux, celle de « l'accès[46] », de la désagrégation des vieilles coercitions économiques, sociales et politiques et du surgissement de nouvelles potentialités portées par « l'économie informationnelle » et l'esprit libertaire de la « multitude »[47], le temps du « capitalisme cognitif »…[48]

Soit ! Et pourtant, force est de constater que le capitalisme ne s'est point dissipé, comme désagrégé sous l'effet de ces métamorphoses annoncées, décrites et attendues. Sans doute n'est-il point *le même* aujourd'hui qu'en 1970-1975 ; mais rien qui ne puisse surprendre : celui des années

45. Luc BOLTANSKI et Ève CHIAPELLO, *Le nouvel esprit du capitalisme*, Paris, Gallimard, 1999.

46. Jeremy RIFKIN, *L'âge de l'accès*, trad. fr., Paris, La Découverte, 2000.

47. Michael HARDT et Antonio NEGRI, *Empire*, Paris, Exils, 2000.

48. Carlo VERCELLONE, « Mutations du concept de travail productif et nouvelles formes de répartition », in Carlo VERCELLONE, *Sommes-nous sortis du capitalisme industriel ?*, Paris, La Dispute, 2003, p. 249-272 : « ces métamorphoses font que la source de la 'richesse des nations' se déplace aujourd'hui de plus en plus en amont de l'activité des entreprises. C'est de plus en plus en amont de la sphère du 'travail salarié et de l'univers marchand', dans la société et notamment dans le système de formation et de recherche, que se trouve la clé de la productivité et du développement de la richesse sociale (p. 260).

1910 était bien au moins aussi différent de celui des années 1870. Les « formes » du capitalisme contemporain seraient-elles moins lisibles[49] ? On a vu combien une lecture de l'évolution du capitalisme à la Belle Époque à partir de la seule considération de la révolution technologique pouvait nourrir d'illusions sur la portée sociale du phénomène. Ainsi, parier sur un « retour » généralisé au travail à domicile (comme aujourd'hui sur le « télé-travail ») — que ce fût dans le but de préserver un ordre social déstabilisé ou avec l'ambition contraire d'accomplir par ce moyen la subversion souhaitée — signifiait réduire l'analyse critique à la critique désirante. En histoire, les bonnes intentions ne sauraient suffire. Les incantations pas davantage : affirmer que la théorie de la valeur-travail serait obsolète[50] c'est assimiler, comme le rappelle justement Jean-Marie Harribey, valeur d'échange et valeur d'usage et confondre richesse et valeur[51]. C'est par là même, fût-ce au corps défendant de l'analyste, faire droit au discours dominant, précisément celui des thuriféraires du capitalisme — celui de toujours ! — dans ses modalités contemporaines[52]. Refuser de voir dans le travail la source possible d'une création de richesse, mais n'y voir que la forme majeure de domination[53] qui, à ce compte, devrait être vouée à disparaître (voir le titre de l'immense succès de librairie de Jeremy Rifkin), c'est, au mieux, passer au travers du miroir[54], sinon témoigner d'une mise à distance non seulement du travail… mais des travailleurs. Il y a là une opération *idéologique* de mise à distance *sociale* qui n'est pas sans rappeler à l'historien, l'entreprise du clerc Adalbéron de Laon que nous a contée Georges Duby dans *Les trois ordres ou l'imaginaire du féodalisme*[55].

---

49. Quynh DELAUNAY et Jean-Claude DELAUNAY, *Lire le capitalisme contemporain. Essai sur la société du XXIe siècle*, Pantin, Le temps des cerises, 2007.

50. Patrick DIEUAIDE, « Quand le capitalisme dit adieu à la valeur-travail », in Jean-Claude DELAUNAY (dir.), *Le capitalisme contemporain. Questions de fond*, Paris, L'Harmattan, 2001, p. 17-40.

51. Jean-Marie HARRIBEY, « Richesse et valeur : un couple qui ne fait pas bon ménage », *L'homme et la société*, 156-157, avril-septembre 2005, p. 27-43.

52. Jean-Marie HARRIBEY, *La richesse, la valeur et l'inestimable. Fondements d'une critique socio-écologique de l'économie capitaliste*, Paris, Les Liens qui Libèrent, 2013.

53. Moishe POSTONE, *Temps, travail et domination sociale*, trad fr., Paris, Mille et une nuits, 2009 : « la théorie de Marx doit être comprise non pas tant comme une critique du capitalisme faite du point de vue du travail mais plutôt comme une critique du travail sous le capitalisme » (p. 19).

54. Matthieu MONTALBAN, « De la place de la théorie de la valeur et de la monnaie dans la Théorie de la Régulation », *Revue de la régulation, Capitalisme, institutions, pouvoirs*, 12, septembre 2012.

55. Durant la première moitié du XIe siècle, Adalbéron, évêque de Laon, procéda (avec quelques autres) à un exercice rhétorique de substitution à l'ancienne distinction

Aujourd'hui comme il y a un siècle, la rhétorique prophétique — le discours du « post » — se construit dans sa globalité *sociale*, pour une large part sur l'interprétation de l'innovation *technique* : qu'il s'agisse de considérer, positivement, la « dynamique de l'innovation » comme constitutive de la société [56] ou d'expliquer les mutations qui font « vaciller les fondements » mêmes de celle-ci [57]. Comme alors, le petit moteur électrique Internet serait tout à la fois signal, facteur et conséquence de l'avènement d'une réalité sociale « nouvelle ». Comment comprendre autrement nombre d'analystes, parmi les meilleurs esprits du temps qui, alors même qu'ils se proposent, dans une démarche critique, de dénoncer « l'illusion » d'un système économique et de domination sociale éminemment technique, et (dis)qualifié pour la circonstance de productiviste, font reposer certaines de leurs espérances sur la généralisation de dispositifs (quasiment au sens de Michel Foucault) supposant, précisément, une haute technicité de procédés ; ainsi René Passet qui déclarait :

> « Si comme on peut le prévoir, ce système [les logiciels libres, Linux] se généralise, l'information va enfin véritablement retrouver sa véritable dimension de bien commun universel, appropriable par tous. [58] »

Nous pourrions à l'envi multiplier les propos de ce type, où se mêlent description et prédiction.

Espérer, comme Kropotkine au début du siècle, une extinction du capitalisme par *dilution*, grâce à la disparition de l'usine au profit d'unités de production et d'échange de ressources autogérées et autosuffisantes [59], c'est renoncer, malgré les postures [60], à vouloir sa *disparition*. C'est d'une certaine manière verser dans ce que Jacques Rancière appelle la « version mélancolique du gauchisme », dont il dit qu'elle « se nourrit de la double dénonciation du pouvoir de la bête et des illusions de ceux qui la servent

---

libres/esclaves, qui peinait à rendre compte d'une réalité assurément plus complexe, d'une « tripartition » hiérarchique entre ceux qui prient, ceux qui combattent et... ceux qui travaillent ; l'opération idéologique qui témoignait d'une alliance renforcée entre le pouvoir et les clercs prit corps par la suite dans les institutions ; Georges DUBY, *Les trois ordres ou l'imaginaire du féodalisme*, Paris, Gallimard, « Bibliothèque des histoires », 1978.

56. François CARON, *La dynamique de l'innovation. Changement technique et changement social (XVIe-XXe siècle)*, Paris, Gallimard, « Bibliothèque des histoires », 2010.

57. Manuel CASTELLS, *La société en réseaux*, *op. cit.*, quatrième de couverture.

58. René PASSET, *L'illusion néo-libérale*, Paris, Fayard, 2000, p. 193.

59. Cf. la récente analyse critique de Matthieu HELY et Pascale MOULEVRIER, *L'économie sociale et solidaire : de l'utopie aux pratiques*, Paris, La Dispute, 2013.

60. Jean-Pierre GARNIER, « 'Plus radical que moi tu meurs !' À propos des critiques de la valeur », *Revue Espaces-Marx*, 31, 2011-2012, p. 111-117

en croyant la combattre[61] ». Si comme l'a dit Jean Jaurès, « quand les hommes ne peuvent plus changer les choses, ils changent les mots[62] », confondre la « nouvelle peau » du capitalisme — au mieux donc une métamorphose — avec un nouvel animal, c'est en fait renoncer à « faire la peau » à l'ancien, toujours vivant.

Université Bordeaux 3

*   *   *

61. Jacques RANCIERE, « Les mésaventures de la pensée critique », in *Le Spectateur émancipé*, Paris, La Fabrique, 2008.

62. Discours au Congrès socialiste international, Paris, 23-27 septembre 1900, Genève, Minkoff Reprint, 1980, p. 127, cité par Jean-Marie HARRIBEY, in *La richesse, la valeur et l'inestimable : Fondements d'une critique socio-écologique de l'économie capitaliste*, *op. cit.*, p. 303.

Les dominations enchevêtrées Investissements épistémologiques de l'anthropologie du travail

Pascale ABSI, Laurent BAZIN et Monique SELIM [1]

Ce texte est le résultat d'une réflexion collective menée dans le cadre d'une équipe de recherche comparative sur le travail et ses représentations dans le monde contemporain. Il a pour objectif d'expliciter les fondements épistémiques d'une recherche basée sur l'enquête de terrain ethnologique. Comment appréhender le travail d'un point de vue anthropologique ? Désormais utilisé aussi bien par la sociologie que par l'anthropologie, le terme ethnographie apparaît comme une évidence commune, un parti pris empirique qui se justifie de lui-même et dont les soubassements sont donc rarement interrogés et mis en question. Quelle est la légitimité scientifique d'une approche ethnologique, qui, par définition, prend place dans un espace microsocial, alors que le travail se présente comme un nœud de l'actualisation de rapports de domination qui s'enchevêtrent et s'articulent les uns aux autres ? Comment penser les rapports de domination dans le monde globalisé et leur relation avec le travail ? Les travailleurs sont-ils prisonniers de conditions sociales produites et reproduites par les structures de domination, ou bien sont-ils eux-mêmes producteurs de leurs rapports sociaux ?

---

1. Cette contribution est le fruit d'une réflexion et de recherches de terrain menées dans la cadre du projet ANR-10-Suds-010-01 intitulé CRITERES (Crises - Travail, emploi, revenus dans les pays du Sud). Une version modifiée et complétée de la première partie de ce texte a été publiée en Algérie en langues arabe et française. Laurent BAZIN, « La sociologie des travailleurs algériens de Pierre Bourdieu en regard d'une ethnologie du présent », in *At-Tadwin. Revue annuelle pour les études en philosophie, sciences sociales et humaines, sciences de l'information et de la traduction*, Université d'Oran, n° 5, déc. 2013.

Pour entreprendre ce travail de clarification, nous partirons d'un ouvrage précoce, remarquable mais pourtant peu connu de Pierre Bourdieu, *Travail et travailleurs en Algérie*, paru en 1963, dans lequel l'auteur pose les prémisses de l'œuvre sociologique et anthropologique qu'il développera ultérieurement. L'intérêt de cette entrée en matière est de nous replonger dans la période charnière de la fin des années cinquante et du début des années soixante marquée par la décolonisation. L'impact, sur le plan intellectuel, de la décolonisation et des guerres de libération de cette partie du monde que l'on désignait alors comme le tiers-monde, est aujourd'hui largement oublié. C'est pourtant la guerre d'indépendance algérienne qui est le cadre dans lequel Bourdieu a débuté ses travaux d'enquête et a forgé les bases d'une œuvre sociologique et anthropologique originale qui deviendra l'une des plus importantes de la seconde moitié du vingtième siècle. Ce même contexte voit l'épanouissement d'une multitude de courants de pensée qui s'élaborent en discussion avec le paradigme marxiste, qu'il s'agisse de l'adopter comme posture théorique, de s'y opposer, de le retravailler pour dégager de nouvelles perspectives conceptuelles, de l'articuler au structuralisme ou à la théorie freudienne, etc. Cette période est un moment particulier de critique épistémologique et de renouvellement de la pensée sociologique et anthropologique, car il s'agit alors ni plus ni moins que de penser les rapports de domination et d'ordonnancer une critique de l'impérialisme défini comme système capitaliste en expansion.

C'est dans ce même mouvement d'ensemble qui voit l'éclosion de l'œuvre de Bourdieu que s'élabore, au sein de l'anthropologie française — marquée, d'un côté, par l'ethnologie coloniale, et, de l'autre, par la prépondérance de Lévi-Strauss —, un réexamen critique inauguré notamment par Georges Balandier autour de l'analyse de la domination coloniale. Gérard Althabe est l'un des anthropologues qui participe de cette rupture décisive et s'efforce de repenser les bases épistémiques de la démarche ethnologique.

En prenant comme point de départ de notre réflexion un examen de *Travail et travailleurs en Algérie*, en le confrontant dans un second temps à la pensée de Georges Balandier et de Gérard Althabe, notre objectif n'est pas d'entreprendre une énième critique de la sociologie de Pierre Bourdieu, ni de minimiser l'importance de son apport. Nous souhaitons nous appuyer sur ce travail fondateur afin d'examiner les postulats et les positions épistémologiques qui caractérisent la sociologie et l'anthropologie de Pierre Bourdieu, puis montrer en quoi ils se distinguent de la perspective ethnologique reformulée par Gérard Althabe. On découvrira deux conceptions inversées, presque en miroir l'une de l'autre. Le premier auteur demeure fondamentalement attaché à une approche structuraliste qu'il réaménage de manière originale pour penser les rapports de domination à travers les mécanismes de leur reproduction ; l'investigation sociologique et la démarche ethnographique sont conçues, dans cette perspective, comme moyens d'atteindre « objectivement » à la structure symbolique (objective et subjectivée) des positions sociales. Le second auteur se situe dans une optique constructiviste axée sur la production des rapports sociaux : dans ce cadre, l'enquête ethnologique est pensée comme un mode de connaissance fondée sur la communication entre le chercheur et les sujets dont il veut comprendre l'univers. Gérard Althabe, après Georges Balandier, centre l'attention sur un monde qui se construit en réaménageant les rapports de domination par la puissance de l'imaginaire, alors que Pierre Bourdieu met l'accent sur les mécanismes de reproduction de la domination par le biais du symbolique. Althabe s'efforce de faire apparaître comment le monde du dominant prend sens du point de vue de l'univers du dominé, alors que Bourdieu analyse la position que le dominé occupe dans le monde du dominant.

Après avoir élucidé les bases épistémiques et les postulats sur lesquels repose l'enquête ethnologique dans la perspective d'Althabe, nous illustrerons, dans une seconde partie, cette démarche d'investigation et d'analyse par un bref exposé de résultats de recherche sur trois terrains différents : la prostitution dans les maisons closes de Potosí en Bolivie, l'emploi des femmes hautement diplômées de l'université de Canton en Chine et, en guise de retour en forme de clin d'œil sur l'œuvre de Bourdieu, le travail dans le secteur du bâtiment à Oran en Algérie. Nous nous efforcerons d'interroger, dans ces trois situations aux antipodes les unes des autres, la manière dont les acteurs produisent leurs rapports sociaux et trouvent dans l'imaginaire des moyens pour repenser et rejouer les rapports de domination qui se nouent dans le travail.

Pierre Bourdieu et le travail en Algérie

De tous les ouvrages de Pierre Bourdieu, le seul qui ait pris explicitement le travail comme objet de recherche est *Travail et travailleurs en Algérie*, paru en 1963. C'est sans doute également le plus méconnu. Dans ses travaux ultérieurs, Bourdieu lui-même continuera à exploiter et valoriser ses matériaux ethnographiques recueillis sur la Kabylie au tout début de sa carrière, mais il ne donnera pas de prolongement direct à cette étude consacrée aux conditions des travailleurs et à la nature des situations de travail. L'ouvrage de 550 pages est d'un abord ardu ; la première partie est composée d'une longue série de tableaux présentant des données statistiques recueillies et traitées par trois statisticiens (A. Darbel, J.-P. Rivet et C. Seibel) ; la seconde partie est faite d'une analyse sociologique par Pierre Bourdieu, qui complète des données d'une enquête quantitative par une soixantaine d'entretiens biographiques. Si elle complique la lecture, la forme de l'ouvrage n'est nullement innocente : en cette toute fin d'une guerre que le gouvernement français refusera pendant deux décennies encore de nommer et que l'esprit révolutionnaire de l'époque idéalise, c'est comme s'il s'agissait pour les auteurs de jeter à la face du public français l'évidence des faits, et leur objectivation scientifique, pour mieux dévoiler les fausses certitudes du discours colonial aussi bien que du discours révolutionnaire. Il y a là en germe les prémisses d'une préoccupation pour l'exigence de rigueur d'un travail scientifique d'objectivation et de dévoilement/déconstruction des catégories du sens commun qui traversera plus tard toute l'œuvre de Pierre Bourdieu.

Travail et travailleurs en Algérie suit de quelques années la publication de *Sociologie de l'Algérie* (édité pour la première fois en 1958), et sera suivi l'année d'après par *Le déracinement*, écrit avec Abdelmalek Sayad (1964). Les trois ouvrages sont complémentaires et s'éclairent mutuellement. Le premier rompt avec le dogme de l'Algérie française, puisqu'il n'y est question que des sociétés dites indigènes, que les chapitres séparent (les Kabyles, les Chaouia, les Mozabites, les Arabophones), pour les rapprocher ensuite dans l'examen d'un « fonds commun » puis dans celui de l'aliénation coloniale. La société « européenne » est absente de ce tableau, comme si l'ouvrage préfigurait son exode massif. Quant au *Déracinement*, il s'attache à montrer les conséquences du déplacement forcé des villages dans des camps de regroupement. Cette stratégie des forces militaires prolonge et achève l'œuvre de déstructuration entreprise par la colonisation, visant à saper les fondements économiques des sociétés locales dans le but d'en briser les mécanismes de solidarité, accélérant la « crise de l'agriculture traditionnelle », l'exode vers les faubourgs et les bidonvilles d'Algérie (comme de France) et les transformations sociales qui affectent la société algérienne.

Dans cette dernière phase de la guerre d'indépendance algérienne qui est le théâtre dans lequel il débute ses recherches, Bourdieu s'attache à montrer la manière dont le système colonial (dépossession des terres, déstructuration de l'organisation tribale, déplacements) a produit un sous-prolétariat urbain aliéné et exploité. Il s'attarde en particulier sur le décalage entre les attitudes de ce sous-prolétariat, socialisé dans des sociétés « traditionnelles » fondées sur l'agriculture, et les conditions imposées par le système du travail salarié lié au capitalisme introduit par la colonisation. C'est en premier lieu une sociologie de la dépossession : paysan sans terre, travailleur sans travail, sans métier ou sans profession, citadin sans cité, traditionnaliste par désespoir, déculturé, le travailleur algérien est dépossédé, exploité, aliéné et en même temps inadapté au système qui l'exploite. La problématique centrale de *Travail et travailleurs en Algérie* s'apparente à ce qu'en d'autres termes la pensée marxiste, dominante dans cette période, désigne sous les termes de « prolétarisation » et de « transition au capitalisme » puisqu'il s'agit d'examiner l'intégration au système capitaliste du prolétariat algérien.

Bourdieu n'a pas encore fondé ses concepts clés à cette époque, et les termes « attitude » et « adaptation » sont au cœur de sa démonstration. La nécessité de penser les distorsions inhérentes au système colonial en Algérie l'aura sans doute imprégné lorsqu'il forgera ses concepts tels « habitus », « disposition » qui sont un effort pour se démarquer du vocabulaire de la psychosociologie et aussi de celui du marxisme (exploitation, aliénation, classe, prolétariat et sous-prolétariat). La démarche de Bourdieu est anthropologique, dans la volonté de restituer la cohérence des sociétés traditionnelles algériennes, notamment lorsqu'il s'intéresse à l'économie et au travail, en déconstruisant ces notions pour les replacer dans leur contexte socioculturel précis. Sa contribution à l'analyse anthropologique de la catégorie de travail est fondamentale, lorsqu'il souligne, par exemple, que la notion de travail n'a pas d'existence dans le système agricole des sociétés traditionnelles[2]. Le travail surgit du processus de prolétarisation, dans la confrontation des paysans « déracinés » avec le chômage qui les menace d'inexistence sociale. Dans le contexte urbain, il s'ensuit, selon les interprétations de Bourdieu, une disjonction de la fonction économique et de la fonction sociale du travail.

C'est peut-être parce que le système colonial algérien incite à la déconstruction des catégories de l'économie, que Bourdieu montrera plus tard une propension à extraire les catégories de l'économie de leur cadre pour les constituer en concepts visant la modélisation des rapports sociaux (la mise en évidence des différentes espèces de capital, qui accompagne la théorie des champs) ; ce qui est une manière de remettre l'économie « à sa place ». Quant au concept de domination symbolique qui deviendra

---

2. Se développe dans le même temps une anthropologie économique marxiste qui porte également toute son attention sur le travail, notamment Claude MEILLASSOUX qui montre que le travail n'a pas de valeur dans les sociétés africaines traditionnelles (« Essai d'interprétation du phénomène économique dans les sociétés traditionnelles d'auto-subsistance », *Cahiers d'études africaines*, 1(4), 1960, p. 38-67).

si important dans l'œuvre de Bourdieu, ne s'impose-t-il pas comme une clé qui permet, rétrospectivement, de saisir la forme même de la domination coloniale et sa violence extrême ? Tous deux salués par Jean-Paul Sartre, Albert Memmi venait de dresser le portrait du colonisé[3], tandis que Frantz Fanon parlait de sa dépersonnalisation[4]. Il est aliéné dans un système qui ne lui permet plus de prendre conscience de son aliénation, dit à son tour Bourdieu.

Il faut remarquer que Bourdieu est en rupture avec la majeure partie du champ intellectuel de l'époque qui, consciemment ou non, peine à s'extraire du cadre colonial et contribue, de ce fait, à la justification de la guerre et de ses exactions ; il est notamment en dissension avec l'ethnologie du domaine colonial, même lorsqu'elle s'affirme proche des « indigènes », comme par exemple l'œuvre de Germaine Tillion. Bourdieu s'attaque à ce qui constitue le système de domination coloniale, et à la violence qu'il exerce, tout en se démarquant de l'héroïsation des figures du peuple ou du fellah révolutionnaire. Il y a quelque chose d'une exigence de rigueur scientifique, d'objectivation, qui est, dès les premières années de sa carrière, d'autant plus grande que ses recherches sont menées au cours de la guerre : c'est sa manière de concevoir le rôle de la connaissance scientifique dans le conflit et d'y prendre position. Cependant, *Travail et travailleurs en Algérie* offre une analyse des conditions sociales du prolétariat urbain tout en restant curieusement détaché de la guerre, examinant ce qu'en termes marxistes on appellerait la conscience de classe pour montrer précisément qu'elle n'existe pas : les prolétaires et sous-prolétaires urbains n'ont pas conscience du système qui les exploite et ne sont pas révolutionnaires[5].

La démarche de Bourdieu le rapproche de deux autres anthropologues auxquels ses travaux sont rarement confrontés : Georges Balandier et Gérard Althabe. Le premier publiait en 1955 *Sociologie actuelle de l'Afrique noire* et *Sociologie des Brazzavilles noires*. Avant de souligner les écarts entre l'approche développée par G. Balandier, qui met l'accent sur la dynamique des sociétés, et celle développée par Bourdieu qui demeurera marquée par le structuralisme, il faut remarquer le souci commun de dé-

---

3. Albert MEMMI, *Portrait du colonisé*, Paris, Gallimard, 1985 [1re éd. 1957].

4. Frantz FANON, *Les damnés de la terre*, Paris, Maspero, 1961. Bourdieu ne cite que très peu de références dans son ouvrage. Il n'évoque Fanon que sommairement, avec un certain dédain, pour se démarquer de son enthousiasme sur le caractère révolutionnaire de la paysannerie algérienne.

5. Bourdieu explicite sa différence avec l'approche marxiste du travail notamment dans « La double vérité du travail », *Actes de la recherche en sciences sociales*, 14, 1996, p. 89-90.

passer la vieille ethnologie coloniale sclérosée — incapable de penser le changement aussi bien que le contexte du colonialisme lui-même. De son côté, G. Althabe étudiait le chômage à Brazzaville[6] en 1958 et montrait lui aussi que les catégories de travail et de chômage étaient en décalage avec les pratiques et les représentations mises en œuvre par la société, en insistant toutefois sur le fait que les individus n'étaient pas surdéterminés par ce hiatus. Il intégrait ensuite la domination coloniale au cœur de sa pratique d'enquête et de son analyse de la société étudiée à Madagascar, puis dans la restitution des logiques en jeu dans la guerre du Congo[7]. Chacun de ces trois auteurs développe une pensée propre, mais ce qui les rapproche, c'est ce qui, dans le cadre de la décolonisation, les place en rupture avec le contexte scientifique (français) de l'époque, notamment avec l'approche ethnologique, et les conduit à investir des domaines jusqu'à présent passés sous silence : l'analyse de la domination coloniale, l'investigation des contextes urbains et l'appréhension du travail.

On peut ainsi comprendre que Bourdieu soit « l'exclu de la famille », selon le terme d'Alban Bensa[8] et considéré exclusivement comme un sociologue dans les courants académiques de l'anthropologie, qui combattront avec autant d'acharnement l'anthropologie urbaine enclenchée dans les années 1970 par G. Althabe dans les banlieues françaises.

Positions épistémologiques dans le contexte colonial

Pierre Bourdieu ne donne qu'une très brève indication de sa position épistémologique, dans l'avant-propos de sa contribution à *Travail et travailleurs en Algérie*. Il entame son texte par une réponse à un article daté de 1950, dans lequel Michel Leiris prétend qu'il ne peut y avoir d'objectivité de l'ethnologue dans la situation coloniale. C'est donc explicitement l'idée d'une objectivation sociologique que poursuit Bourdieu lorsqu'il porte ses investigations au cœur des processus de dépossession et d'aliénation du système colonial. Raillant à juste titre Michel Leiris, il affirme que se présente

> « pour l'ethnologue, un impératif absolu, non point éthique mais scientifique : il n'est pas de conduite, d'attitude ou d'idéologie qui puisse être décrite, comprise ou expliquée objectivement en dehors de toute référence à la situation existentielle du colonisé telle qu'elle est déterminée par l'action des forces économiques et

6. Gérard ALTHABE, *Étude du chômage à Brazzaville*, Paris, Cahiers ORSTOM, série sc. humaines, p. 1-4, 1963.

7. Gérard ALTHABE, *Oppression et libération dans l'imaginaire*, Paris, Maspero, 1969 ; *Les Fleurs du Congo*, Paris, Maspero, 1972.

8. In *Actes de la recherche en sciences sociales*, n° 150.

sociales caractéristiques du système colonial. Faire autrement, ce serait, par une sorte de subreption ontologique, escamoter ce qui fait l'essence de la situation, à savoir le système des "rapports déterminés, nécessaires et indépendants des volontés individuelles[9]" par référence auquel s'organisent les attitudes et les conduites. Telle est la responsabilité de l'ethnologue. »

Il écrit plus loin :

> « L'approche purement ethnographique se heurtait à une réalité trop vaste, trop complexe et trop mouvante pour que l'on pût songer à généraliser les conclusions fournies par des monographies, même nombreuses, et courir le risque que des faits particuliers, mais particulièrement frappants, ne relèguent au second plan des aspects du réel plus importants et moins manifestes. [...] Mais en retour, seule la connaissance ethnographique des problèmes du travail dans les sociétés rurales et urbaines pouvait fournir le corps d'hypothèses initiales qui a servi à élaborer le questionnaire. »

Ces deux indications méritent qu'on s'y arrête. D'un côté, Bourdieu fait face au problème posé par l'appréhension d'une société en situation coloniale, qui est la question spécifiquement traitée par Balandier près de dix ans auparavant, mais qu'il choisit d'ignorer. Important les problématiques britanniques du « changement social » et de la « réponse des sociétés à la colonisation », Balandier théorisait la nécessité de penser la situation coloniale comme le cadre herméneutique dans lequel on pouvait comprendre, dans une appréhension dynamique, les formes d'organisation sociale observées. Il insistait également sur la nécessité de prendre pour objet d'investigation les reprises d'initiatives des sociétés dans le contexte de la décolonisation, d'ailleurs souvent dominées par des mouvements religieux. C'est pourquoi Balandier et ses successeurs africanistes ont accordé tant d'attention aux mouvements religieux qui se produisaient partout en réaction à la colonisation[10]. Or, l'Algérie étudiée par Pierre Bourdieu est non seulement une société colonisée, mais engagée dans une guerre de libération. Si Bourdieu, comme on l'a dit, s'attache à montrer l'ampleur de l'aliénation et des dépossessions (matérielles et culturelles) produites par la situation coloniale, le conflit algérien est cependant totalement absent de *Travail et travailleurs en Algérie*. Quant à la dimension religieuse, elle n'est guère présente dans l'analyse de Bourdieu, qui n'y voit qu'un aspect du « traditionalisme du désespoir » (de même que les orientalistes avant lui déplorent l'appauvrissement de l'islam maghrébin),

---

9. Cette expression est bien sûr de Marx.

10. Cf., entre autres, Gérard ALTHABE, *Oppression et libération dans l'imaginaire*, *op. cit.* ; Jean COPANS, *Les marabouts de l'arachide*, Paris, Le Sycomore, 1980 ; Marc AUGE, *Théorie des pouvoirs et idéologie*, Paris, Hermann, 1975.

alors qu'il constitue bien un facteur décisif de la mobilisation contre le colonisateur.

Ignorant donc les travaux de Balandier, la position épistémologique qu'adopte Bourdieu, tout en empruntant à Marx le principe de dévoiler le système des « rapports déterminés, nécessaires et indépendants des volontés individuelles », se rapproche de Claude Lévi-Strauss en ce qui concerne l'idée que cette tâche est hors de portée des méthodes ethnographiques. Cette position épistémologique trouve en effet son expression dans l'anthropologie structurale de Lévi-Strauss, qui différencie les « sociétés froides » (dites primitives) qui relèvent de la méthode ethnographique et les « sociétés chaudes » (modernes) dont la structure sociale ne peut être appréhendée qu'au moyen de l'outil statistique.

Bien qu'il cherche à s'en détacher, l'influence initiale de Lévi-Strauss chez Bourdieu se manifeste en particulier dans cette conjugaison particulière qu'il opère de la méthode ethnographique et de la mobilisation des outils statistiques. Elle se traduit également dans l'attention qu'il accorde au symbolique au détriment de l'imaginaire. L'anthropologie de Lévi-Strauss est cependant restée entièrement prisonnière de l'ordre symbolique du colonialisme, tandis que Bourdieu, dans le contexte algérien au paroxysme de la violence, est amené à s'attaquer centralement aux effets de déstructuration du rapport colonial et aux deux formes de violence qu'il exerce, dans l'ordre de la pratique et celui du symbolique, l'un et l'autre se renforçant mutuellement. Toute l'œuvre de Bourdieu sera marquée par un effort pour repenser les grands paradigmes dominants de son époque (le structuralisme anthropologique et celui d'Althusser, le marxisme plus généralement, la psychanalyse de Freud et Lacan, etc.) dans une théorie basée sur la mise en évidence de la structure des positions sociales et de leur mode d'incorporation et d'intériorisation.

Déjà contenue en germe dans ce premier travail d'investigation, cette conception suppose que le sujet, ou les groupes sociaux, sont dépendants de la structure des rapports sociaux. Ils en sont les produits et n'ont pas d'autonomie vis-à-vis d'elle. Leur condition matérielle, statutaire et leur subjectivité sont déterminées par la position qu'ils occupent dans la structure des positions sociales : l'agent est « agi », ainsi qu'il le dira plus tard, et ne peut naviguer, penser et imaginer qu'à l'intérieur de ce système. Il affirme d'ailleurs à la fin de son avant-propos :

> « À la lecture d'un groupe homogène d'interviews, on voyait se dessiner une sorte de portrait type de l'homme caractéristique de la catégorie : et il n'était pas rare que la connaissance approfondie de tel ou tel individu, autrefois rencontré au café La Marsa, à la Casbah ou à la cité Mahieddine, fournit le lien intuitif permettant de rassembler en une totalité vivante les membres épars livrés par les

différents entretiens. [...] Fondé sur des données statistiques indiscutables et sur des analyses méthodologiques, le choix d'individus typiques permet de revenir, par un long détour et sans risque de tomber dans l'intuitionnisme impressionniste, aux méthodes traditionnelles de l'ethnographie. »

Si l'on compare maintenant les approches respectives d'Althabe et de Bourdieu, il faut constater qu'elles se déploient à peu près exactement dans deux directions opposées. Althabe (dans les deux Congo et à Madagascar) s'efforce de montrer, non seulement comment les logiques introduites par la colonisation et le travail salarié sont étrangères aux sociétés qu'il étudie, mais surtout quel sens elles prennent dans l'univers de ces sociétés. Ses analyses sont centrées sur cet univers et les dynamiques qui sont mises en œuvre pour résoudre les crises ouvertes par la domination extérieure. C'est cette démarche qui est mobilisée pour rendre intelligibles les conflits armés qui surviennent dans le cadre néocolonial à Madagascar (révolte de 1972) et au Congo (guerre suivant l'indépendance)[11].

Le contexte de l'Algérie, il faut le souligner, procède d'une colonisation très particulière, au cours de laquelle la population dite indigène a été refoulée et en quelque sorte dépossédée de son espace propre, dans lequel s'implantait et se développait une société étrangère. C'est, beaucoup plus que partout ailleurs sur le continent (excepté l'Afrique australe), l'« indigène » qui se trouve contraint de s'insérer dans un monde étranger qui l'infériorise. Ce contexte spécifique accentue sans doute la différence entre la démarche d'Althabe et celle de Bourdieu qui se présente comme strictement inverse : ce dernier s'efforce de montrer comment les catégories de pensée propres à l'univers traditionnel sont dégradées, voire détruites, et les travailleurs contraints par la nécessité de s'adapter au nouveau contexte du travail dans le système capitaliste. Le système de rapports imposé par le capitalisme et la colonisation tient, dans l'analyse, la position centrale. Bourdieu observe donc la position des colonisés dans le système colonial ; pour le dire autrement, il observe la place du dominé dans le monde du dominant. Althabe, au contraire — c'est sa grande originalité —, analyse la place que le dominant occupe dans le monde du dominé. Le chercheur étant issu du monde du dominant, Althabe s'interroge sur sa position dans l'univers qu'il étudie, dans le déroulement de l'enquête[12] : c'est en quelque sorte la réponse qu'il donne à la question soulevée par Michel Leiris, tandis que Bourdieu répond par un souci

11. Gérard ALTHABE, *Les fleurs du Congo*, *op. cit.* ; *Anthropologie politique d'une décolonisation*, Paris, L'Harmattan, 1998.

12. Cf. la conclusion in Gérard ALTHABE, *Oppression et libération dans l'imaginaire*, *op. cit.*

d'objectivation qu'il théorisera ultérieurement à travers le concept de rupture épistémique.

Ce souci d'objectivation prend sens dans la volonté de se différencier aussi bien du cadre idéologique colonial, que de la conscience révolutionnaire qui se développe à l'époque, non seulement dans le contexte du conflit algérien, mais plus globalement dans la conjoncture de la décolonisation, des luttes anti-impérialistes et de la guerre froide, avec le marxisme comme paradigme dominant. Dans ce contexte, les prolétaires ou les paysanneries, les « damnés de la terre » (Fanon), sont investis d'une mission révolutionnaire. De leurs salons, ou de leurs bureaux, les intellectuels français de l'époque sont bien souvent révolutionnaires « par procuration », comme le remarque ironiquement Althabe dans son autobiographie[13]. C'est bien de cette mythologie révolutionnaire que Bourdieu se différencie lorsqu'il affirme que les prolétaires algériens ne sont pas révolutionnaires, en montrant qu'ils n'ont pas conscience du système qui les exploite et les aliène. Il oppose à la mythologie révolutionnaire l'objectivité sociologique en examinant tour à tour les éléments qui constituent le rapport au capitalisme : rapport au temps, rapport à la maximisation de l'effort, rapport au calcul, rapport au revenu monétaire, rapport à la citadinité, appréhendant de la sorte les différents niveaux de l'intégration au système de travail capitaliste et aux attitudes qu'elle implique.

Il ne le développe pas, mais c'est aussi une manière de déconstruire le discours colonial sur l'indigène, en portant son regard sur les diverses composantes qui le fondent dans un référentiel indigène/civilisé : dans l'imaginaire colonial, l'indigène est irrationnel, paresseux, il ne sait pas calculer, c'est un grand enfant, il est rusé, voleur, menteur, etc. L'« imprévoyance de l'indigène » est le leitmotiv qui traverse quasiment toute la période coloniale[14]. Tous ces points font l'objet d'un examen et d'une élucidation systématique par Bourdieu.

Sa position épistémologique consiste donc à se dégager des représentations dont la réalité est investie pour les déconstruire en les confrontant à l'analyse « objective » de la réalité par la sociologie : c'est le rôle de l'objectivation sociologique, c'est-à-dire d'une démarche qui consiste d'abord à élucider la structure des positions sociales pour resituer ensuite les systèmes de représentation et la vision du monde des acteurs (ou des agents, dans sa terminologie ultérieure) par rapport à la position qu'ils y occupent.

---

13. Gérard ALTHABE (avec Rémi HESS), *Une biographie entre ailleurs et ici*, Paris, L'Harmattan, 2005. Cette remarque ne vaut précisément pas pour Frantz Fanon.

14. Pierre DARMON, *L'Algérie des passions. 1870-1939*, Paris, Perrin, 2009.

Chez le Bourdieu de *Travail et travailleurs en Algérie*, il y a bien une détermination par les conditions objectives d'existence, c'est-à-dire la position occupée dans les rapports d'exploitation capitaliste. Cette détermination par la nécessité est plus forte parmi les fractions sociales les plus dominées qui sont à la fois dépossédées matériellement et culturellement. Il n'y a pas détermination par la structure objective des rapports de production (comme dans le marxisme), mais plutôt par la structure des positions sociales et celle-ci intègre l'inégalité des conditions matérielles d'existence, l'inégalité des facultés de prendre conscience de la nature du système de domination, et donc les formes de subjectivation de la domination. Les plus prolétarisés — les sous-prolétaires — n'ont pas la capacité de voir le système qui les aliène, ils ne peuvent se projeter dans l'avenir. Ils ne rêvent pas, ou sont condamnés, dans le cadre des questions posées par l'enquêteur, à se projeter dans un « possible impossible ». Il faut remarquer sur ce point encore une démarche analytique inverse de celle d'Althabe, qui s'attache précisément à analyser et conceptualiser les « dépassements dans l'imaginaire » d'une situation d'oppression [15]. On prend conscience des limites de l'approche de Bourdieu en la confrontant avec l'analyse développée par Frantz Fanon, à laquelle il ne fait allusion que pour la rejeter avec dédain. Fanon décrit par exemple ainsi l'opposition entre la ville du colonisé et la ville du colon :

> « La ville du colonisé est une ville affamée, affamée de pain, de viande, de chaussures, de charbon, de lumière. La ville du colonisé est une ville accroupie, une ville à genoux, une ville vautrée. C'est une ville de nègres, une ville de bicots. Le regard que le colonisé jette sur la ville du colon est un regard de luxure, un regard d'envie. Rêves de possession. Tous les modes de possession : s'asseoir à la table du colon, coucher dans le lit du colon, avec sa femme si possible. Le colonisé est un envieux. Le colon ne l'ignore pas qui, surprenant son regard à la dérive, constate amèrement mais toujours sur le qui-vive : "Ils veulent prendre notre place." C'est vrai, il n'y a pas un colonisé qui ne rêve au moins une fois par jour de s'installer à la place du colon. [16] »

Si l'on comprend la volonté de Bourdieu de mettre à l'écart les mythologies révolutionnaires pour appréhender les conditions sociales d'existence des travailleurs et leurs représentations, le silence total sur la guerre anticoloniale et l'affirmation selon laquelle les prolétaires ne sont pas révolutionnaires indiquent un angle aveugle de ses analyses sur un aspect pourtant primordial. Il n'est guère besoin de souligner que ce n'est pas contre le système capitaliste en tant que tel — comme système « objec-

---

15. Gérard ALTHABE, *Oppression et libération dans l'imaginaire*, *op. cit.* ; *Anthropologie politique d'une décolonisation*, *op. cit.*

16. Frantz FANON, *Les damnés de la terre*, *op. cit.*

tif » de domination et d'exploitation — que s'est enclenché le conflit algérien, mais bien contre le régime colonial en tant que domination étrangère et système d'oppression. De son côté, Fanon prenait justement comme point central de son analyse le rapport du colonisé avec le système colonial en tant que tel, qu'il spécifiait d'ailleurs en affirmant que la superstructure y était infrastructure :

> « Ce ne sont ni les usines, ni les propriétés, ni le compte en banque qui caractérisent d'abord la "classe dirigeante". L'espèce dirigeante est d'abord celle qui vient d'ailleurs, celle qui ne ressemble pas aux autochtones, les "autres".[17] »

Rien, dans l'ouvrage de Bourdieu, ne permet de comprendre comment les différentes fractions sociales de la population algérienne se positionnent par rapport au conflit, ou plus largement par rapport au système d'oppression politique, idéologique et militaire, qui est alors à son paroxysme. Rappelons l'affirmation de l'avant-propos :

> « Il n'est pas de conduite, d'attitude ou d'idéologie qui puisse être décrite, comprise ou expliquée objectivement en dehors de toute référence à la situation existentielle du colonisé telle qu'elle est déterminée par *l'action des forces économiques et sociales caractéristiques du système colonial*. »

L'analyse de Bourdieu reste en fait entièrement fondée sur le rapport au système capitaliste — en tant que mise en place d'une forme particulière, rationalisée, de travail qui se distingue de l'activité productive dans les sociétés traditionnelles algériennes — et c'est bien là que se situent les limites de son travail. La volonté de mettre en évidence les modes de subjectivation de la domination se heurte, d'une part, à une position objectiviste qui cherche à tenir le conflit algérien à l'écart de l'analyse (et on ne voit pas comment il pourrait ne pas être une constituante fondamentale de la « situation existentielle du colonisé »), et, d'autre part, aux prémisses sur lesquelles repose son examen qui consistent à faire l'hypothèse que les structures « objectives » de la domination sont fondées dans le système capitaliste. Cherchant chez Max Weber les moyens de s'éloigner du paradigme marxiste dominant à son époque, Bourdieu demeure néanmoins prisonnier d'une conception qui accorde une primauté aux rapports de production. Or, précisément, la domination coloniale n'est pas réductible à ce seul aspect des rapports de production : ainsi amputée de sa dimension proprement coloniale, elle devient inintelligible, de même que la guerre d'indépendance engagée en 1954.

---

17. *Ibidem*.

Dans son analyse, Bourdieu s'attache donc bien à restituer le point de vue des travailleurs sur leur condition, mais cette condition est envisagée essentiellement sous l'angle de sa relation au système capitaliste : ce n'est pas la vision globale du monde qu'élaborent ces prolétaires qui est le centre des efforts déployés par Bourdieu — et c'est peut-être bien en cela qu'une approche centrée sur l'enquête ethnologique se différencie d'une approche basée sur les statistiques et utilisant l'investigation ethnographique comme appoint.

Principes de l'enquête ethnologique chez Althabe

Althabe[18], lorsqu'il engage une ethnologie urbaine dans le milieu des années 1970, examine le même problème épistémologique auquel était confronté Bourdieu, en rappelant la position hégémonique de Lévi-Strauss qui s'est imposée sur l'anthropologie française (au contraire des anthropologies britannique et américaine). Il en rappelle les deux arguments :

> « - l'ethnologie n'y a pas d'objet [dans les sociétés urbaines contemporaines] dans la mesure où le domaine qui est le sien, celui des échanges interpersonnels, ne possède pas d'autonomie ; on ne peut y percevoir que l'actualisation des systèmes globaux de communication ;
>
> « - ce n'est que dans le cadre d'une distance maxima (c'est-à-dire la condition réciproque d'étranger) qu'il est possible de construire une connaissance du dedans (ce qui est un des buts fondamentaux de l'ethnologie). Quand l'ethnologue aborde un univers social dont il est un des acteurs, il est incapable de se libérer de la complicité qui le lie à ses interlocuteurs, il demeure englué dans les représentations qu'il partage avec eux ; la connaissance qu'il peut produire est captive de leur perspective. »

Ces deux aspects sont étroitement liés dans la perspective de Lévi-Strauss. Bourdieu, ainsi qu'on l'a vu, y répond à travers une centralité accordée à l'enquête statistique/par questionnaire, conçue comme le seul moyen d'identifier la structure des positions sociales qui constitue l'architecture fondamentale de la société. L'enquête ethnographique se combine à cette démarche statistique, en amont pour l'identification des questions pertinentes, et en aval pour enrichir la connaissance d'une dimension compréhensive permettant de saisir les différentes composantes des positions sociales identifiées (notamment les représentations et élaborations idéologiques qui en découlent) et les modes de subjectivation de la domination. Dans la perspective de Bourdieu, les agents et les rapports sociaux

---

18. Cf. Gérard ALTHABE, « Vers une ethnologie du présent. Demande d'ethnologie et stratégie des ethnologues », republié in Gérard ALTHABE et Monique SELIM, *Démarches ethnologiques au présent*, Paris, L'Harmattan, 1998.

ont une « autonomie relative », mais cette autonomie est secondaire par rapport aux logiques de structuration des champs sociaux. Elle n'a d'existence que déterminée elle-même, en quelque sorte, par la structure des positions sociales. Quant au second aspect de la position de Lévi-Strauss, portant sur l'altérité du chercheur et des groupes sociaux étudiés, Bourdieu y répond à travers sa position objectiviste et l'un de ses concepts centraux, non encore formulé dans *Travail et travailleurs en Algérie*, mais qu'il retravaillera tout au long de son œuvre : la « rupture épistémique ». Celle-ci intègre tous les moyens, y compris linguistiques, que peut mobiliser le sociologue pour rompre avec le « sens commun » en le déconstruisant et en objectivant les représentations des agents rapportées à leur position sociale. En résumé, la « rupture épistémique », comme le moyen d'atteindre à l'objectivité scientifique, se substitue au « regard éloigné » avec la différence essentielle que ce dernier est, chez Lévi-Strauss, une relation d'altérité non problématisée, donc pensée comme allant de soi, alors que la première est, chez Bourdieu, le résultat d'un travail d'objectivation sociologique.

La réponse que fournit Althabe au problème énoncé par Lévi-Strauss est exactement inverse de celle de Bourdieu. Pour lui, la possibilité même d'une enquête ethnologique repose sur l'hypothèse que les groupes sociaux qui forment l'objet de l'investigation *produisent leurs rapports* dans une « autonomie relative » vis-à-vis des phénomènes globaux de structuration de la société (c'est-à-dire, notamment, le système de production capitaliste, la structuration de la société en classes et la domination politique ; celle-ci est centrale dans l'œuvre d'Althabe et totalement absente des travaux de Bourdieu sur l'Algérie). Si cette autonomie n'existe pas, alors effectivement l'enquête ethnologique ne saurait avoir de pertinence. Comparée à la perspective élaborée par Bourdieu, l'autonomie relative chez Althabe est totale, si l'on s'autorise cet oxymore : les acteurs sont des sujets. Ils sont les producteurs des « échanges interpersonnels » dans lesquels ils sont immergés. Cette position n'est pas une négation/neutralisation des rapports de domination globaux, mais correspond au contraire à l'idée que, pour s'implanter dans des groupes sociaux singuliers, localisés, ces rapports de domination doivent être signifiés, représentés, mis en scène et en pratique par les acteurs dans la dynamique même de production de leurs rapports entre eux, dans des configurations qui sont toujours singulières. C'est précisément en étudiant « de l'intérieur » la manière dont les acteurs d'un groupe social particulier élaborent leurs rapports internes et réagencent les rapports de domination globaux que l'on peut analyser ces derniers. Dans cette optique, la question d'accorder une trop grande importance à des « faits particuliers, mais particulièrement frappants [19] » ne se pose pas de la même manière, puisqu'ils peuvent tout aussi bien constituer des phénomènes significatifs, et en cela des analyseurs heuristiques de processus que la démarche de Bourdieu va tenir pour secondaires.

La distance culturelle, le fameux « regard éloigné » dont Lévi-Strauss fait la condition première de l'approche ethnologique, de même que la « rupture épistémique » centrale dans l'œuvre de Bourdieu, sont révoquées dans la perspective d'Althabe qui inverse les termes du problème. L'enquête ethnologique procède au contraire par l'abolition de la distance, de la rupture entre le chercheur et les sujets de son enquête, puisqu'il s'agit précisément pour le premier de construire avec les seconds un dispositif de communication : sa méthode consiste à faire de ses échanges personnels avec les sujets de son enquête le moyen de la production d'une connaissance sur les logiques internes de ce groupe social. Le moyen de l'objectivation consiste alors à comprendre la relation d'enquête, c'est-à-dire à saisir comment les sujets positionnent le chercheur et son investigation dans leurs rapports internes ou, si l'on préfère, comment ils élaborent le sens même de la recherche [20].

Notre approche du travail, qui se situe dans la lignée de Balandier et Althabe plutôt que dans celle de Bourdieu, consiste précisément à reconstituer à travers l'enquête ethnologique l'univers des sujets : la manière dont ils produisent un sens à leur monde et à leurs rapports sociaux ; quelles jonctions ou disjonctions ils opèrent entre les différents champs sociaux et formes de domination qui composent leur univers (rapports à la famille, rapports de sexe, rapports à l'État, à la religion, etc.). Il s'agit de reconstituer l'architecture symbolique et les constructions imaginaires qui articulent ensemble les rapports de travail et les autres champs sociaux. À l'inverse de Bourdieu, qui centre son étude des travailleurs algériens sur les modalités et les processus de leur intégration à l'univers du travail capitaliste implanté par la colonisation, notre approche examine

---

19. Selon l'expression de Bourdieu dans la citation reproduite plus haut.

20. Pour de plus longs développements sur ces aspects, cf. Gérard ALTHABE et Monique SELIM, *Démarches ethnologiques au présent*, *op. cit.*, ainsi que Laurent BAZIN, « L'ethnologie, pratique et dispositif politique. Parcours d'enquête en Côte d'Ivoire, France, Ouzbékistan », in Antonio GUERREIRO (dir.), *Retours sur le terrain, nouveaux regards, nouvelles pratiques*, Paris, L'Harmattan, 2010 ; Laurent BAZIN, « L'enquête ethnologique : cristallisation des modes de relégation », in Olivier LESERVOISIER (dir.), *Terrains ethnographiques et hiérarchies sociales*, Paris, Karthala, 2005, p. 165-183 ; Valeria A. HERNANDEZ, « Démarche anthropologique et hiérarchisation dans des espaces à activité finalisée », in Olivier LESERVOISIER (dir.), *Terrains ethnographiques et hiérarchies sociales*, (*ibidem*), p. 185-206.

plutôt la manière dont les modes de domination s'ancrent dans l'univers des sujets à travers la façon dont ils les réélaborent. Il s'agit donc de faire apparaître la singularité de chaque situation et, en examinant cette singularité par rapport à son contexte global, d'analyser ce qui la constitue comme singulière : comment les sujets articulent les différentes formes de domination, les significations qu'ils en donnent et les moyens qu'ils mettent en place pour les intégrer, les dépasser, voire les subvertir. C'est cette démarche que nous souhaitons expliciter ici en revenant brièvement sur nos travaux auprès des prostituées en Bolivie, des femmes lettrées en Chine et des travailleurs du bâtiment en Algérie.

La prostitution en Bolivie : de l'objet théorique aux rebondissements du sujet[21]

La prostitution et les intenses débats qu'elle suscite au niveau international sont un terrain fertile pour penser les rapports de domination et leurs interprétations dans le monde contemporain. La prostitution féminine met en scène au moins deux modes de domination : celle des hommes sur les femmes et celle exercée par le marché sur les personnes. Face à cela, les positions oscillent entre une demande de droit des individus à disposer de leur corps et la constitution de la prostitution en emblème d'une domination portée à son paroxysme qui dépossède les prostituées de leur volonté, de leur désir et de leur dignité. Les premières ouvrent vers une reconnaissance de la prostitution comme travail, tandis que le concept d'esclavage sexuel des secondes annule cette possibilité. Entre les deux, il existe des positions plus ambivalentes[22] mais le débat tourne souvent au dialogue de sourds tant les pôles interprétatifs qui l'orientent semblent irréconciliables. La distinction entre prostitution choisie et prostitution forcée (la traite) est elle-même incapable de faire consensus, puisqu'au-delà des raisons d'entrée dans la prostitution, c'est ce que son exercice fait aux individus qui est controversé.

---

21. Cf. Pascale ABSI, « Lorsque les sujets se jouent de l'objet. Production sexuelle et consommation dans les maisons closes de Bolivie », in Isabelle GUERIN et Monique SELIM (dir.), *À quoi et comment dépenser son argent ? Hommes et femmes face aux mutations globales de la consommation*, Paris, L'Harmattan, 2012 ; Pascale ABSI, « De la subversion à la transgression. La valeur de l'argent dans les maisons closes de Bolivie », in Christophe BROQUA, Catherine DESCHAMPS et Cynthia KRAUS (dir.), *L'échange économico-sexuel. Études de cas*, Paris, éd. EHESS, 2014.

22. On peut par exemple penser qu'il est absurde de parler de la prostitution en termes de liberté dans un monde de contraintes ou que sa reconnaissance comme travail est avant tout une revendication pragmatique qui permettrait de mieux protéger les personnes prostituées.

Ce qui se joue dans les débats actuels sur la prostitution fait écho aux manières dissidentes d'appréhender sociologiquement la domination. Là où les tenants de l'esclavage sexuel mettent l'accent sur le rouleau compresseur des contraintes et des dominations dont les prostitués sont les victimes dépossédées d'elles-mêmes, les militants de la reconnaissance du travail sexuel interrogent leurs marges d'autonomie, c'est-à-dire l'espace à partir duquel il leur est possible de re-signifier, de contourner, voire de limiter et de subvertir la domination.

L'observation des rapports réels qui se tissent dans la prostitution, dans des situations singulières, dissipe les fondements des positions abstraites et généralisantes qui font tourner en rond les débats sur la prostitution. L'apparente unité de la catégorie prostitution[23], qui s'exprime désormais dans la notion de « marché du sexe », résiste d'autant moins à l'examen que les logiques marchandes démultiplient les configurations et s'avèrent ambivalentes. La relation marchande, la transaction sexuelle incluse, peut être porteuse d'aliénation et d'émancipation en même temps : elle n'existe pas comme absolu, mais investie dans des relations sociales réelles. L'observation fine des pratiques et des représentations en jeu dans la prostitution dans les maisons closes de Potosí, en Bolivie, révèle l'ambiguïté des relations qu'elle met en jeu.

Nous sommes ici dans un contexte réglementariste. Les prostituées (des femmes donc) entrent et sortent librement de la prostitution, leur activité étant contrôlée par les services sanitaires et la police. Dans les établissements de prostitution, les femmes jouent le rôle d'hôtesses incitant les clients à boire (elles touchent une commission), les passes s'effectuant dans des chambres à l'étage. Les tenanciers des établissements perçoivent une commission fixe pour chaque passe et n'imposent des horaires qu'aux femmes qui résident sur place. Les prostituées apparaissent donc comme des indépendantes, sur lesquelles les tenanciers ont au final peu d'emprise. Les commissions perçues sur la boisson, la négociation du prix de la passe et la fréquence des vols dissolvent l'idée d'une prestation sexuelle tarifée. L'objectif est plutôt de déposséder le client de la totalité de l'argent qu'il a en poche lorsqu'il entre dans l'établissement. Enfin, les prostituées jouent du désir des hommes, les maltraitent, les désarment, en retournant contre eux la crudité de leur langage. Ces stratégies visent à annuler les prétentions de la sexualité et de l'argent masculins, c'est-à-dire ce qui autorise les hommes à croire que les femmes se plieront au rôle d'objets de leurs désirs. La prostitution, dans ce contexte précis,

---

23. Paola TABET, *La grande arnaque. Sexualité des femmes et échanges économico-sexuels*, Paris, L'Harmattan, 2005.

apparaît donc comme un cadre paradoxal dans lequel les prostituées sont amenées à transgresser les assignations de genre, fortement affirmées à Potosí, tant dans leur rapport à l'argent que dans leurs rôles familiaux. Ce faisant, elles peuvent paradoxalement accéder, grâce à leurs ressources monétaires, à une relative reconnaissance sociale et familiale en tant que pourvoyeuses de revenus (rôle traditionnellement masculin) et bonnes mères. Elles élaborent aussi des projets d'ascension sociale (devenir propriétaire, ouvrir un commerce, faire un « beau » mariage…) hors de portée sans la prostitution. Par ailleurs, les manœuvres qu'elles mettent en place face aux clients font plus que de rendre la prostitution supportable. Elles permettent aux femmes d'expérimenter consciemment la contingence de certains rapports de sexe qui fondent la domination masculine et donc leur possible dépassement.

L'ambivalence de la position des prostituées face aux différentes dominations qui traversent leur existence en tant que femmes et prostituées se transpose dans une activité onirique nocturne remarquable[24] : les « rêves du milieu », selon leur désignation, au cours desquels les prostituées entretiennent des rapports sexuels avec le diable. Ce dernier y apparaît comme une sorte de proxénète en chef, maître de la jouissance et des revenus que distille la prostitution en même temps qu'il vient restaurer une figure de la puissance masculine. Étape incontournable, les rêves de commerces érotiques avec le diable sont une sorte de rite professionnel d'entrée dans la prostitution : une élaboration imaginaire qui non seulement expose les contradictions et les ambivalences de la prostitution, mais qui est tout simplement nécessaire à la production de sens.

Si l'on veut replacer la prostitution dans les rapports de domination (de genre, socioéconomiques, de classe, etc.) il faut donc admettre que, dans ce cas précis, loin d'être les objets passifs de la domination, les prostituées de Potosí inventent un jeu relationnel qui leur permet d'y ouvrir des brèches. À l'inverse, le discours moral des associations qui prétendent libérer les prostituées tente de les replacer dans les positions assignées (la femme « digne ») qu'elles transgressent dans un mélange de plaisir et de honte.

L'expérience des femmes boliviennes montre que la prostitution n'est pas la manifestation d'une domination monolithique qui s'exprimerait partout de la même façon au-delà des conditions de son organisation et de la position qu'y occupent ceux et celles qui l'exercent. Pour le comprendre,

24. Pascale ABSI et Olivier DOUVILLE, « Batailles nocturnes dans les maisons closes. Approches anthropologique et psychanlytique de l'univers onirique des prostituées de Bolivie », *Revue du MAUSS*, 37, 2011, p. 326-346.

il faut donc bien repartir de la manière dont les acteurs agissent la domination, et non seulement de celle dont ils sont agis par elle. Cela signifie aussi écouter ce qu'ils ont à en dire avant que de les disqualifier en tant que victimes aliénées. Pourtant, au moins dans le contexte français, la parole des prostitués est le plus souvent inaudible, au motif que leur jugement serait altéré par leur position de dominés. Les pétitions de principe pour l'éradication de la prostitution se présentent ainsi de manière paradoxale. En ne percevant les prostituées femmes que comme des victimes passives de rapports de domination tout en dénonçant qu'elles se trouvent réduites à l'objet de transactions marchandes ainsi que de la sexualité et de la violence des hommes, elles leur dénient le statut de sujet dans le moment même où celles-ci se produisent un peu partout dans le monde en sujets politiques au travers notamment des syndicats de travailleurs du sexe.

Scènes de la domination masculine pour les femmes diplômées en Chine

Si les prostituées sont perçues comme les victimes passives d'une aliénation maximale par ceux-là mêmes qui prétendraient combattre leur assujettissement, l'éducation est, à l'inverse, considérée comme devant amener de plus grandes facultés de prise de conscience des rapports de domination qui permettraient de les fragiliser. Une enquête menée en Chine dans la province du Guangdong (Canton) auprès des femmes hautement diplômées de l'université ouvre sur des perspectives plus complexes. La conjonction du capitalisme et du communisme débouche, en Chine, sur une rigidification de la dualité des sexes et un renforcement de la domination masculine. La politique de l'enfant unique, en neutralisant l'importance du sexe de l'enfant, était censée amener à une égalisation des sexes. Mais la préférence pour un enfant de sexe masculin conduit les familles à transgresser fréquemment l'interdit de grossesses multiples, ou bien à interrompre la grossesse lorsque l'embryon est féminin, de sorte que l'État se trouve mis en échec.

De surcroît, la réaffirmation des normes de la domination masculine dans la sphère des rapports familiaux se donne à voir comme l'opérateur essentiel d'un renforcement de la domination masculine dans la sphère du travail. D'un côté, la domination masculine réaffirmée dans la sphère de la parenté conduit à rigidifier la norme d'hypergamie féminine : une femme se doit d'épouser un homme au statut supérieur par son salaire, sa position sociale, son travail, sous peine de mettre en cause sa puissance masculine ; de l'autre côté, la figure négative de la « femme restante », femme célibataire après trente ans, qui a fait l'objet de campagnes médiatiques, conduit à une véritable hantise de se trouver dans une position sociale fortement dévalorisée et humiliante en cas d'échec à trouver un mari. Cette hantise s'avère extrêmement déstabilisante pour les femmes diplômées de sciences politiques de l'université de Canton, qui ont été l'objet d'une enquête ethnologique[25]. Plus la durée des études s'allonge, plus le diplôme s'élève et plus ces « femmes savantes » voient avec angoisse s'amenuiser leurs chances de trouver un mari qui soit plus âgé, plus diplômé et mieux rémunéré qu'elles. C'est la mise en danger de leur positionnement sur le marché matrimonial qui constitue la clé d'une véritable stratégie d'auto-dévalorisation qui limite leurs ambitions tant dans la poursuite de leurs études qu'en termes d'aspirations professionnelles et salariales. Cette logique d'infériorisation qui s'étend du marché matrimonial à celui du travail, se conjugue avec l'acceptation d'une discrimination sexuelle ouvertement affirmée par les employeurs, qui défavorise, ici comme ailleurs, les femmes au motif qu'une éventuelle future grossesse nuirait à la rentabilité de l'entreprise. Les logiques des jeunes femmes rencontrées s'arriment aux prescriptions normatives dans un contexte marqué par le poids du politique. L'unicité de l'État-parti impose aux acteurs de se conformer à un cadre normatif qui touche autant leur intériorité que leur comportement. Les écarts, les remises en question, les divergences sont de peu d'amplitude, car ils deviennent rapidement suspects de défier l'autorité de l'État-parti. Le pouvoir monopoliste a façonné des habitus conscients et inconscients de normalisation qui conduisent les sujets à éviter toute transgression qui pourrait les rendre vulnérables. La remise en cause des assignations de genre est ici impensable quelle que soit la conscience que les sujets développent sur l'injustice de leur traitement et de leur infériorisation.

Dans ce contexte, ce sont néanmoins les normes globalisées du genre qui apparaissent comme le moyen dont se saisissent certaines des « femmes savantes » pour fissurer la domination et s'aménager des lignes de fuite[26]. La reconstitution des itinéraires individuels montre que la découverte des *gender studies*, importées des États-Unis en Chine *via* Hong Kong, se présente généralement comme un véritable choc. La remise en

25. Monique SELIM, *Hommes et femmes dans la production de la société civile à Canton (Chine)*, Paris, L'Harmattan, 2013 ; Monique SELIM, « Femmes savantes sur le marché du travail cantonais », *L'homme et la société*, 3 (181), 2011, p. 121-144.

26. Monique SELIM, « L'importation des *gender studies* à Canton, usages personnels, collectifs et politiques », in Bernard CASTELLI et Bernard HOURS (dir.), *Enjeux épistémologiques et idéologiques de la globalisation pour les sciences sociales*, Paris, L'Harmattan, 2011.

cause des normes de la domination masculine s'accompagne d'une soudaine rupture dans des trajectoires scientifiques, professionnelles et politiques jusqu'alors exemplaires. Ces femmes se retrouvent alors dans une dissidence avec le parti communiste qui les plonge dans une situation périlleuse et les place en marge de la société.

Travailleurs et État en Algérie cinquante ans après l'indépendance

Un retour sur le terrain des travailleurs algériens, un demi-siècle après l'étude que leur a consacrée Bourdieu, au moment où l'on commémore le cinquantenaire de l'indépendance, complètera ce parcours sur les modes de reformulation des rapports de domination [27]. L'enquête a été menée en 2011 et 2012 auprès des ouvriers du bâtiment à Oran, sur des chantiers de construction d'immeubles, ainsi que dans une entreprise publique du bâtiment. Elle a été complétée par une enquête menée au sein de l'ancien quartier juif d'Oran, enclavé en centre ville, où la question du relogement des habitants du « vieux bâti » devenu insalubre se pose avec acuité. En cinquante ans, les transformations touchant le travail ont été profondes et se sont accompagnées d'une restructuration complète de la stratification de la population active algérienne, bien mises en évidence par des études sociologiques à la fin des années 1980 [28]. Ces bouleversements sont liés à la politique d'industrialisation volontariste des années 1970, qui a enclenché un processus de généralisation du salariat dans le secteur public. À cette première phase décisive a succédé, durant la décennie 1980, une politique de libéralisation économique partielle et de démantèlement des sociétés d'État, qui a connu une accélération avec le plan d'ajustement structurel des années 1994-1997 dans le cadre duquel 500 000 employés ont été brutalement licenciés des entreprises publiques, au plus fort du conflit entre la guérilla islamiste et le pouvoir que les Algériens désignent comme « la décennie noire ». Ces revirements ont entraîné le développement d'une élite enrichie étroitement liée au pouvoir politique, en même temps qu'une informalisation massive de l'économie. La part des salariés déclarés serait passée des trois-quarts de la population active en 1990 à un tiers environ en 2010, tandis que le secteur productif connaît une décroissance rapide.

---

27. Cette esquisse d'analyse de la situation des travailleurs algériens vis-à-vis de l'État doit beaucoup aux longues et stimulantes discussions avec Larbi Mehdi, qu'il en soit remercié.

28. Cf. notamment les contributions d'Ali EL KENZ et Saïd CHIKHI, in Ali EL KENZ (dir.), *L'Algérie et la modernité*, Dakar, Codesria, 1989.

Les enquêtes menées auprès des travailleurs du bâtiment montrent tout d'abord l'importance du rapport à l'État dans la définition du travail et la configuration des rapports de travail, dans une relation qui s'avère ambivalente et conflictuelle. Les représentations du travail demeurent marquées par la période d'industrialisation et normées par l'emploi salarié dans le secteur public. La déclaration à « l'assurance » (sociale) en constitue le marqueur principal, qui vaut cependant moins pour la protection réelle qu'elle procure que comme le signe d'une condition sociale à laquelle l'État confère sa dignité. Aussi, l'État est-il en permanence désigné à travers ses défaillances dans le champ du travail : défaillance à faire respecter ses règles, contrôler la réalisation des chantiers, garantir la protection des travailleurs, empêcher la corruption, assurer un emploi, un logement... À ces observations fait écho l'agitation extrême de la société algérienne. Plus de 10 000 incidents (rassemblements de protestation, émeutes, grèves, sit-in, immolations) auraient été recensés par la police algérienne au cours de l'année 2010, ces manifestations spontanées ou organisées ayant généralement pour objet une demande d'emplois et de logements ; ces revendications s'accompagnent de grèves touchant tous les secteurs, notamment publics, faisant appel à l'autorité du chef de l'État pour réclamer des hausses de salaires ou une amélioration des conditions d'emploi.

L'attente vis-à-vis de la puissance publique demeure donc vive et configure le rapport à l'État autour de l'idée d'une dette de ce dernier vis-à-vis de la société, d'autant plus grande que l'État algérien s'est fabuleusement enrichi au cours de la dernière décennie du fait de la hausse du prix des hydrocarbures[29]. Cette relation conflictuelle se referme sur la dénonciation de la captation de la rente pétrolière par l'élite gouvernante, les chefs militaires, l'administration provinciale (*wilaya*) et leurs réseaux clientélistes. Les travailleurs situent donc la domination principalement dans l'appareil d'État, ses propensions à accaparer les richesses et à les faire circuler dans ses réseaux, à leur propre détriment. Après la révolution tunisienne, l'État a augmenté les fonds qu'il injecte dans le social ou dans l'économie (dispositifs de crédit pour les chômeurs, construction de logements sociaux, salaires des fonctionnaires, redressement de la trésorerie des entreprises publiques et privées) dans le but avoué « d'acheter la paix sociale ». Il en résulte une stimulation des revendications et des

---

29. Laurent BAZIN, « L'État endetté en Algérie. Demande d'État, conflits sociaux et ressorts imaginaires du pouvoir », in Bernard HOURS et Pépita OULD-AHMED (dir.), *Dette de qui, dette de quoi ? Une économie anthropologique de la dette*, Paris, L'Harmattan, 2013, p. 171-200.

attentes envers l'État, dont la dette vis-à-vis de la société s'avère inextinguible. Elle fait écho à la dette inextinguible envers les martyrs de la guerre de libération, sur laquelle l'État continue d'appuyer sa légitimité. L'exercice de la domination s'avère de la sorte ambivalent : les politiques gouvernementales se trouvent dépossédées de leur contenu et mises en échec par les logiques sociales qui instrumentalisent la prétention de l'État à s'ériger en protecteur de la société.

Un second aspect des entretiens menés auprès des travailleurs (hommes) témoigne souvent d'aspirations bridées, voire de la difficulté à accomplir les normes sociales de l'honorabilité masculine, qui attribuent aux hommes le rôle de pourvoyeurs de revenus devant assurer l'entretien de leur famille, selon un schéma répandu. Un constat amer de mort sociale revient fréquemment, qui n'est pas sans rappeler les analyses de Bourdieu. Il est exprimé sous deux formes différentes : « je n'ai rien » (en français), « je ne suis rien » (en arabe algérien). Cette dualité de l'avoir et de l'être, selon la langue d'expression, est significative : elle renvoie à une situation de diglossie et de conjugaison/brouillage de référents culturels dissociés par l'histoire politique. D'un côté, la société algérienne et surtout sa jeunesse, continue de regarder vers l'Europe, siège d'une domination impérialiste mais également modèle de l'accomplissement individuel dans la consommation et la reconnaissance des compétences professionnelles. De l'autre, elle s'avère d'autant plus réceptive aux influences venues de l'Orient arabe et des courants fondamentalistes de l'islam enracinés dans la péninsule arabique que l'État n'a jamais renoncé au dogme de l'Algérie arabe et musulmane forgé dans la lutte anticoloniale. Les normes de l'accomplissement social sont prises entre deux courants qui contribuent à saper les référents traditionnels de la société, autrefois fortement attaqués par la colonisation comme le montrait Bourdieu (et d'autres) à son époque.

Prisonniers de modes de domination pluriels, d'où émergent des injonctions contradictoires, les sujets se voient confrontés à la mort comme moyen d'échapper à ces dilemmes[30]. « Je n'ai rien/je ne suis rien » exprime un constat d'inexistence sociale, qui débouche de manière spectaculaire sur des immolations publiques fréquentes, que les médias et les blagues courantes ont fini par tourner en dérision pour en déjouer le caractère traumatisant. Il ouvre également sur un désir de fuite à travers la

30. L'augmentation des suicides interpelle le public et les scientifiques en Algérie, bien que le taux de suicide demeure bien en deçà de celui des pays européens. Cf. Badra MOUTASSEM-MIMOUNI (dir.), *Tentatives de suicide et suicide des jeunes à Oran. Désespoir ou affirmation de soi ?*, Oran, éd. CRASC, 2010.

Méditerranée, parfois dans l'idée d'y trouver les moyens d'échapper à l'indignité des conditions sociales, parfois pour la vivre loin des regards, parfois encore dans l'espoir d'y trouver une reconnaissance professionnelle introuvable localement. La *harga*, selon la désignation algérienne de ce phénomène, signifie « brûler » (les frontières, ses papiers, sa vie...). Sa symbolique la rapproche de l'immolation publique. Le dicton qu'on lui attribue est qu'il vaut mieux être mangé par les poissons (mourir en tentant de traverser la Méditerranée) que par les vers (dans sa tombe). La troisième modalité d'envisager la mort est recherchée dans la religion. La quête de la vérité (de Dieu) et du salut engage une légitimité plus grande que celle de l'État et apte à neutraliser la supériorité matérielle écrasante de l'Occident ; elle entraîne une véritable obsession pour la comptabilité des bons et des mauvais « points », les actions de chacun étant laissées au jugement de Dieu, dans l'attente d'une reconnaissance divine des mérites individuels pour obtenir une récompense et gagner le paradis par-delà la mort.

Dans ce cadre, comme dans l'ensemble du monde musulman, les rapports hommes/femmes sont l'objet de tensions, les femmes étant prises en otage dans les confrontations entre les courants islamistes, l'État et le monde occidental, avec d'autant plus de violence que les femmes sont d'ores et déjà sorties des assignations qui leur étaient traditionnellement dévolues et que les hommes s'avèrent dans l'incapacité d'assumer les responsabilités qu'ils associent à leur virilité. La symbolique de la mort, souvent présente dans les entretiens, témoigne de la mise en danger de cette virilité dont l'accomplissement est entravé par les contradictions qui gîtent dans la société. Ces élaborations morbides, qui situent le dépassement des blocages de la société dans les imaginaires de la mort, sont projetées sur l'État qui apparaît souvent comme une puissance mortifère dans les représentations, en particulier chez les plus jeunes : l'image d'un poulpe, qui étouffe la jeunesse dans les tentacules qu'il étend à travers la société, est fréquemment invoquée pour dénoncer les gouvernants ou la figure de l'État en tant que tels. C'est l'État qui est généralement désigné comme le responsable de situations de stagnation assimilées à la mort sociale, à la fois à travers ses défaillances à s'acquitter des responsabilités qui lui reviennent, dans sa propension à être l'instrument d'accaparement et de rétention des richesses, et dans la domination qu'il exerce sur l'ensemble de la société.

Conclusion

Quelques aspects semblent importants à souligner pour clore ce cheminement qui nous a conduits à confronter les travaux précurseurs de Bourdieu à ceux d'Althabe afin de mieux faire apparaître les fondements épistémiques sur lesquels repose notre approche d'univers de travail contemporains dans des lieux aussi différents que la Bolivie, la Chine et l'Algérie. Les auteurs des années 1950-1960 se situaient dans une période marquée par la prépondérance du marxisme et les mouvements de libération dans les sociétés colonisées. Les problématiques scientifiques reflétaient alors les interrogations sur le développement et la modernisation, posant centralement la question de l'intégration des sociétés « traditionnelles » à une modernité dominée par la rationalité économique. La question de la domination et celle de l'émancipation se trouvaient principalement localisées dans l'analyse du capitalisme, compris comme un système de rapports sociaux dont l'expansion définissait l'impérialisme. L'appréhension du travail intervenait dans ce cadre et il n'était pas pensable alors de l'en dissocier. Dans ce contexte, l'originalité d'un auteur comme Althabe fut d'analyser la manière dont s'exercent les rapports de domination, en prenant comme point de départ la conscience qu'en développaient les sociétés colonisées. Dans cette optique, le travail n'est pas simplement le produit du capitalisme et de l'impérialisme, mais l'un des supports sur lesquels se façonnent des rapports de domination plus complexes à la fois dans la pratique et dans l'imaginaire.

À cette époque, les recherches abordaient le travail et les travailleurs en occultant leur dimension sexuée, la question de la production des sexes relevant d'un traitement séparé. Dans la période actuelle, les études de genre ont au contraire acquis une position centrale, quasi hégémonique, et s'articulent fortement au champ du travail pour mettre en évidence les effets discriminatoires de l'inégalité des sexes. L'importance de l'État dans l'exercice de la domination et la production des catégories de genre se voit en revanche tendanciellement reléguée [31].

Par la restitution de certains aspects de nos travaux respectifs, nous avons donc voulu illustrer ici une approche ethnologique qui s'efforce d'aborder et d'analyser le travail dans le monde contemporain en lui restituant une position nodale dans l'exercice de modes de domination qui sont articulés, enchevêtrés. Il s'agit de comprendre les configurations du travail, leur diversité et leur singularité, en les replaçant dans des archi-

31. Laurent BAZIN et Monique SELIM, « Travail, sexe, État : une perspective anthropologique », *Variations. Revue internationale de théorie critique* [en ligne], n° 17, 2012. http://variations.revues.org/360

tectures sociales plus globales. Cette optique conduit à porter l'attention moins sur des formes de domination « objectives » qui se combineraient pour mieux emprisonner les travailleurs dans leurs filets, que sur la lecture qu'en font ces acteurs : la manière dont ils se les représentent et les inscrivent dans leurs pratiques et relations sociales. Les liens qu'ils établissent eux-mêmes entre les différents champs sociaux, les projections et les réélaborations imaginaires de la domination sont moins destinés à tenter de la renverser que d'en dégager du sens, d'en aménager les conditions, voire d'en déplacer les termes. Il ne s'agit plus de penser aujourd'hui la domination coloniale et son lien avec le capitalisme, mais de mettre en lumière la complexité des processus par lesquels les acteurs produisent tout à la fois leur position sociale, leurs relations aux autres et les représentations qu'ils s'en font, dans un univers globalisé où le capitalisme en expansion n'est jamais pensé par les acteurs sans être mis en liaison avec les inégalités économiques, considérées légitimes ou illégitimes, mais aussi avec la figure ambivalente de l'État.

Pascale Absi - IRD
Laurent Bazin - CNRS-IRD
Monique Selim - IRD

* * *

Sciences sociales et santé

Vol. 32, n°1

Mars 2014

Revue trimestrielle

Sommaire

Sciences Sociales et Santé

publié par l'Association pour le Développement des Sciences Sociales de la Santé (ADESSS) et soutenue par l'Institut des Sciences Humaines et Sociales du Centre National de la Recherche Scientifique (CNRS)

Retour sur la notion de « base syndicale »
Le milieu CGT des banques en tensions

Ivan SAINSAULIEU

Introduction

« À la limite, il n'y a pas une CGT, mais des CGT [1] »

La CGT est devenue un casse-tête. Sans doute de manière exagérée, elle incarnait une triple capacité intégrative : de l'individu à s'ancrer dans une sociabilité communautaire [2], du mouvement ouvrier dans la classe (*via* la dialectique de la classe et de ses corporations [3]) et dans un projet d'unification sociopolitique « tribunicien » républicain [4]. Par antithèse, une autre trilogie semble prévaloir aujourd'hui [5] : l'individualisme utilitariste, le décalage entre la corporation représentée et l'organisation, l'éclatement politique de l'organisation. L'engagement au sein de la « nouvelle CGT » se différencierait par un « mono engagement minimaliste » ou un « pluri-engagement » éclaté, les adhérents se dispersant eux-mêmes « dans un ensemble d'engagements individuels qui ne font pas système et pour lesquels l'étiquette syndicale ne fait plus sens », contrairement à ce qui se

1. Jean-Gabriel CONTAMIN et Roland DELACROIX, « Les transformations de l'engagement au prisme du local. L'exemple de la CGT du Nord », *Politix*, 2009/1, n° 85, vol. 22, p. 81-104.
2. Jacques ION, *La fin des militants ?*, Les éditions de l'Atelier, 1997.
3. Denis SEGRESTIN, *Le phénomène corporatiste*, PFNSP, Paris, 1986.
4. Georges LAVAU, *À quoi sert le PCF ?*, PFNSP, Paris, 1981.
5. Écrit à la fin de l'ère Thibault, cet article paraît à la fin de « l'ère » Lepaon.

passe dans le modèle de « l'ancienne CGT », « constellation communautaire dans laquelle chacun de ses adhérents était lui-même imbriqué dans de multiples liens [6] ».

Parmi les auteurs pourfendeurs (polémistes) du « corporatisme » de la CGT, on trouve l'idée que l'intérêt général serait émietté par les intérêts catégoriels [7], l'idéologie serait fragmentée par des identités multiples [8]. « En face », on réplique par le maintien d'une analyse de classe dans l'appréhension de l'état d'esprit des salariés, quelle que soit la multiplicité des appartenances identitaires qui l'accompagne [9]. L'ancrage catégoriel expliquerait, empiriquement, le « relatif succès » de l'UGICT d'une grande banque parmi les cadres et techniciens : on évoque un syndicalisme de proximité de « petite boutique » et aussi comment, faute de formation syndicale et du fait de la concurrence intra CGT, les adhésions sont particulièrement « labiles » à l'UGICT [10]. Les salariés les plus convaincus par l'idéal syndical vont au syndicat généraliste et les moins convaincus à l'UGICT.

La perte de contrôle du centre a été également documentée. De façon générique d'abord. Certains considèrent par exemple que l'essentiel de l'action syndicale échappe largement aux confédérations et dénoncent un triple essentialisme (« médiacentrisme », « institutiocentrisme », illusion « militanto-scientifique ») sur le rôle du centre syndical [11]. Des travaux sociologiques sur le congrès de la CGT en 2003 ont mis en avant d'importantes divergences internes [12], ou la difficulté d'harmoniser l'action dans

6. Jean-Gabriel CONTAMIN et Roland DELACROIX, « Les transformations de l'engagement au prisme du local. L'exemple de la CGT du Nord », *op. cit.*

7. Thierry CHOFFAT et Benoît VERRIER, « Le regain de l'action catégorielle : CGC, G-10-Solidaires, FSU, UNSA... », in Dominique ANDOLFATTO (dir.), *Les syndicats en France*, Paris, La Documentation française, 2006, p. 71-95.

8. Scott A. HUNT, Robert D. BENFORD and David A. SNOW, « Identity fields : framing processes and the social construction of movement identities », in Enrique LARANA, Hank JOHNSTON and Joseph R. GUSFIELD (eds), *New Social Movements : From Ideology to Identity*, Philadelphia : Temple University Press, 1994, p. 185-208.

9. Sian MOORE, *New trade union activism, Class Consciousness or Social Identity ?*, Palgram Macmillan, London, 2011.

10. Mathieu BENSOUSSAN, « Cadres et syndiqués à la CGT dans une grande banque », in Françoise PIOTET (dir.), *La CGT et la recomposition syndicale*, PUF, Lien social, 2009, 336 p.

11. Stéphane OLIVESI, *La communication syndicale*, Presses universitaires de Rennes, « Res Publica », 2013, 226 p.

12. Françoise PIOTET, « La CGT, une anarchie (plus ou moins) organisée ? », *Politix*, n° 85/1, 2009, p. 9-30 ; Sophie BEROUD et David GARIBAY, *Enquête sociologique sur les délégués du 47ᵉ Congrès confédéral de la CGT (24-28 mars 2003)*, Noisy-le-Grand, étude Ires-CGT, 2004.

un contexte de faible militance et de forte hétérogénéité des univers de travail [13], et ce malgré les tentatives des leaderships syndicaux de « revitalisation » des organisations, aux résultats inégaux, en France comme ailleurs [14].

Le questionnement sur le centralisme concerne particulièrement la CGT. L'actualité récente (2012-2013) a illustré les difficultés de gouvernance de la confédération de Montreuil, peinant (voire échouant) à trouver un successeur légitime au secrétaire national sortant, Bernard Thibault. Dans un article explorant les arcanes du 47e congrès de l'organisation et ses répercussions dans les structures internes (unions et syndicats locaux), Françoise Piotet concluait notamment à « l'anarchie organisée » pour illustrer une crise de gouvernance [15]. Jadis structurée autour de l'appareil centralisé du parti communiste, l'organisation retrouve en quelque sorte ses statuts d'origine, d'inspiration anarcho-syndicaliste, permettant à chaque syndicat de jouer sa partition autonome dans un contexte de crise des perspectives d'émancipation salariale.

Ce qui a motivé notre enquête dans la CGT des banques, dont l'exposé des résultats va suivre, c'est d'abord que la nature a horreur du vide. Autrement dit, l'important est de savoir ce qui pousse à la place de l'ancien, quel qu'en soit le degré ou la force : on ne peut se contenter du mot de « crise » (d'ailleurs moins présent qu'auparavant dans l'analyse du syndicalisme), ni d'autres caractéristiques le plus souvent à consonance négative (individualisme, rareté, anarchie, hétérogénéité...). Selon une journaliste spécialisée [16], la faiblesse idéologique de la centrale, dite « en quête de nouveaux repères », est renforcée par l'éviction précoce des dirigeants les plus capables du bureau fédéral [17] et par l'isolement du cercle du « 8e étage », étage de Bernard Thibault à Montreuil et métaphore du pouvoir de la centrale [18]. Cette donnée, ni anecdotique, ni « personnelle », permet

---

13. Baptiste GIRAUD, « Au-delà du déclin. Difficultés, rationalisation et réinvention du recours à la grève dans les stratégies confédérales des syndicats », *Revue française de science politique*, vol. 56, n° 6, 2006, p. 943-968.

14. Carola M. FREGE and John KELLY, *Varieties of Unionism : Strategies for Union Revitalization in a Globalizing Economy*, Oxford et New York, Oxford University Press, 2004.

15. Françoise PIOTET, « La CGT, une anarchie (plus ou moins) organisée ? », *op. cit.*

16. Leïla de COMARMOND, *Les vingt ans qui ont changé la CGT*, Denoël, 2012, 459 p.

17. « *Mais le cheminot en a écarté les poids lourds en 2009 et l'a réduit à huit personnes, pour la plupart sans grande envergure* », in *ibidem*, p. 406.

18. Ce dernier aurait réussi à la fois à recourir à des consultations sans idée préconçue auprès des instances nationales (sans avoir désigné d'avance son dauphin, notamment), à négliger, même pour une période, les traditionnelles tournées dans les fédérations, et en même temps, dans la plus pure tradition bureaucratique, à écarter des dirigeants légitimes

d'introduire notre hypothèse de l'importance de militants historiques locaux face à une direction sans personnalité(s)[19]. Nous avions déjà présenté l'hypothèse de l'existence de tendances contradictoires : la montée en puissance de militants plus solitaires, la revitalisation d'un militantisme rendu plus ouvert, voire plus compétent (du fait de la réflexivité qui s'accroît avec la marge de manœuvre), tout en cumulant responsabilités et délégations institutionnelles[20]. Il y aurait à la fois un saupoudrage des moyens et une fragmentation de la bureaucratie *via* l'augmentation du potentiel des militants locaux, plus forts et moins nombreux.

Si nous mettions l'accent sur le vécu individuel des militants, nous interrogeons ici en écho leur implantation en entreprise et la compétition en interne, à la faveur d'une « plongée » dans un milieu professionnel d'implantation de la CGT. L'originalité consiste peut-être à ne pas l'appréhender au travers de mouvements sociaux mais d'interroger la notion de « base syndicale » (dans la différence de représentations entre salariés, adhérents, militants et dirigeants) et par là son découpage en cercles distincts, voire concentriques. Au travers de l'enquête comprenant entretiens, observations et questionnaires, nous examinons à la fois les tensions externes (entre salariés et syndicat) et internes (entre militants).

Nous verrons d'abord comment une commande d'enquête de la CGT nous en a fourni la double opportunité, tout en soulevant des problèmes de réflexivité méthodologique et de technique d'enquête ; puis, dans les trois parties, nous développerons les aspects suivants : la valeur de l'individualisme, du corporatif ou du catégoriel dans le milieu syndical, les tensions internes et leur faible légitimation auprès des enquêtés, les forces centrifuges dissociatrices au sein de la CGT. Ainsi, nous serons en mesure de soupeser l'état d'esprit des adhérents à l'égard de leur profession, du syndicalisme en général et de l'orientation de la CGT en particulier, avec des indications sur les interactions entre les trois acteurs : adhérents, militants et dirigeants syndicaux.

---

en interne, comme Éric Aubin (suffisamment fort pour critiquer et contrer le secrétaire général, notamment en pesant dans le vote pour éliminer la candidate intronisée, Nadine Prigent).

19. L'auteur rapporte une plaisanterie circulant dans le milieu CGT au moment de la crise de succession : « *Tiens, j'ai vu Lepaon - Qui ça ?* ».

20. Ivan SAINSAULIEU, « Syndicalisme critique et défi institutionnel : vers l'individualisation du militantisme ? », Innovation syndicale et mondialisation, *Relations industrielles/ Industrial Relations*, 61- 4, 2006, p. 684-707.

La commande, porteuse et trompeuse à la fois

Se dégager de notre propre regard sur la CGT a nécessité un travail de mise à distance progressif. On est doublement dans un effort de réflexivité quand l'on s'interroge sur le militantisme syndical en ayant été soi-même militant politique, initié par la pratique à la geste syndicale[21]. L'expérience d'acteur apporte certes une certaine acuité du regard pour appréhender la chose militante, car le savoir n'est pas qu'académique et le déplacement des lignes souhaitable[22]. Cependant, il faut affronter des écueils normatifs plus consistants, amoindris ou amplifiés selon la méthodologie sociologique retenue.

Les enjeux politiques et organisationnels se lisent déjà partiellement dans le mandat que nous a confié la CGT[23]. Elle nous a commandité une double enquête, en vue de deux événements stratégiques : la préparation de la conférence nationale du syndicat LCL puis de la tenue du congrès fédéral du secteur bancaire[24]. Il s'agissait de sonder tantôt les salariés, tantôt les sympathisants sur la perception de la stratégie et des moyens d'action de ces organisations (le syndicat CGT-LCL et la Fédération des banques). Ainsi, l'objectif à peine voilé était de relativiser l'emprise de la culture historique sur l'organisation pour mettre en avant un « nouveau » militantisme dépolitisé, présenté comme plus « technique » (donc supposé plus « performant ») et adepte de la signature d'accords avec la direction d'entreprise.

Concrètement, le commanditaire souhaitait jauger de la pertinence de la politique du syndicat au travers de la réception des « outils » ou moyens d'action (journal, tracts, site internet, grève ou accords signés) et de sa proximité avec les salariés (préoccupations, fréquentation salariale

21. Nous avons milité pendant quinze ans dans une organisation d'extrême gauche prônant une forme de « basisme » ouvriériste particulièrement défiante, à l'époque, à l'égard des centrales syndicales.

22. Jacques RANCIERE, *La méthode de l'égalité*, Bayard, Montrouge, 2012.

23. Nous remercions pour leur relecture précieuse le comité de rédaction, Guy Groux, Jean-Gabriel Contamin et Muriel Surdez. Nous remercions aussi Patrick Moll (ex secrétaire du syndicat CGT LCL) et Patrick Lichau (secrétaire de la Fédération des syndicats des personnels des banques et assurances - FSPBA, à ne pas confondre avec la CGT des finances publiques) pour l'ouverture de l'accès au terrain et la diffusion du questionnaire ainsi que Rémi Bourguignon (IAE, Paris) pour sa collaboration à la réalisation d'entretiens qualitatifs, au dépouillement des données quantitatives et à l'écriture d'un rapport.

24. Elle n'a pas considéré que la restitution de nos résultats durant ces réunions avait entravé ni influencé ses travaux, sinon dans un sens plutôt consensuel. Tout au plus nous a-t-on reproché une fois d'aller à la rencontre des opposants, durant la conférence LCL, au plus fort des tensions.

des militants et des structures[25]), dans la lignée de l'injonction confédérale à se rapprocher des salariés. L'interrogation qui guidait la commande était donc de savoir comment la stratégie de modération prenait corps auprès des adhérents d'un secteur donné et auprès des salariés d'une grande banque.

Dans ce contexte très politique, nous avons vu néanmoins l'opportunité d'une recherche digne de ce nom. Nous avons en effet joui d'une grande latitude de formulation et d'interprétation des questions posées, au triple titre de la forte légitimité du savant et de l'expert (réalisant des « audits »), dont les chercheurs bénéficient doublement ; de la quête d'un ailleurs qui aboutit à une autocensure des canons de la propagande militante ; de la nécessaire discrétion qui guide les interventions de la direction syndicale, dans une organisation soucieuse de son autonomie.

Ainsi, le questionnaire envoyé aux adhérents de la fédération (questionnaire « Fédération ») était précédé d'une lettre du secrétaire fédéral en vue de la préparation du congrès, mais précisant que sa réalisation était le fait de « personnes indépendantes, sociologues dans la recherche et l'enseignement supérieur ». À noter que cette lettre a servi autant que l'inverse, dans la mesure où le climat de défiance était très grand contre la direction sortante. Nous avons dû d'ailleurs aller défendre notre enquête en la présentant lors d'une réunion des instances du syndicat d'entreprise, pour tenter de valider l'idée de son « indépendance ». Le syndicat visait bien sûr à faire approuver sa politique au congrès suivant, mais il pensait devoir ou pouvoir le faire en objectivant ses pratiques. La recherche de légitimation visait, d'une part, à connaître de façon objective le moral des troupes (questionnaire aux militants), et, d'autre part, à « sociologiser » sa politique d'entreprise en montrant comment elle était adaptée au milieu social considéré (questionnaire « Salariés LCL »). Négocié en effet d'abord avec le secrétaire du syndicat d'entreprise puis avec le secrétaire fédéral, aucun des deux questionnaires ne fut censuré « idéologiquement »[26] même si la suggestion de certaines questions visait un

25. De ce point de vue, les rapports entre commande et chercheurs sont proches du schéma de « l'anarchie organisée », mais à l'envers : sans que nous n'ayons eu besoin de réclamer une autonomie, comme il arrive en entreprise, la fédération a jugé utile de laisser faire les « experts » non seulement par souci d'objectivation mais aussi par autocensure, dans l'idée qu'un questionnaire purement CGT serait forcément mal inspiré… On est loin du parti guide, dont on a retrouvé au contraire les accents lors du congrès fédéral, certains syndicats ayant refusé explicitement de diffuser le questionnaire en se jugeant seuls capables de choisir les « bonnes questions » à poser à « leurs » salariés.

26. Contrairement à d'autres expériences, notamment avec la CFDT Santé, qui ne voulait pas questionner le sens du « service public » à l'hôpital. Cf. Ivan SAINSAULIEU (dir.), *Les cadres hospitaliers. Représentations et pratiques*, Rueil, Lamare, 2008.

peu naïvement à légitimer l'activité du syndicat, par exemple en voulant faire approuver par la base les accords signés par le syndicat. Sinon, en lui-même, il traitait assez classiquement, dans l'ordre : des raisons de l'engagement syndical, de la sociabilité au travail et dans le syndicat, du rôle du syndicat dans l'entreprise, des valeurs et des moyens d'action, avant d'enregistrer des données sociodémographiques sur le profil des répondants, incluant leurs opinions politiques.

Des rapports entre salariés, militants et direction syndicale

Le « basisme » se fonde sur l'idée que des mouvements d'humeur de « la base » (tantôt synonyme de classe sociale dominée, tantôt de couche inférieure d'une organisation) viennent contredire les calculs d'acteurs stratégiques censés la représenter mais défendant, en fait, des intérêts particuliers. Cela se justifie du point de vue du rôle institutionnel du syndicalisme, où le sommet cherche à défendre des intérêts traditionnellement composites par rapport à ceux des salariés, comme cela a été encore montré récemment dans la grande distribution[27]. La même idée d'instrumentalisation du syndicat était portée par la direction de l'entreprise LCL, qui se réjouissait en entretien de la signature d'accords par la CGT.

Le problème posé par « la base » est cependant double. D'abord, elle est politiquement investie par nombre d'acteurs, comme un allié face aux adversaires ou concurrents. Ensuite, il est difficile d'en cerner les contours sociologiques. Nous avons donc tenté de l'appréhender en analysant les rapports entre les différentes strates du syndicat (adhérents, militants, dirigeants). Dans cette perspective, cette commande a été l'occasion de trouver des éléments explicatifs de la crise de la CGT, une interprétation des clivages internes, en plongeant au cœur du milieu CGT dans le secteur bancaire, *via* l'analyse monographique d'une grande entreprise et de la fédération. Plus précisément, nous avons d'abord voulu examiner laquelle de l'hypothèse professionnelle ou de l'hypothèse politico-organisationnelle expliquait le mieux l'état d'esprit des adhérents ou des militants de la banque. S'agit-il d'une configuration intrinsèquement « modérée-corporative » du fait de l'ancrage bancaire[28] ? Ou, hypothèse politique négative,

---

27. Marlène BENQUET, *Encaisser ! Enquête en immersion dans la grande distribution*, La Découverte, Paris, 2013. Acceptant la marge des actionnaires, la direction syndicale d'une chaîne d'hypermarchés fait descendre des consignes de modération revendicative.

28. Nous prenons l'adjectif corporatif (plutôt que le substantif « corporatisme ») dans le sens de l'hypothèse (non validée) d'un sentiment fort d'attachement aux métiers de la banque. L'identité (catégorielle) de cadre sera partiellement validée au travers d'items particuliers (*cf. infra*).

est-ce que la crise au sommet déteint sur la base du fait d'une évanescence des convictions politiques traditionnelles de la CGT ?

En fait tout dépend d'abord de la cible : le premier questionnaire (« salariés » LCL) répond davantage à l'hypothèse professionnelle tandis que le second (adhérents interbancaires) fonctionne mieux avec l'hypothèse politique. Cela dit, les deux hypothèses ne sont pas complètement détachables et les niveaux hiérarchiques syndicaux imbriqués dans la réalité et dans notre échantillon. Nous partons donc des préoccupations du milieu des cadres (*partie 2*), avant de voir comment la CGT des banques arrive (peu) à surfer sur leur mécontentement (*partie 3*), puis nous débouchons sur une analyse du milieu CGT pour lui-même, en tant qu'il est distinct des préoccupations du monde salarial (*partie 4*).

Nous considérons que la base est en partie construite. Si l'idée de « construction » de la base par l'organisation n'est pas nouvelle, nous verrons qu'elle prend une forme plus fluide, plus hétéroclite que dans la mobilisation d'appareil classique où un centre confère son sens à l'action *via* des intermédiaires au garde à vous [29]. La direction promeut toujours des « jeunes » apolitiques [30], mais elle ne peut éradiquer la vieille garde, en s'appuyant sur une masse d'adhérents — la présence de la base fait donc défaut.

Le « milieu d'entreprise » de la CGT

Au préalable, il importe de préciser quels salariés ont été atteints dans l'enquête. Deux séries de vingt entretiens semi-directifs et deux questionnaires successifs ont été réalisés en 2010-2011, d'une part en direction des salariés de l'ex-Crédit Lyonnais (LCL), adhérents ou non à la CGT [31], d'autre part en direction des adhérents de la fédération CGT des banques. C'est essentiellement des résultats de l'enquête monographique LCL dont nous rendons compte ici. Ils permettent en effet de « sociologiser » davantage [32] l'analyse des milieux militants en les inscrivant dans un cadre

---

29. Pierre BOURDIEU, « La grève et l'action politique », in Pierre BOURDIEU, *Questions de sociologie*, Éditions de Minuit, 1984, p. 251-263.

30. Marlène BENQUET, *Encaisser ! Enquête en immersion dans la grande distribution*, *op. cit.*

31. Dans l'enquête LCL, les entretiens ont eu lieu dans trois villes (Tours, Paris et Dijon) et ont concerné des dirigeants nationaux et locaux de l'entreprise et du syndicat CGT, ainsi que des adhérents locaux. Nous avons également assisté à des réunions de travail du syndicat aux niveaux national et local, ainsi qu'aux journées de la conférence nationale (sorte de congrès biannuel du syndicat LCL).

32. Le biais politique a été encore plus fort dans le cas du questionnaire fédéral puisqu'il s'agissait « d'adhérents au second degré », plus politisés : non pas seulement de

d'entreprise — même si nous intégrons des éléments de l'enquête sur les adhérents en fin d'article, à titre de comparaison. Le cadre organisationnel [33] permet de prendre en considération des logiques d'interaction situées à la fois particulières et révélatrices pour un fait social comme le syndicalisme, dont la réalité a toujours été inégale selon les endroits, et l'engagement fonction de sociabilités locales.

L'absence d'échantillon représentatif

Concernant l'enquête auprès des « Salariés LCL », nous aurions souhaité accéder à un plus grand nombre de salariés non adhérents pour mieux examiner d'éventuelles différences de perception du syndicat entre membres et non-membres. Or, en chiffres absolus, nous avons un total de 957 réponses (752 dans la base) pour 10 000 envois, soit un taux de retour d'environ 4,5 %. En pourcentage, seulement 60 % des répondants ne déclarent aucune appartenance syndicale. Telle qu'elle est, notre population répondante ne constitue donc pas un échantillon représentatif et se caractérise par un certain nombre de biais dus au choix méthodologique du canal militant par lequel nous avons atteint les répondants (qui induit une sorte d'essaimage orienté par les représentations et les relations du militant obtempérant). Compte tenu des difficultés techniques et réglementaires liées à une diffusion du questionnaire par email, la CGT a fait le choix d'une diffusion de la main à la main assurée par les syndicats locaux. Ce choix signifie d'abord que nous n'avons pas la connaissance précise des personnes ayant effectivement reçu le questionnaire. Les taux de retour devaient nécessairement varier selon l'implantation et la légitimité locale des sections, les militants étant par exemple plus à l'aise pour diffuser largement le questionnaire aux salariés de « bastions » que dans de petites agences. De plus, tous les syndicats locaux n'ont pas pris en charge la distribution en raison de désaccords politiques avec le secrétaire du syndicat LCL *(cf. infra)*.

Le problème s'est accru avec l'autre questionnaire, destiné uniquement aux adhérents membres de la Fédération des banques CGT (*cf. note 31*). Au total, le questionnaire « Fédération » a été en principe diffusé auprès de 10 000 adhérents et nous avons traité une base de 397 réponses

---

membres d'un syndicat d'entreprise, mais membres de syndicats adhérant à la fédération CGT des banques (dont l'adhérent ordinaire ignore bien souvent jusqu'à l'existence). On devine plus important le contrôle militant sur ces « membres ».

33. Frédéric SAWICKI et Johanna SIMEANT, « Décloisonner la sociologie de l'engagement militant. Note critique sur quelques tendances récentes des travaux français », *Sociologie du travail*, 51/1, 2009.

dans la base, avec un taux de réponse proche de 4 %. La direction du syndicat nous a fait part de problèmes informatiques pour l'envoi des questionnaires, des militants nous ont indiqué ne pas les avoir reçus. Les voies retenues pour la remontée des questionnaires ont été multiples : remises en main propre, envois courrier, envois fax, avec parfois les syndicats locaux comme destinataires (et donc comme intermédiaires dans la remontée de l'information). La limite tient essentiellement à la difficulté d'en estimer la représentativité.

Redéfinition de la population répondante comme un milieu d'entreprise CGT

Nous nous concentrons pour l'instant sur le questionnaire « Salariés LCL ». On connaît certaines distorsions à la représentativité des 742 répondants. Par comparaison aux données contenues dans le bilan social 2010 de l'entreprise, on voit que les cadres se sont moyennement mobilisés alors que les plus jeunes se sont plus massivement saisis du questionnaire. Si l'entreprise compte en effet 36 % de cadres et 50,4 % de salariés de moins de 45 ans, ils sont respectivement 20,7 % et 62 % à avoir répondu. En revanche, la part des femmes dans les répondants est à l'image de leur présence dans l'entreprise, soit autour de 40 %. On note également que 82,6 % des répondants occupent des postes dits de *Front Office* (23,4 % comme agents d'accueil, 47,1 % comme conseillers et 12,1 % comme directeurs d'agences), ces derniers étant majoritaires aussi dans la population de référence. Il s'agit donc de répondants aux métiers relationnels et aux grades divers, depuis l'agent jusqu'au directeur. Enfin, 41 % des répondants sont adhérents d'un syndicat (CGT pour la plupart) et 8 % exercent un mandat syndical. Il est évidemment difficile de rapporter ce chiffre à l'ensemble des salariés mais il y a une évidente surreprésentation des syndiqués, par rapport aux taux habituels de syndicalisation des salariés en France.

Si l'on isole les réponses des non syndiqués par rapport à l'ensemble des répondants, les variations sont faibles. Les principales différences tiennent aux taux de non réponse, à la connaissance du fait syndical (connaître les différences entre syndicats, voir passer des délégués, trouver qu'il n'y a pas assez de salariés syndiqués, volonté d'adhérer à un syndicat ou de prendre un mandat) et à partager la culture ou l'enthousiasme sur l'action syndicale (10 points de moins à préférer les augmentations générales aux augmentations individuelles, à trouver l'action syndicale positive, utile comme contre-pouvoir ou même pour avoir des renseignements sur l'entreprise, 10 points en moins également à avoir apprécié les syndicats depuis qu'ils sont au travail). Là encore, on a par contraste des informations sur la population militante, loyaliste par rapport à son organisation (pas de doute ni de pessimisme affichés à ce sujet) et plus égalitaire dans ses revendications. Mais le plus souvent, les variations sont de l'ordre de 5 points, en plus ou en moins. Les non-militants sont un peu moins critiques sur la perte de sens de leur métier, ils ne sont pas pour autant plus « soumis », puisque 64 % d'entre eux pensent qu'on ne peut plus rien faire contre le patron — contre 69 % du total des réponses. Ils voient presque autant de solidarité entre salariés et dénoncent les abus du management autoritaire. Ils sont aussi un peu moins critiques sur la détérioration de la qualité de service et plus nombreux à trouver une bonne ambiance de travail. Sinon, leurs réponses expriment la même tendance. Ils jugent eux aussi positivement l'action syndicale, croient en la parole des représentants, veulent faire appliquer les règles par les syndicats, considèrent que le syndicat les défend individuellement et collectivement et les informe de leurs droits et devoirs. Ils adhèrent donc aux mêmes principes, ont la même vision générale du syndicalisme comme défenseur des salariés et ne croient pas plus à la débrouille individuelle. Ce sont donc des nuances, qui ont le mérite de faire apparaître, *a contrario*, le filtre de la vision du militant, pas forcément plus optimiste mais plus critique sur le travail.

Au total, si la commande visait à évaluer la réception de l'organisation auprès d'un public sinon « neutre » du moins représentatif, les retours de questionnaires font plus sûrement état de l'opinion d'un *milieu d'entreprise de la CGT*. Cette appellation se justifie pleinement d'un point de vue sociologique par l'examen des liens entretenus par les militants CGT avec leur milieu large, soit tous ceux à qui ils ont pu donner le questionnaire, *de visu*, *in situ* ou *de nomine* (ceux à qui ils l'ont envoyé). L'objet ainsi défini admet les préoccupations agrégées d'une population catégorisée en non syndiqué-e-s, ex adhérent-e-s connaissant très peu la CGT comme organisation, syndiqués d'autres organisations en rapport avec la CGT, de « jeunes » (toujours visés en priorité par les militants), de « femmes » ou de directeurs d'agences de tailles multiples (la majorité des agences de province comptent moins de dix salariés), etc. Il ne s'agit donc pas du *milieu syndiqué* au sens strict, au contraire, cette périphérie inclut probablement des individus pris au hasard (simples connaissances de travail), ni électeurs, ni adhérents. Les militants se sont sans doute saisis du questionnaire pour construire la « proximité » souhaitée par leur organisation et ont aussi contacté des salariés distants de la CGT — comme ils l'ont fait pour sélectionner les entretiens dans une agence parisienne de LCL, où nous avons interrogé des salariés connaissant à peine les noms des syndicats présents sur le site. Le souci de ne pas cautionner l'image traditionnelle de la CGT (*versus* la lutte contre le noyau historique opposant) a dû rencontrer celui de bricoler un « échantillonnage représentatif » censé répondre aux besoins de l'enquête sociologique.

Autrement dit, les contours de notre objet sont « géopolitiques » : il s'agit d'un *réseau affectif* (connaissance de visu) et largement *sémantique* (partage d'opinions) au sein de l'entreprise de référence. Par ailleurs, la surreprésentation des agences sur « le siège » et les services dits de *back office* offre un mélange des deux contextes organisationnels : elle exprime, d'une part, les refus de participation parfois de pans entiers du syndicat (le siège parisien de LCL est tenu par les opposants à la ligne du syndicat national, qui ont accepté un questionnaire aux adhérents et refusé celui pour les salariés), comme de groupes locaux de la fédération et de la confédération, et, d'autre part, la stratégie du syndicat de se projeter dans les agences, pour à la fois contourner la vindicte interne, située davantage dans des métiers technico-logistiques, et concurrencer la direction d'entreprise, ainsi que les autres organisations syndicales, dans les lieux de production du chiffre d'affaires, au contact de la clientèle.

Le contexte de la banque favorise-t-il « corporatisme » et « individualisme » ?

Ce milieu *d'entreprise de la CGT* a donc comme première caractéristique sa base professionnelle parmi les salarié-e-s de la banque en agence. Par rapport à d'autres, le secteur bancaire peut paraître se situer en haut de la hiérarchie socioprofessionnelle, du point de vue des rémunérations moyennes comme du niveau de qualification des salariés. Cependant, de sévères réformes bancaires, depuis les années 1980, ont transformé la vie des salariés du point de vue des conditions de travail, des effectifs, ainsi que de l'environnement idéologique. Des éléments faisant état d'une détérioration du climat social interne ont été recueillis par l'enquête, amendant l'image simpliste d'un secteur bancaire privilégié. Nous verrons que la réputation « d'individualisme » du *front office* (métiers de l'accueil et de conseiller bancaire qui représentent 80 % des répondants) n'est pas non plus tout à fait méritée, si l'on en croit leur double valorisation du collectif et du principe du syndicalisme. Ces changements ont cependant affaibli le point de vue et les marges de manœuvre d'organisations syndicales auparavant plus en pointe, auréolées notamment par les acquis sociaux lors de la grève générale des banques en 1974.

Une stratégie de la modération sociale pariant sur la catégorie de cadres

Cherchant à se repositionner, la CGT des banques de l'ère Thibaut (ou FSPBA - *cf. note 23*) s'est repliée en bon ordre et a adapté son discours, dans un contexte jugé peu porteur pour l'action collective. Ce faisant, elle a entériné une stratégie de dialogue social. L'idée assumée est que la modération paie et qu'il faut rattraper son « retard », au vu de la tradition plutôt combative de la centrale historique. Localement, il s'agit de challenger en termes de modération la concurrence syndicale, nationale (la CFDT et l'Union nationale des syndicats autonomes, autoproclamés « réformistes ») et sectorielle (le Syndicat national des banques, syndicat dit « maison »).

La démobilisation des salariés ne cautionne-t-elle pas la stratégie partenariale ? Dans les eaux basses devenues structurelles du syndicalisme[34], il arrive que des conjonctures apportent un léger regain de syndicalisation[35], ou, à l'inverse, une aggravation des relations de « désamour » entre salariés et syndicats[36]. À LCL, les compressions massives de personnel menées par vagues sur deux décennies[37] ont abouti à la fonte de la moitié des effectifs salariés (passés environ de 40 000 à 20 000). Puis les effectifs se sont peu à peu stabilisés depuis le rachat du Crédit Lyonnais par le Crédit Agricole en 2005 et la naissance de LCL (Le Crédit Lyonnais). Effets combinés de cette stabilisation, de la lassitude à l'encontre d'un management omniprésent, voire autoritaire, du manque d'effectifs et de frustrations professionnelles, on observerait un regain d'effectifs syndiqués depuis quelques années (selon la CGT). Cette réaction classique face à une pression trop forte ne conforte pas pour autant complètement la stratégie partenariale de la CGT. Les salariés plébiscitent en effet autant la CGT comme un contre-pouvoir car, s'ils escomptent des effets du dialogue social interne, ils peuvent aussi adhérer à un syndicat réputé « maison » (le SNB, Syndicat national de la banque et du crédit, organi-

34. Bruno DURIEZ et Frédéric SAWICKI (dir.), « La syndicalisation en France », *Politix*, n° 95, 2009/1.

35. Thomas AMOSSE, « Mythes et réalités de la syndicalisation en France », *Premières synthèses*, n° 44.2, octobre 2004.

36. Jean-Marie PERNOT et Maria Teresa PIGNONI, « Les salariés et les organisations syndicales de 1992 à 2004 : une longue saison de désamour », in Thomas AMOSSE, Catherine BLOCH-LONDON et Loup WOLFF (dir.), *Les relations sociales en entreprise. Un portrait à partir des enquêtes « Relations professionnelles et négociations d'entreprise »*, Paris, La Découverte, 2008, p. 140-162.

37. Marnix DRESSEN, « Nouvelle articulation entre la négociation de branche et d'entreprise dans les banques en France (1997-2001) », *Revue de l'IRES,* n° 42/2, 2003, p. 14-31.

sation de cadres rattachée à la CFE-CGC et premier syndicat à LCL), ou à l'une des autres centrales (CFDT et UNSA).

La modération n'est-elle pas l'apanage des cadres ? Le secteur bancaire est à la pointe de l'évolution sociologique récente du salariat. Il s'agit en effet souvent de cadres, soit d'une population de salariés qualifiés dans une activité de service bancaire, à la fois caractérisée par ses « acquis sociaux » (même largement rabotés) et par un niveau de pouvoir d'achat convenable. Mais un enjeu majeur se noue autour de la définition du cadre soit comme responsable, encadrant du personnel, soit comme simple salarié qualifié, la massification des cadres ayant abouti à une « rupture » de confiance[38]. Les difficultés de gouvernance de la confédération des cadres (CGC) seraient ainsi liées aux évolutions du groupe cadres[39]. Ces cadres sont en effet également exposés aux aléas de la mondialisation technologique et économique, en particulier au regain de la concurrence interbancaire et des fusions-acquisitions qui se traduisent à la fois par une forte pression sur la rentabilisation du travail et une orientation vers l'activité commerciale[40]. Comme nous l'ont appris les entretiens, le personnel d'une agence est ainsi réuni chaque matin par le manager, pour mobiliser sur les objectifs du jour et faire pression sur les individus en fonction de leurs résultats. On apprend aussi qu'il est désormais illusoire de vouloir progresser dans la hiérarchie si l'on n'est pas prêt à effectuer une mobilité géographique, ce qui confirme l'idée d'un cadre particulièrement flexible à LCL[41].

Le syndicat n'est pas un repoussoir pour les cadres, mais ils sont minoritaires dans notre échantillon (*cf. supra*). Ils ne sont donc que très peu responsables du sens des réponses, et leur rôle syndical est sans doute exagéré par la CGT-LCL. Les « chefs » n'offrent aux yeux des salariés répondants, qu'une aide très limitée. S'ils continuent majoritairement à se tourner d'abord vers eux en cas de difficultés (57 % des répondants), c'est sans grand espoir puisque seuls 17,3 % estiment qu'ils peuvent compter

38. Paul BOUFFARTIGUE, « Les métamorphoses d'un salariat de confiance : les cadres dans le tournant des années quatre-vingt-dix », *Travail et Emploi*, n° 86, 2001, p. 107-125.

39. Élodie BETHOUX, Guillaume DESAGE, Arnaud MIAS et Jérôme PELISSE, « La "drôle de crise" de la CFE-CGC », *Travail et Emploi*, n° 128, 2011, p. 5-22.

40. Sylvie CONTREPOIDS et Steve JEFFERYS, *Le syndicalisme bancaire face aux enjeux de la mondialisation et des délocalisations en France et au Royaume-Uni*, 2003 : http://www.crimt.org/2eSite_renouveau/Samedi_PDF/ContrepoisJefferys_FR.pdf

41. Marnix DRESSEN, « Le cadre autonome des banques de détail, modèle de la flexibilisation du temps de travail », in Rachel BEAUJOLIN-BELLET (dir.), *Flexibilités et performances. Stratégies d'entreprises, régulations, transformations du travail*, La Découverte, « Recherches », 2004, p. 137-157.

sur leur responsable hiérarchique. Il est d'ailleurs significatif que 70 % des répondants disent se tourner vers un délégué syndical en cas de difficultés avec la hiérarchie. Quant à la nature de la relation entre la hiérarchie et les syndicats, les avis sont plus partagés, la moitié estimant que les premiers témoignent d'une hostilité à l'endroit des seconds. Ce jugement critique sur le management de l'entreprise se confirme quand 53,8 % des répondants disent subir les abus d'un management autoritaire.

Le sens moral attribué à l'institution syndicale

Alors que les entretiens faisaient parfois état de la concurrence entre salariés et nommément de leur « individualisme », on trouve parmi les répondants au questionnaire des jugements favorables concernant le collectif de travail. Malgré les nombreuses difficultés rencontrées au travail, de nombreux salariés répondants (64,4 %) considèrent qu'il y a une bonne ambiance dans leur équipe de travail, et près de la moitié (48,8 %) déclare qu'il existe une solidarité entre les salariés dans le travail. Le climat social résulte finalement d'un équilibre, que l'on imagine précaire, entre, d'une part, des conditions de travail qui se dégradent, une gestion des ressources humaines peu effective, une organisation du travail qui ne nourrit pas vraiment d'espoirs et, d'autre part, un collectif de travail compensatoire par une solidarité... d'infortune ou d'intérêt pour le travail. La question se pose, dès lors, du jugement que les salariés portent sur le rôle des syndicats.

A priori, le syndicalisme se trouve sur un terreau plutôt fertile. En effet, en sus du climat social dégradé (*cf. infra*), la population est plutôt fortement qualifiée et nombreuse, même si la concentration varie considérablement selon le poste et le site de travail (majorité de petites agences). Les salariés répondants font par ailleurs confiance aux syndicats, dont ils jugent l'action positive (61 %) et la parole crédible (53 %), tandis qu'ils se méfient davantage de celle de la direction (55 %)[42]. Le syndicalisme gagne à être connu au travail, 40 % estiment avoir une meilleure opinion d'eux depuis qu'ils travaillent. Ils évaluent par ailleurs très positivement l'adhésion au syndicalisme.

Autre élément important, le syndicat ne représente pas à leurs yeux un simple service, dans une perspective utilitariste : ils ne le choisissent pas « parce que c'est le plus gros », ni celui dont les cotisations sont les moins chères, ni pour y retrouver des collègues, ni pour améliorer les mutations.

42. Les pourcentages comprennent le total des chiffres en dessous ou au-dessus de la moyenne. Ils ne comprennent pas la moyenne (3 sur une échelle de 1 à 5) ni les sans réponse, sauf indication expresse.

Un seul item paraît instrumental, mais de façon conforme aux missions officielles du syndicat : avoir un soutien au cas où (70 %). Le syndicat représente bien des valeurs, personnelles (56 %) et collectives, comme le besoin de se montrer solidaire avec les autres salariés (58 %).

Un syndicat pour se défendre et être informé

Non seulement les répondants font du syndicalisme une valeur morale mais ils y voient aussi un instrument de défense plus efficace que de « se débrouiller » tout seul : 59 % jugent illusoire de pouvoir se passer du syndicat si l'on est « débrouillard » ou « fort en gueule ». C'est donc un bouclier indispensable pour se protéger, au nom du principe de supériorité du nombre sur l'individu isolé, et un contre-pouvoir par rapport à la direction (selon 43 % des répondants), particulièrement sur les 4 thèmes suivants (classés par ordre décroissant) : hygiène, respect des règles négociées, horaires, pénibilité du travail. D'ailleurs, les salariés répondants sont plutôt fidèles au même syndicat (52 % votent toujours pour le même syndicat) et 58 % estiment qu'il n'y a pas assez de salariés syndiqués.

Et de fait, nombre de signaux sont au vert pour le syndicalisme, en sus des signaux négatifs donnés par l'appréciation du climat social. Tout d'abord, rappelons la bonne ambiance au travail signalée par une forte majorité d'entre eux (65 %) : paradoxalement, les salariés répondants se trouvent bien avec leurs collègues de travail, malgré tous les inconvénients. On peut dire d'une façon générale que l'absence de réussite ou d'espoir de promotion fait qu'ils se sentent représentés non seulement collectivement mais aussi individuellement par le syndicalisme. En effet, ils considèrent que le syndicat défend à la fois les intérêts collectifs (71 %) et les intérêts individuels (73 %) ; on appelle notamment un délégué en cas de problème (70 %), en cas de conflit avec sa hiérarchie (54 %). Le syndicalisme représente « tout le monde » (57 %) mais aussi les « valeurs personnelles ». Il n'y a donc pas de hiatus entre individu (supposé libéral) et collectif (seulement social), qui ont l'air ici de fonctionner plutôt ensemble. Si 27 % disent préfèrer des augmentations individuelles, 40 % au contraire disent préférer des augmentations collectives.

Enfin, l'outillage syndical est apprécié en tant qu'il est vecteur d'informations. Si le site internet reste peu fréquenté et sans doute méconnu, les tracts syndicaux sont très appréciés : 90 % déclarent les lire, un tiers les garde, la moitié pense que les syndicats y disent la vérité (contre seulement 10 % qui pensent le contraire), et on les lit plus volontiers durant le temps de travail que pendant les pauses ou en dehors du travail. Plusieurs questions indiquent que le syndicat est un informateur privilégié : il dispose d'informations (73 % estiment que les syndicats ont des informations que les salariés n'ont pas), les diffuse (76 % des répondants jugent utile l'action syndicale pour obtenir des renseignements concernant leurs droits et devoirs), et celles que la CGT relaie sont jugées utiles (52 %), de même que ses tracts qui sont lus régulièrement par 68 % des sondés répondants. On a là sans doute un rappel de la qualification de ces salariés, habitués à la lecture. On a aussi une vision assez classique du syndicat, dont la mission d'information, par voie de tracts, est la plus appréciée.

En synthèse, nous avons bien repéré (dans les entretiens comme dans les questionnaires) des éléments « d'individualisme » dans l'intérêt pour les primes, les croyances dans un (nouveau) départ possible, que l'on peut coupler avec un sentiment de supériorité de jeunes cadres ambitieux, constaté lors d'entretiens en agence. Par contre, les liens d'appartenance au secteur bancaire ou de défense d'intérêts spécifiques sont moins manifestes, dans un contexte où les carrières et les promotions à l'ancienneté sont compromises. D'où, sans doute, cet intérêt pour l'ambiance de travail et cette approbation des principes d'un syndicalisme généraliste (avocat, informateur) plus caractéristique de salariés ordinaires que de cadres privilégiés en tant que catégorie dans un secteur donné, en l'occurrence la banque.

« Surfer » sur le mécontentement ?

La critique de l'entreprise est vive dans le milieu bancaire de la CGT. Elle concerne à la fois les conditions actuelles (la charge de travail, le management), le sens du métier et les perspectives d'avenir en interne (tempérées par les chances de trouver mieux ailleurs, du fait du diplôme). Si ces conditions font du syndicat un recours possible, il reste à savoir avec quelles représentations de son rôle : modéré ou radical ?

Une acceptation sans illusions du dialogue social

Les réponses éthiques sur le syndicalisme formulées plus haut peuvent paraître un peu convenues et l'on se demande ce que deviennent ces opinions confrontées à des situations [43], d'autant que, si les cadres en général sont plus syndiqués, ils ne sont pas pour autant plus militants que les

43. Rappelons ici le décalage classique entre les réponses fournies aux questionnaires concernant la discipline et les comportements des mêmes personnes en situation de soumission à l'autorité (Cf. Stanley MILGRAM, *Soumission à l'autorité*, Paris, Calmann-Lévy, 1974.

ouvriers[44]. Les résultats quantitatifs sont plus pertinents lorsqu'ils permettent de mettre en évidence des différences. Or, malgré l'intériorisation d'un jeu institutionnel — auquel la CGT est perçue comme associée — la stratégie de modération semble échouer à fonder un discours entièrement légitime.

Si plus de la moitié des enquêtés estiment que les syndicats rencontrent l'hostilité des chefs, une moitié pense aussi que les syndicats sont adaptés aux structures de négociation paritaires. Pourtant, ce plébiscite de la vision intégrée du syndicalisme ne traduit pas un fort optimisme sur son utilité. D'abord, l'existence du dialogue social n'est pas confondue avec le rôle que les syndicats y jouent. La population répondante ne croit pas au dialogue social comme à une œuvre consensuelle progressiste : ils sont 42 % à ne pas croire aux efforts conjoints de « partenaires sociaux » (contre 22 % d'un avis contraire), un bon tiers à ne pas croire au respect mutuel des partenaires sociaux (contre 19 %) et encore un bon tiers à ne pas croire que les instances de négociation produisent des résultats concrets (contre 14 %).

Ensuite, le produit de ces dispositifs internes semble fort limité aux yeux des salariés. Ils ne sont qu'un quart à se juger « pas trop mal lotis à LCL » (contre un tiers d'avis opposé) et 20 % voient une politique sociale dans l'entreprise (contre 42 %). De même, selon eux, l'action de la CGT influence peu la stratégie de la direction (18 %). Les répondants doutent de l'efficacité des syndicats sur des thèmes qui leur tiennent à cœur, comme les promotions, les salaires ou les mutations. Si le syndicalisme est nécessaire, il est relativement impuissant à améliorer la condition des salariés.

Le scepticisme sur le partenariat CGT-LCL

À propos du dialogue social, les opinions concernant la CGT restent plutôt affirmatives, pour ce qui est de l'intégration du syndicat au jeu interne. Ainsi, la moitié pense que la CGT prend part aux négociations, 38 % jugent que les délégués CGT savent discuter avec la direction et 42 % qu'ils jouent un rôle constructif dans la négociation. C'est plus que ceux qui la jugent « grévicultrice » (35 %). Si un tiers pense que la CGT est l'objet d'un ostracisme de la part du management, un tiers n'a pas d'avis, le reste juge nul ou moyen cet ostracisme. Un gros tiers estime enfin que la CGT fait des propositions crédibles et réalistes. On peut donc

44. Thomas AMOSSE et Maria Teresa PIGNONI, « La transformation du paysage syndical depuis 1945 », *Données sociales*, Paris, Insee, 2006.

dire que, malgré les différences d'appartenance à la CGT, cette dernière semble trouver toute sa place au sein des institutions paritaires pour y négocier.

Si l'on prend l'exemple plus concret des accords signés par la CGT, on voit poindre le même scepticisme sur les résultats. D'abord, une large ignorance, puisque 41 % des répondants n'a pas connaissance des derniers accords d'entreprise publiés sur intranet (seuls 20 % disent l'avoir fait) et 44 % d'entre eux disent ne pas connaître les syndicats signataires de ces accords (contre 22 % qui disent les connaître). Si l'on pointe un accord précis et récent, les réponses sont moins indifférentes et se polarisent, avec des parties teintées de pessimisme (34 % contre la complémentaire santé obligatoire, 23 % pour) ou d'optimisme (22 % contre l'accord incivilité, 32 % pour).

Insatisfaction au travail et faible combativité

La stratégie de contestation peut prendre appui sur une critique du travail. L'analyse des questions relatives au travail donne à voir en effet une insatisfaction effective des salarié-e-s proches de la CGT. En première analyse, on relève que seuls 42 % des répondants considèrent qu'ils sont aujourd'hui dans un poste leur permettant de faire ce qu'ils aiment. Dans les 58 % restants, un salarié sur quatre dit faire un travail qu'il n'aime pas.

Plusieurs explications sont avancées par les répondants. D'une part, la charge de travail s'alourdit. C'est en tout cas l'opinion exprimée par 89 % des salariés répondants, chiffre à mettre en lien avec les 80,4 % qui dénoncent une situation de sous-effectifs. Les répondants ne sont même que 6,6 % à rejeter ce constat de sous-effectifs. D'autre part, à cette intensification du travail s'ajoute une absence de perspectives d'amélioration. Seuls 16,6 % des répondants observent que leur travail individuel leur permet d'augmenter leur revenu quand près de 80 % regrettent de ne plus connaître de hausse de salaire. Si l'on pouvait savoir que la politique actuelle de rémunération du travail ne repose pas sur des hausses de salaire, il est intéressant de noter ici que la logique d'individualisation des salaires avancée par la direction, et censée récompenser l'effort individuel, ne tient pas ses promesses. Du reste, l'analyse en termes de perspectives de carrière va dans le même sens : 15 % seulement des salariés répondants pensent que la reconnaissance par la direction de leur contribution individuelle pourrait se traduire par un développement de leur carrière. Devant ce faible enthousiasme, l'option d'une sortie de l'entreprise semble difficile aux yeux d'une majorité des salariés. Ils sont 41,8 % à imaginer qu'ils puissent facilement trouver un emploi équivalent dans une autre entreprise, même si 51,8 % pensent pouvoir se recycler pour se rendre employables ailleurs.

Une dernière cause nettement identifiable, et peut-être l'une des plus prégnantes, tient à la disparition du sens au travail : 71,3 % des répondants s'accordent à dire que leur métier perd de son sens initial, à mettre en relation avec les 74,8 % qui estiment que les objectifs fixés par la direction vont à l'encontre d'une relation de service de qualité avec le client. À la dégradation des conditions de travail s'ajoute donc un sentiment de déprofessionnalisation qui explique le climat social tendu. À noter que la prise en compte de cet attachement au contenu spécifique du travail n'est pas le fort du syndicalisme, alors qu'il peut constituer aussi une « Cause », comme dans le cas du soin [45], voire est au cœur de la réussite de la greffe syndicale sur les communautés professionnelles [46].

Pour autant, la combativité n'est pas au rendez-vous. Il semble qu'une vision noire couvre toutes les questions ; en effet, 69 % des répondants pensent qu'on ne peut plus rien faire contre le patron. L'espoir d'obtenir une amélioration est faible, quels qu'en soient les moyens : les salariés sont contre la grève pour protéger ou améliorer leurs acquis. Le choix de la grève vient en dernier dans le choix entre négociation et action juridique pour les protéger et se situe loin derrière la négociation pour améliorer les acquis (21 % contre 71 %). Le contexte n'est pas porteur — à moins qu'il ne témoigne des divisions internes à la CGT.

Des forces centrifuges entre direction syndicale, militants et milieu d'entreprise

De nombreux éléments concourent à dissocier entre eux direction, militants et adhérents. Si la différentiation des couches est moins nette du fait de la réduction de la masse considérée, cela n'empêche pas, au contraire, les tensions d'exister, selon deux lignes de fractures distinctes : entre direction syndicale et opposants (modération/radicalisme) et entre générations d'adhérents (identité/opportunisme).

---

45. Ivan SAINSAULIEU (dir.), « Le syndicalisme à l'hôpital. Sociologie d'une insatisfaction », Dossier « Syndicalisme et santé », *Les Tribunes de la santé*, n° 18, 2008, p. 83-94.

46. Denis SEGRESTIN, *Le phénomène corporatiste*, *op. cit.*

La crise de gouvernance du syndicalisme CGT dans la banque

Au moment de l'enquête, la crise de direction syndicale n'est pas seulement confédérale : cette dernière se répète au cœur des fédérations. Les directions du syndicat LCL aussi bien que de la fédération des banques ont été malmenées en 2011 : le secrétaire national a démissionné avant même la tenue de la conférence nationale du syndicat LCL, du fait de la violence des conflits [47]. Autre fait rare, sans précédent dans l'histoire de la fédération, la composition de la commission exécutive proposée par la direction sortante n'a pas été ratifiée à l'issue du congrès fédéral CGT des banques (qui s'est tenu trois mois après la conférence nationale du syndicat CGT-LCL), elle a dû être élargie pour inclure des opposants. C'est donc dans un contexte de crise de gouvernance (récurrente) que la fédération cherchait un soutien de son action auprès des salariés et des sympathisants pour contourner le noyau militant contestataire et construire une autre légitimité, plus démocratique et moins idéologique.

La stratégie de la fédération est en osmose avec celle de la confédération qui, au niveau national comme européen [48], se veut résolument contractante, productrice d'accords et d'expertise, voire surtout d'expertise [49]. La tradition interne à la CGT, la souche historique, est cependant d'autant plus présente que le noyau militant peine à se renouveler. On ne saurait, de ce point de vue, relativiser la crise matricielle de l'organisation, la difficulté de transition idéologique. La veine militante « historique » a trouvé en effet de quoi se ressourcer dans des crises sociopolitiques d'ampleur variable, notamment en 1995 [50], sans que ces relances d'une contestation plus pragmatique n'aient permis de mettre à pied d'œuvre une nouvelle génération militante [51]. Mais la lutte entre les stratégies de modération (moderne) et de contestation (historique) se manifeste d'abord par une indécision au sein du milieu d'entreprise.

---

47. L'intégrité personnelle du secrétaire a été mise en cause, il a été accusé de malversations financières et donc d'avoir été « acheté » au sens propre par la direction de l'entreprise — ce qui a entraîné sa démission et aussi une crise personnelle, sous forme de dépression sévère.

48. Arnaud MIAS, « Les registres de l'action syndicale européenne », *Sociologie du Travail*, 51-4, 2009, p. 461-477.

49. Baptiste GIRAUD, « Au-delà du déclin. Difficultés, rationalisation et réinvention du recours à la grève dans les stratégies confédérales des syndicats », *op. cit.*,

50. René MOURIAUX, *Le syndicalisme en France*, coll. « Que-sais-je », 2005, PUF.

51. Ivan SAINSAULIEU, *La contestation pragmatique dans le syndicalisme autonome. Essai sur le « modèle » Sud-PTT*, L'Harmattan, Paris, 1999.

Un décalage entre les militants et le milieu d'entreprise

Les deux lignes sont partiellement démenties : le dialogue social est accepté sans enthousiasme (voire sans illusions), la critique sociale ne débouche pas sur de la combativité (la grève est notoirement exclue des possibilités d'action). Il est possible que le clivage soit renforcé par l'auto-construction de l'échantillon par les militants : comme on le disait, ils ont pu pioché autour d'eux des ingrédients différents, voire opposés, pour « équilibrer » les réponses et les rendre plus « représentatives ». Le milieu socioprofessionnel de la CGT de la banque n'apparaît pas ainsi totalement convaincu de sa propre appartenance syndicale (1/3 pro CGT, 1/3 variable et 1/3 méfiant), peu ou prou marqué par un contexte sectoriel de croyance en la parole de la direction d'entreprise, de satisfaction professionnelle ou d'individualisme économique alimenté par la recherche de primes. Il ne rejette pas pour autant le principe de la stratégie de partenariat. On peut dire qu'elle est désormais partie intégrante du syndicalisme dans le milieu bancaire (comme ailleurs).

Tel qu'il est, ce matériau montre un soutien au syndicalisme comme principe, par-delà la connaissance de ses limites. Par contre, il montre aussi les limites du militantisme, non soutenu comme par le passé par des groupes homogènes compacts, mais menacé au contraire de délégitimation par des adhérents aux intonations différentes, y compris sur le cœur des convictions de classe chères à l'organisation.

De là à conclure que le débat stratégique interne est suspendu en l'air et ne correspondrait qu'à une querelle des chefs (ou des fiefs), il n'y a qu'un pas. Pas que l'on franchirait d'autant plus aisément en voyant que les répondants s'estiment peu conviés aux réunions d'information (71 % du total des répondants, 78 % des répondants non syndiqués) : on voit ici une forme particulière du décalage entre les salariés et le syndicat. Ce sont moins les salariés répondants qui rejettent la CGT (41 % ne veulent pas adhérer) que la CGT qui ne les convie pas à des réunions (71 %). D'un côté, on ne se sent pas convié, de l'autre, on juge volontiers « individualistes » les salariés de la banque : on a bien un décalage.

Les résultats de l'enquête LCL ne nous permettent pas de relier les différends internes à l'organisation à des clivages sociologiques[52]. Si les représentations ou les valeurs s'ancrent différemment (on penche d'un côté vers une critique du travail et de l'autre vers les accords négociés et/ou la politique), on ne lit pas au travers de l'enquête LCL d'opposition

52. Nous avons essayé de faire ressortir des différences selon l'âge, le sexe, l'ancienneté, etc.

base-sommet, ni de rupture entre générations, entre genres ou entre syndiqué-e-s et non syndiqué-e-s dans le milieu salarial proche de la CGT. On a constaté une série de réponses contrastées, donc des pôles constitués sur des questions diverses, sans qu'ils obéissent à une règle sociologique évidente. Dans les réponses au questionnaire fédéral à destination de tous les adhérents des syndicats des banques, on éclaire davantage les divisions internes *au milieu syndical* ou des syndiqués CGT des banques.

Un contraste « générationnel » entre militants éprouvés et adhérents récents de la banque

Au sein de cette population syndicale répondant au questionnaire fédéral interbancaire, une différenciation nette apparaît cette fois *entre adhérents récents et militants* : un noyau dur des militants de la génération de 68 apparaît nettement, très politique et engagé, partisan de positions plus dures et d'une forte identité de la CGT. On sait par ailleurs que ces militants, peu nombreux, font largement vivre le syndicat, auquel ils sont très attachés. Face à ce loyalisme radical, les catégories de répondants femmes, plus jeunes et plus récents adhérents font apparaître une certaine *autonomie du jugement des salariés par rapport à celui du syndicat*, sur les contenus professionnels à donner au travail (à distinguer de l'environnement de travail) et sur la détérioration précise des conditions de travail (et non plus un prisme idéologique ouvriériste). Une autre sensibilité xénophobe, de méfiance à l'égard du « nombre d'immigrés », concerne spécialement les adhérents récents.

La différence de tonalité selon l'ancienneté d'adhésion permet d'isoler un peu mieux la marque de la « CGT historique ». Les adhérents *d'avant* 2000 forment un ensemble plus politique, plus mandaté, plus attaché et fidèle à la CGT, ayant essayé moins de syndicats, plus fier d'y appartenir. Elle est donc plus représentative en termes de convictions CGT et d'engagement syndical. Ces adhérents fréquentent beaucoup plus d'adhérents et ont davantage le sens de leurs devoirs de syndiqués à l'égard du syndicat.

A contrario, les adhérents plus récents ont plus connu la CGT *via* les médias et veulent consacrer moins de temps, prendre moins de responsabilités internes ou au CE. Leur engagement est plus orienté vers les mandats de délégués, donc plus vers les salariés que vers l'organisation. Ils sont tout autant insérés dans un collectif de travail, mais plus critiques à l'égard du fonctionnement du syndicat, en termes d'efforts pour associer les syndiqués et les salariés, tandis qu'ils exonèrent de critiques les syndiqués eux-mêmes. Ils ont aussi un peu moins confiance dans la parole de leur syndicat.

Le décalage est sensible à l'égard de la politique. Les « récents » adhèrent moins à tout ce qui est connoté politique ou préoccupations larges, sociétales : la solidarité internationale, la révolution arabe (ils sont un peu plus xénophobes, 7 points en sus[53]). Ils jugent leur syndicat moins indépendant des partis que leurs aînés. Ils ont moins adhéré pour changer le monde, pensent moins à la société et jugent moins utile que le syndicat se prononce sur la politique du gouvernement.

Les « récents » font aussi attention à d'autres thèmes revendicatifs liés au travail. Par rapport aux « anciens », ils appuient moins certaines revendications classiques (salaires, conditions de travail, hygiène et sécurité, pénibilité, moyens matériels, règlements, défense des intérêts collectifs) pour souligner davantage le contenu du travail. Ils estiment ainsi que le métier perd de son sens, que le management est autoritaire et que l'entreprise sert mal le client, avec des effectifs insuffisants. On voit donc se confirmer un état d'esprit orienté vers le service rendu au public plus que vers les seuls salariés.

Sans faire confiance à la direction d'entreprise, ils sont plus portés vers le dialogue social que leurs aînés. Ils voient moins d'obstacles à leur carrière, mais jugent les chefs plus hostiles à la CGT. Ils croient moins à la grève, à la lutte. Sans juger leur syndicat « réformiste » (un peu plus seulement), ils font porter l'accent sur la négociation pour protéger les acquis et pour les améliorer. La différence se retrouve sur le profil de syndicalisme, contestataire ou réformiste, mais par la négative (- 7 points sur syndicat de lutte, + 2 sur réformiste). L'appellation de réformiste reste un tabou, même pour les tenants de la négociation.

La distance entre la génération de gauche historique et la relève est un problème récurrent, transversal aux organisations syndicales internationales[54]. Pour autant, les adhérents récents ne légitiment ni la direction

---

53. La question posée était : « il y a trop d'immigrés en France » : d'accord ?, pas d'accord ?, etc. Par ailleurs, nous n'avons pas pu mesuré la significativité des écarts dans les réponses, donnés donc ici à titre indicatif.

54. Ivan SAINSAULIEU, *La contestation pragmatique dans le syndicalisme autonome. Essai sur le « modèle » Sud-PTT*, *op. cit.* ; Karel YON, *Retour sur les rapports entre syndicalisme et politique : le cas de la CGT-FO : éléments pour la sociologie d'un « monde de pensée »*, doctorat de sciences politiques, Paris-I, 2008 ; Francisca GUTTIEREZ-CROCCO, « Les archipels militants dans le syndicalisme chilien ou la frontière revisitée entre syndicalisme et politique », in Ivan SAINSAULIEU et Muriel SURDEZ (dir.), *Sens politiques du travail*, Armand Colin, coll. « Recherche », Paris, 2012.

syndicale, ni les opposants. On voit plutôt poindre une triple fracture entre dirigeants, militants éprouvés et adhérents récents. Tout le contraire de matrices organisationnelles identitaires[55], tout le contraire surtout d'une revitalisation portée par une mobilisation des troupes et orchestrée par en haut, analysée aux États-Unis à propos de l'AFL-CIO[56] mais relativisée en France, dans les exemples contrastés du syndicalisme contestataire « sudiste »[57] ou d'une CFDT « recentrée »[58].

Conclusion : Deux bases et une kyrielle de fiefs

Il y a deux façons d'interpréter notre matériau : *bottom up* (la CGT émanation du milieu professionnel) ou *top down* (le milieu professionnel révélateur de la politique de la CGT). La question ou le problème ne sont pas nouveaux : le *milieu syndiqué* de la CGT a toujours été influencé par la ligne du syndicat (ou du parti) et l'état d'esprit des salariés n'a pas toujours été déterminant sur la dite ligne[59]. La différence avec la situation actuelle nous paraît cependant double : d'un côté, c'est moins la ligne que les divisions, les tensions qui descendent désormais ; de l'autre, ce sont moins les syndiqués CGT au sens strict qui répondent, comme couche distincte, homogène (et épaisse), que le *milieu d'entreprise* composite, constitué d'adhérents CGT et d'autres syndicats, de non-adhérents, d'électeurs CGT permanents ou occasionnels. Il s'agit de salariés choisis subjectivement (pour leur « différence », leur « représentativité », leur amitié). Un premier résultat de notre enquête est donc de poser l'hypothèse que le milieu des syndiqués est moins important qu'avant et que les militants ont pris l'habitude d'évoluer dans un milieu d'entreprise circonscrit subjectivement plutôt que de viser en priorité « les encartés », définis objectivement — sauf pour les enjeux électoraux.

---

55. Karel YON, « Quand le syndicalisme s'éprouve hors du lieu de travail », *Politix*, 1/2009 (n° 85), p. 57-79 ; Guy GROUX, « Syndicalisme, État et entreprise : la matrice organisationnelle de la CFDT », in Ivan SAINSAULIEU et Muriel SURDEZ (dir.), *Sens politiques du travail*, *op. cit.*

56. Lowell TURNER, Harry C. KATZ and Richard HURD, *Rekindling the Movement : Labor's Quest for Relevance in the 21st Century*, Ithaca et Londres, ILR, Press-Cornell University Press, 2001.

57. Stéphane LEQUEUX et Ivan SAINSAULIEU, « Social Movement Unionism in France : a Case for Revitalisation ? », *Labor Studies Journal*, 35-4, 2010, p. 503-519.

58. Cécile GUILLAUME et Sophie POCHIC, « La professionnalisation de l'activité syndicale : talon d'Achille de la politique de syndicalisation à la CFDT ? », *Politix*, 1/2009 (n° 85), p. 31-56.

59. Olivier MASCLET, *La Gauche et les Cités. Enquête sur un rendez-vous manqué*, La Dispute, Paris, 2003 ; Julian MISCHI, « La recomposition identitaire du PCF : modernisation du Parti et dépolitisation du lien partisan », *Communisme*, n° 72-73, 2003, p. 71-99.

Un certain décalage est perceptible entre les préoccupations des deux bases, milieu d'entreprise et milieu syndiqués, de même qu'une politisation marquée à gauche semble distinguer les anciens militants de la fédération des adhérents récents. Le syndicat peut se comporter stratégiquement comme un « groupe d'intérêts »[60], jouer au plus près des sommets, mais ce n'est pas ainsi qu'il peut construire sa légitimité auprès des salariés ou, plus précisément, « revivifier le lien » pour « reconstituer un noyau d'adhésion, de mobilisation et de participation élargi autour[61] » de lui. Il reste perçu comme un bouclier protecteur en cas de coup dur, mais le lien est lâche entre ses composantes internes (direction syndicale, militants, adhérents) avec son milieu socioprofessionnel. Si la figure du militant tend à s'imposer en interne, par rapport à celles de dirigeant et d'adhérent, la participation et la perception restent faibles en externe.

Nous avons constaté des difficultés de légitimation des stratégies autant modérées que radicales. Dans ce contexte, nous comprenons comment des militants privilégiant la contestation peuvent entretenir leur cause du fait des difficultés ressenties par les salariés proches d'eux (charge et conditions de travail), mais nous voyons des salariés, adhérents ou non au syndicat, exprimer une certaine modération et un cocktail diversifié de considérations (primes, mobilités, intérêt pour le métier). En particulier, des aspects identitaires du travail sont manifestés par les salariés, particulièrement par les cadres et les jeunes pour qui l'activité syndicale peut constituer « un moyen d'expression identitaire et culturelle » compensatoire de la *perte du métier*[62].

Une autre lecture irait dans le sens d'une contagion *top down*. LCL est une grande entreprise dont les militants jouent un rôle structurant dans la fédération et par ricochet au sein de la confédération CGT. Nous avons constaté, en observant les séances et réunions de deux « congrès » de la fédération et du syndicat LCL national, que se rejoue dans chaque instance, et pour partie entre les mêmes personnes, un climat de tensions, une opposition forte entre bastions autonomes et alliés de la direction,

60. Dominique ANDOLFATTO et Dominique LABBE, « La transformation des syndicats français. Vers un nouveau modèle social ? », *Revue française de sciences politiques*, 56-2, 2006, p. 281-297.

61. Thomas AMOSSE et Olivier JACOD, « Salariés, représentants du personnel et directions : quelles interactions entre les acteurs des relations sociales en entreprise ? », in Thomas AMOSSE, Catherine BLOCH-LONDON et Loup WOLFF (dir.), *Les relations sociales en entreprise. Un portrait à partir des enquêtes « Relations professionnelles et négociations d'entreprise »*, Paris, La Découverte, 2008, p. 165-191 ; Marlène BENQUET, *Encaisser ! Enquête en immersion dans la grande distribution*, *op. cit*.

62. Anne-Sandrine CASTELOT, « Le foyer syndical, au cœur de l'intime d'une pratique syndicale », *Cahiers du GdR Cadres*, n° 7, 2004, p. 147-153.

comme au sein de la confédération. Ainsi, on retrouverait dans le petit millier de répondants LCL l'écho des désaccords internes — ce qui relativise l'absence de transmission : ce n'est plus la « ligne » qui passe, mais les problèmes internes, par contagion sinon de cercles successifs, du moins par capillarité.

Dans ce contexte, l'image de la base, aussi bien remuante que soumise, s'affaiblit au profit de celle de leadership : on voit des militants qui s'affrontent, avec un écho localisé autour d'eux, dans un engagement plus individualisé[63]. Ce sont des meneurs tantôt locaux tantôt nationaux, tous capables de « travail d'organisation », ce « processus permanent d'actions et de décisions »[64], sans grande différence de capitaux sociaux, culturels ou politiques entre eux (au sens de la compétence politique). Ainsi, si tel opposant charismatique interrogé ne souhaite pas candidater au poste de dirigeant national, c'est pour des raisons essentiellement domestiques (pour ne pas compromettre son couple par un engagement encore plus important), pas par manque de compétence dirigeante, ni de légitimité. La ligne de partage passe moins entre eux et la direction qu'entre eux et les adhérents récents, qui ne se sentent pas représentés, investissent peu le syndicalisme, ou « s'en remettent totalement aux militants expérimentés pour impulser l'activité syndicale[65] ».

Aussi peut-on revisiter le clivage entre militants modérés et radicaux. Si la position de responsable incite à la modération et celle d'opposant au radicalisme, les opinions ne sont pas toujours différentes. Les uns et les autres sont issus d'une même socialisation au travail et/ou ont connu peu ou prou les mêmes logiciels de politisation — à la fois générationnels et organisationnels, pour l'essentiel du PCF, comme nous l'avons observé en réunion et dans les entretiens.

La réflexion sur l'existence de la base permet d'ailleurs de trouver un point de jonction entre fonctionnement interne (*top down*) et climat social (*bottom up*). La légitimité des dirigeants est non seulement diminuée du fait d'une compétence égale à celle de leurs challengers, mais aussi du fait qu'elle n'est pas sanctifiée, appuyée, stabilisée par la présence d'une forte participation. En ce sens, l'anarchie à la CGT est le fait d'une élite : elle ne relève pas que d'un manque de colonne vertébrale, mais aussi du

---

63. Ivan SAINSAULIEU, « Syndicalisme critique et défi institutionnel : vers l'individualisation du militantisme ? », *op. cit.*

64. Bruno MAGGI, *De l'agir organisationnel. Un point de vue sur le travail, le bien-être, l'apprentissage*, Toulouse, Octarès, 2003.

65. Charles BERTHONNEAU, « S'engager dans les marges du mouvement syndical : trajectoires et socialisations militantes à la CGT », communication aux *Journées internationales de la sociologie du travail*, université de Lille 1, 2014, p. 17.

manque de chair militante, qui rend les militants en place d'autant plus indispensables et d'autant plus influents localement. Ils sont donc légitimes et susceptibles de s'opposer avec efficace aux injonctions venues d'une hiérarchie exsangue, sans grand pouvoir de maintien de l'ordre. Il s'agit plutôt donc d'un combat à armes égales, avec des appuis locaux pour les uns et pour les autres, que d'opposants (minoritaires) et de dirigeants (majoritaires). Le changement de majorité peut d'ailleurs s'effectuer plus facilement (dans plus d'un congrès local la direction sortante a été mise en difficulté).

Les militants se raréfient dans un syndicalisme de plus en plus institutionnel [66], et s'il est vrai que les militants locaux gardent un ancrage sur le terrain en même temps qu'ils cumulent les mandats [67], chacun peut s'orienter par lui-même. Si le militant expérimenté, légitime et stratège se fait rare, et si le centre en est particulièrement démuni, alors il est vraisemblable que des fiefs se constituent autour de leaders locaux qui en sont encore capables — et qui disposent de ressources nombreuses pour ce faire : capitaux sociaux et culturels mais aussi capitaux « économiques », si l'on entend par là les nombreuses heures de délégation, les locaux et la logistique disponibles dans les bastions du service public et des grandes entreprises. Jean-Daniel Reynaud a avancé le néologisme de la « pléistocratie » pour caractériser le « trop plein de pouvoirs » et partant, la vulnérabilité des organisations complexes [68]. On voit se dessiner plus concrètement une sorte de « bureaucratie féodale », avec les mêmes inconvénients locaux que ceux de la bureaucratie centrale, notamment la même incertitude d'être en phase avec les salariés représentés.

La montée d'adhérents plus xénophobes fait craindre en particulier que d'autres challengers puissent réussir, grâce à une matrice intégratrice, à fédérer valeurs de contestation et aspirations à un avenir meilleur en termes de promotion individuelle, *via* un mythe fédérateur (typiquement la nation) acceptant toutes les contradictions.

USTL-LILLE 1 / Clersé

* * *

66. Dominique LABBE, « Des syndicats affaiblis et décalés », in Stéphane BEAUD, Joseph CONFAVREUX et Jade LINDGAARD (éds.), *La France invisible*, La Découverte, Paris, 2006, p. 574-581.

67. Thomas AMOSSE et Olivier JACOD, « Salariés, représentants du personnel et directions : quelles interactions entre les acteurs des relations sociales en entreprise ? », *op. cit.*

68. Jean-Daniel REYNAUD, « Une théorie pour quoi faire ? », in Gilbert DE TERSSAC (éd.), *La théorie de la régulation sociale de Jean-Daniel Reynaud*, La Découverte, Paris, 2003, p. 399-446.

Note critique

Bombardement, drone, politique *

I

Deux dates déterminent l'objet que Thomas Hippler se charge d'analyser : à Tripoli, le 1er novembre 1911, le lieutenant Giulio Gavotti réalise le premier bombardement depuis un aéroplane ; un siècle plus tard, pratiquement jour pour jour, à Tripoli toujours : « Depuis la veille, les avions de l'OTAN ont cessé le bombardement. Les frappes aériennes en Lybie, qui ont commencé le 19 mars, se terminent le 31 octobre, un siècle moins un jour après le tout premier bombardement par avion. Étrange coïncidence historico-géographique : les bombes lancées par les avions de l'OTAN tombent au même endroit que celles de Gavotti cent ans plus tôt. L'histoire se répète, semblant nous inviter à revisiter un siècle de bombardements aériens. » (p. 8)

La guerre aérienne s'offre comme le moyen de contourner la guerre de position de 14-18, en frappant les sources mêmes de la puissance militaire : la production industrielle, les moyens de transport et la cohésion politique et morale des peuples. Ce qui ne manque pas de soulever un problème moral : une stratégie militaire peut-elle légitimement prendre les civils pour cible ? Question normative qui ne doit pas, nous prévient Thomas Hippler, occulter le fait décisif, auquel nous confronte le rappel de la date du premier bombardement aérien, à savoir que le bombardement aérien a d'abord été expérimenté dans la sphère coloniale. Rappel qui impose la notion de *police bombing* dans la mesure où le bombardement aérien destiné à rétablir l'ordre colonial n'est pas tant une opération militaire qu'une opération de police, une opération de police d'empire. Le but de la guerre aérienne colonialiste est clairement identifiable : terroriser une population afin de l'empêcher de se reconnaître en ceux qui

* À propos des ouvrages suivants : Thomas HIPPLER, *Le gouvernement du ciel. Histoire globale des bombardements aériens*, Paris, Les Prairies ordinaires, coll. « Essais », 2014 et Grégoire CHAMAYOU, *Théorie du drone*, Paris, La Fabrique éditions, 2013.

l'exhortent à se révolter contre l'exploitation coloniale, sinon de se constituer en sujet de sa propre émancipation.

Ironie de l'histoire : lorsque le discours officiel parlait d'opération de police, et non de guerre, pour qualifier l'action de l'armée française contre le FLN algérien, il avouait dans sa volonté de masquage ce qu'il était effectivement en train de faire.

La question qui est le motif des analyses, à la fois historiques et de philosophie politique, proposées dans l'ouvrage est alors la suivante : comment comprendre que cette pratique coloniale, mieux, colonialiste, se soit étendue à l'ensemble du monde, comme l'illustrent les interventions aériennes, américaines et européennes, menées, depuis ces dernières années, aussi à l'aide des drones [1] ?

> « Une comparaison des stratégies aériennes dans la périphérie coloniale et en Europe apporte une réponse aussi évidente que troublante : la guerre, dans les deux cas, est l'affaire du peuple entier et ne concerne plus simplement l'État, entité transcendante par rapport aux citoyens. La guerre se 'démocratise' : si tous les citoyens participent, d'une manière ou d'une autre, à l'effort de guerre, il est absurde de cibler uniquement ceux qui manient les armes et d'épargner ceux qui, par leur travail quotidien, rendent possible leur utilisation. La mort à la guerre n'est plus le privilège aristocratique du guerrier ; 'démocratisée', elle devient accessible à tous. » (p. 13)

Avec cette ambiguïté qui traverse la réflexion politique depuis le moment révolutionnaire de la fin du XVIIIe siècle, alors que les masses, à la fois, s'imposent comme des acteurs de premier plan de la scène historique, et que leur statut de sujet politique souverain va leur être régulièrement disputé, au profit de celui de populace, de foule [2], ou encore, sous une forme euphémisée et statistique, de celui de population [3]. Une

---

1. Sur la question des drones, cf. Grégoire CHAMAYOU, *Théorie du drone*, La Fabrique éditions, 2013, dont nous proposons une recension à la suite de celle-ci.

2. Nous pensons bien évidemment à Gustave LE BON, *Psychologie des foules* (1895), qui applique au sujet collectif la loi de l'involution, mise en lumière par Théodule RIBOT, notamment dans *Les maladies de la mémoire* (1881), et selon laquelle la pathologie suit le chemin inverse de celui emprunté par l'évolution. Ainsi, les défaillances de la mémoire affectent-elles d'abord les souvenirs les plus récents pour concerner progressivement les plus anciens. Le Bon s'acharne à priver la notion de « peuple » de toute légitimité, et donc celle de « révolution », car cette nouveauté superficielle ne peut empêcher durablement le surgissement pathologique de la foule irrationnelle, émotive, bien sûr « féminine ».

3. « *Jeudi 17 mai 1945* - Levée tôt, suis allée chercher de l'eau à la nouvelle pompe. Dans une vitrine pend un quotidien qui s'appelle *Tägliche Rundschau* [*L'Observateur quotidien*], un journal de l'Armée rouge destiné à la *Berliner Bevölkerung* [population berlinoise]. Désormais, nous ne sommes plus un peuple, mais seulement une *Bevölkerung*, une population, mais nous ne représentons plus rien. La même distinction de valeur se retrouve dans d'autres langues, comme en anglais : people-population. » (*Une femme à*

telle ambiguïté sous-tend la stratégie militaire du bombardement aérien, qui l'intègre, semble-t-il, de manière maîtrisée. En réponse à l'objection morale, ces stratèges font remarquer que, dans les sociétés démocratiques, le peuple participe, par le vote ou la protestation, aux décisions militaires des gouvernements, et qu'il n'y a donc pas de raison (morale) de l'épargner. Cependant, soumettre ce peuple au feu nourri (et inégal [4]) des bombardements vise à le faire se retourner contre l'État, et à le réduire à n'être plus, dès lors, qu'un facteur de désordre. Car, dans cette tradition politique, le peuple ne peut revêtir ses habits de souverain que s'il est uni à l'État. Ce qui laisse à penser qu'elle n'a pas rompu aussi radicalement qu'elle le prétend avec le schéma paternaliste : privé de son tuteur étatique, le peuple se défait en populace.

On le constate, cette stratégie militaire ne néglige pas la politique, et une première conclusion peut déjà être formulée :

> « la guerre nationale n'a, à proprement parler, jamais existé, car depuis son invention avec les guerres de la Révolution française, la guerre entre nations a toujours dissimulé une guerre de classes. L'incertitude sur la nature du 'peuple' à bombarder correspond précisément à cette guerre larvée qui travaille une nation de l'intérieur. » (p. 15)

Le volet offensif de cette stratégie se double d'un volet défensif qui s'attache, en revanche, à restaurer et renforcer l'unité du corps politique.

> « L'abri anti-aérien devient le lieu où s'élabore matériellement l'unité du peuple et de l'État, mais le système social du bunker ne peut fonctionner sans une armature politique et sociale, destinée à discipliner, à éduquer et ainsi à intégrer la population dans l'édifice politique nationalisé. » (*Ibidem*)

Dualité parfaitement illustrée par l'histoire de Berlin lorsque les pilotes alliés, après avoir bombardé la ville et avoir été honnis jusqu'en 1945 comme « terroristes aériens », se voient qualifiés, trois ans plus tard, de sauveurs au moment où, en 1948-1949, ils organisent, pendant un an, un pont aérien pour fournir aux Berlinois de l'Ouest nourriture et combustible en dépit du blocus soviétique.

Berlin. Journal 20 avril-22 juin 1945 [*Eine Frau in Berlin*], traduit par Françoise Wuilmart, Paris, Gallimard, « Folio », 2013). L'auteure a souhaité rester anonyme : un témoignage, écrit au jour le jour, d'une lucidité accablante, en particulier à propos des viols qui lui sont infligés par les soldats de l'Armée rouge victorieuse, et d'un niveau d'analyse remarquable en dépit de la situation de survie dans une ville qui a subi des bombardements qui l'ont détruite à 43 %.

4. « Les faubourgs ouvriers, plus densément urbanisés que les quartiers bourgeois et moins bien protégés contre le feu, se prêtent particulièrement aux tactiques incendiaires mises en place pendant la seconde guerre mondiale. » (Thomas HIPLER, *Le gouvernement du ciel. Histoire globale des bombardements aériens*, *op. cit*, p. 14)

Cette dualité n'a pas cours dans les bombardements coloniaux car, en ces lieux, l'appareil d'État ne constitue pas une cible identifiable, si bien que « le combat contre les groupes d'insurgés et leur environnement social, économique et écologique se branche directement sur la configuration mondiale sans passer par la médiation de l'État national. » (p. 16) Esquisse d'un lien entre la pratique coloniale du *police bombing* et le cosmopolitisme humaniste dont le général italien Giulio Douhet, théoricien éminent du bombardement aérien [5], accentue le trait en prônant l'idée d'un tribunal international chargé de prévenir les guerres en faisant appliquer ses décisions par le recours aux forces aériennes. Pas en vain ! L'article 45 de la Charte des Nations Unies ne prévoit-il pas que les membres de cette organisation « maintiendront des contingents nationaux de forces aériennes immédiatement utilisables en vue de l'exécution combinée d'une action coercitive internationale ».

L'affirmation de ce lien est un élément clef de la pertinence de l'analyse proposée par Thomas Hippler, car les éléments que les théoriciens actuels des « nouvelles guerres », articulées sur le *cosmopolitan law-enforcement*, présentent comme commandés par la globalisation étaient en réalité déjà activés par le *police bombing* colonial. Auquel cas, l'histoire des bombardements promet de s'insérer dans une histoire globale du XXe siècle, par les thèmes qu'elle permet d'énumérer : entre autres, colonialisme et décolonisation, tiers-mondisme et globalisation, État-providence et son démantèlement néolibéral.

De même que les activités des forces policières et celles des militaires sont de moins en moins distinguables, de même l'ennemi et le citoyen tendent à se confondre.

> « L'assassinat ciblé de l'islamiste Answar al-Aulaqi en est un bon exemple. Alors qu'il eut été illégal de mettre son téléphone sur écoute sans l'autorisation d'un juge, ce citoyen américain a pu être abattu par un drone sans autre forme de procès et sans le moindre contrôle judiciaire le 30 septembre 2011 au Yémen, simplement sur ordre du président des États-Unis. » (p. 18-19) [6]

Thomas Hippler ne prétend pas proposer une histoire exhaustive du bombardement ; chacun des 10 chapitres est construit à l'identique : un exemple historique significatif suivi d'une analyse qui met en évidence l'un des aspects de la thèse dont nous venons de restituer la teneur. Cette

---

5. Cf. le chapitre intitulé « Philosophie de la bombe », p. 135-152. Le douhétisme peut se résumer à trois thèses : la suprématie aérienne ; l'aviation comme arme stratégique indépendante ; l'aviation comme arme essentiellement offensive. À partir du moment où l'ennemi se déclare vaincu, des forces de police suffisent pour occuper un territoire.

6. Glenn GREENWALD, « The transformation of Anwar al-Awlaki », sur Twitter (@ggreenwald).

construction combine la préoccupation historique et celle philosophique, à la manière d'un Michel Foucault, lequel est, en effet, convoqué lorsqu'il s'agit de justifier d'insérer un chapitre sur les bombardements dans une histoire globale. L'auteur de préciser : « Adopter un point de vue 'global' implique aussi de contextualiser différemment les jugements de valeur qui sous-tendent toute analyse théorique. » (p. 11) en faisant référence au cours professé par Foucault au Collège de France en 1977-1978, intitulé « Sécurité, territoire, population ». En outre, l'auteur dédie son ouvrage à Étienne Balibar.

Ne pouvant rendre compte de l'ensemble des chapitres, nous choisissons de nous arrêter sur celui qui est intitulé « La matrice coloniale » (p. 75-91), et qui exprime le mieux l'originalité de l'analyse développée par Thomas Hippler.

Le 21 janvier 1920, incrédules, les gardes repèrent des objets volants au-dessus de Mediche, dans la corne de l'Afrique, où se trouve la résidence de Mohammed Abdullah Hassan. Fils d'un cheik somali, celui-ci se proclame « guerrier saint » et s'efforce de libérer son pays de l'emprise européenne et de fortifier la foi de ses compatriotes sous l'influence du Soudanais Mohammed Salih, fondateur d'un ordre wahhabite radical et profondément anti-occidental.

À Londres, au même moment, le sort institutionnel de l'armée de l'air est en discussion. Depuis avril 1918, la Royal Air Force est la première force aérienne indépendante au monde. Après l'armistice, le Premier ministre Lloyd George, soucieux de réduire le budget gouvernemental, souhaiterait mettre fin à cette indépendance. Ce que ne saurait admettre le ministre de l'Air, Winston Churchill. Alors que deux forces composent traditionnellement l'armée britannique, la marine de guerre, force principale, et une force terrestre dont le rôle, en temps de paix, est avant tout de maintenir l'ordre colonial, la force aérienne pourrait afficher sa légitimité en étant intégrée à cette « police impériale ». L'insurrection somalienne s'offre comme une bonne occasion de manifester son efficacité.

Ce 21 janvier, l'oncle et conseiller de Mohammed Abdullah Hassan est tué tandis que lui-même est blessé. Pourchassé par l'aviation, il meurt quelque temps après de la grippe. C'est la fin de l'insurrection.

C'est donc bien dans la périphérie colonisée que l'aviation apporte la preuve de son efficacité et de sa capacité à mettre fin à un conflit, ne se limitant pas à intervenir comme simple force d'appoint. Pourquoi ?

Les actions militaires des forces aériennes ont relancé l'idée d'une force internationale au service du maintien de la paix, c'est-à-dire le maintien d'un ordre mondial juste[7], qui correspond alors à un monde divisé en centre et périphérie, partagé entre civilisés et barbares, les premiers ayant pour devoir de civiliser les seconds. Une combinaison de cosmopolitisme et de racisme à laquelle l'aviation apporte sa caution. N'est-il pas exagéré de confier cette mission pacificatrice à l'aviation alors qu'elle bombarde sans vergogne les populations colonisées ? Non, car cette dernière action est au service de la paix, laquelle a pour condition la « civilisation ». Aussi convient-il de réduire à néant par le moyen des bombardements les foyers qui résistent à l'extension de cette « civilisation » en vue d'assurer la paix. L'aviation pousse encore son avantage en permettant, en outre, de concrétiser le vieux fantasme panoptique : « Contrôle par vision panoptique et menace continuelle d'anéantissement par bombes : survoler et détruire, dirait Michel Foucault. » (p. 85)

Cette action qui vise à terroriser une population est, en outre, inspirée par une vision toute « orientaliste », au sens d'Edward W. Said, « l'arabe », à l'inverse du « poilu », est dépeint comme un guerrier et ne pas le bombarder serait l'offenser. L'aviateur est le « chevalier du ciel » (cf. p. 57-71) qui affronte le guerrier arabe, « chevalier du désert ».

II

Dans l'ouvrage précédemment recensé, T. Hippler annonce, dans le dernier chapitre, ce qui va constituer l'objet d'analyse de Grégoire Chamayou, les drones, nouveau moyen de l'aviation, adapté à la stratégie dite de la « guerre perpétuelle de basse intensité » :

> « Les drones, ces avions téléguidés et sans équipage, sont sans doute l'illustration la plus frappante de ce nouveau rôle. D'abord développés pour des missions de reconnaissance et de surveillance, ils sont de plus en plus souvent équipés de bombes et de missiles. Ils servent donc à la fois à surveiller, à localiser, à détruire. » (Thomas HIPPLER, *op. cit.*, p. 213)

À l'occasion de cette remarque, l'auteur fait précisément référence à l'ouvrage de Chamayou, de façon élogieuse. Ouvrage qui combine un sujet d'une immédiate actualité et une réflexion authentiquement philosophique. Une articulation réussie que nous ne manquons pas de saluer d'autant plus qu'elle concrétise une des tendances que poursuit notre revue.

Le sujet ? Le drone. Dans la langue officielle de l'armée américaine : un « véhicule terrestre, naval ou aéronautique, contrôlé à distance ou de

7. Sur cette notion, cf. également p. 48-53.

façon automatique ». Dans les termes officiels, un « véhicule aérien sans équipage » (« *Unmanned Aerial Vehicle* », UAV), ou un « véhicule aérien de combat sans équipage » (« *Unmanned Combat Air Vehicle* », UCAV).

> « Ce livre se focalise sur le cas des drones armés volants, ceux qui servent actuellement à mener les frappes dont la presse se fait régulièrement l'écho, ceux que l'on appelle les drones 'chasseurs-tueurs'. Leur histoire est celle d'un œil devenu arme [...] Engins de surveillance aérienne devenus machines à tuer, la meilleure définition des drones est sans doute celle-ci : "des caméscopes volants, de haute résolution, armés de missiles" » (G. CHAMAYOU, *op. cit.*, p. 22).

Quelques précisions que nous devons à la lecture de l'article de StéphaneTaillat[8]*. Le drone est aussi défini comme une « plate-forme aérienne sans pilote embarqué ». Conçus, en effet, initialement pour des missions de surveillance de longue durée, certains drones (MQ1 Predator, MQ9 Reaper) ont été dotés d'armement (ce sont ces drones sur lesquels se focalise l'analyse de Chamayou). Il est cependant nécessaire de distinguer entre les drones dont la mission est le renseignement (RQ), les drones armés (MQ pour* Multimission*) et les drones de combat (UCAV), qui pourraient remplacer les avions armés mais n'existent à l'heure actuelle que sous forme de prototypes. Si parmi les premiers, on compte des engins capables d'aller à très haute altitude (plus de 15 000 mètres) comme des engins de moyenne altitude (MALE, entre 5 000 et 8 000 mètres), les seconds n'appartiennent qu'à cette dernière catégorie. Des programmes d'armement américains et européens prévoient des drones dont l'armement entrerait dans la conception initiale du projet ; ce qui manifeste clairement la volonté de généraliser une telle utilisation.*

La première utilisation d'un drone tueur contre Al-Qaïda s'est produite au Yémen, le 3 novembre 2002. Mais l'essor de l'utilisation armée du drone date de la dernière année de l'administration Bush, 2008 : la CIA recourt une trentaine de fois au drone-tueur pour des frappes sur la zone du Waziristan méridional. Avec un changement déterminant, les frappes sont maintenant « unilatérales » au sens où elles sont décidées sans consulter l'ISI pakistanaise, contrairement à l'accord de 2004. De plus, Bush autorise les signature strikes, *qui consistent à bombarder non plus des individus préalablement identifiés mais des « cibles d'opportunité » (l'administration Obama n'a jamais reconnu le recours à un tel type de frappes). L'élimination ciblée (*targeted killing, *que Chamayou qualifie d'« assassinat extrajudiciaire ») s'est amplifiée : les drones armés incarnent la politique de l'administration Obama dans sa lutte contre les*

---

8. « Drones-tueurs et éliminations ciblées : les États-Unis contre Al-Qaïda et ses affiliés », *Focus stratégique*, n° 47, octobre 2013, accessible sur le site www.ifri.org

« extrémistes ». Selon la New America Foundation, *le nombre de frappes exécutées durant l'administration Bush a été de 49, et de 388 sous les administrations Obama (chiffre arrêté au 8 juillet 2013). La stratégie adoptée par Obama est* the light-footprint strategy, *c'est-à-dire la stratégie à empreinte humaine allégée, ou stratégie à l'empreinte légère, qui inclut une volonté de retrait, un rejet de l'occupation militaire et une plus grande efficacité dans la lutte contre Al-Qaïda. Il est vrai que cette stratégie ne concerne pas seulement les drones.*

Ces précisions fournies, revenons au livre de Grégoire Chamayou. David Deptula, un officier de l'US Air force énonce le principe stratégique de l'utilisation des drones : « Le véritable avantage des systèmes d'aéronefs sans pilote, c'est de permettre de *projeter du pouvoir sans projeter de vulnérabilité.* » (p. 22) C'est à prendre la mesure de cette nouveauté stratégique que se consacre l'ouvrage auquel nous nous référons.

« Projeter du pouvoir », au sens de projeter du pouvoir impérial depuis un centre sur le monde périphérique, qui a signifié dans le passé l'occuper grâce à un envoi de troupes. Préserver ce pouvoir en procédant au « retrait du corps vulnérable » (p. 23), telle est la capacité offerte par le drone qui intercale des milliers de kilomètres « entre la gâchette, sur laquelle on a le doigt [le doigt de l'opérateur, derrière son moniteur, installé sur le territoire des États-Unis], et le canon, d'où la balle va sortir [le drone qui survole le territoire à bombarder] » (p. 23). Cette distance considérablement amplifiée s'inscrit cependant dans la continuité de l'histoire des armes balistiques, animée par le souci d'atteindre l'ennemi toujours plus avant qu'il ne soit en mesure de réagir[9]. Cependant, dans le cas du drone, à cette distance entre l'arme utilisée et la cible visée, s'ajoute une autre distance, idéologique, sommes-nous tenté de la qualifier, entre l'opérateur et son arme : il n'appuie pas sur une gâchette mais sur les touches d'un clavier le regard fixé sur un écran.

L'expression abstraite de « projection de pouvoir » ne doit pas faire oublier que le but est de blesser, tuer, détruire. Si ce but est atteint à l'aide d'une arme qui préserve celui ou celle qui la manipule, le statut de l'ennemi se trouve redéfini, et se voit réduit à l'état de simple cible.

---

9. Il serait intéressant d'examiner de ce point de vue l'équilibre de la terreur imposé par l'arme atomique qui reposait sur la prévision que le pays qui déclencherait l'attaque nucléaire ne serait nullement préservé ; la riposte de l'ennemi devant causer autant de dégâts que ceux provoqués par l'attaque. Cas de figure qui peut être confondu avec celui où deux ennemis s'affrontaient directement à l'aide d'une arme blanche, par l'épée, et pouvaient se frapper mortellement au même moment ; possibilité ouverte du fait de la proximité des combattants. Comme si l'arme nucléaire fermait la parenthèse de l'histoire des armes balistiques, rouverte par le drone !

> « En prolongeant et en radicalisant des tendances préexistantes, le drone armé opère un passage à la limite : pour qui fait usage d'une telle arme, il devient *a priori* impossible de mourir en tuant. La guerre, d'asymétrique qu'elle pouvait être, se fait absolument unilatérale. Ce qui pouvait encore se présenter comme un combat se convertit en simple campagne d'abattage. » (p. 24)

Si le drone s'offre à une analyse de type philosophique, c'est, insiste Chamayou, qu'il est *épistémologiquement* un « objet violent non identifié » qui décourage toute tentative de lui appliquer les catégories classiques. Trouble dans l'analyse qui a pour raison première cette absence totale de réciprocité. Pour justifier de proposer une théorie du drone, Chamayou se réfère à Simone Weil [10] qui conseillait d'être attentif avant tout aux moyens mis en œuvre plutôt qu'aux fins pour étudier les phénomènes de la violence armée. Saisir ces phénomènes dans leur dimension technique, mais aussi, et du même coup, dans leur dimension politique, dans la mesure où le moyen utilisé impose à l'action un certain nombre de caractéristiques.

> « Plutôt que de se demander si la fin justifie les moyens, se demander ce que le choix de ces moyens, par lui-même, tend à imposer. Aux justifications morales de la violence armée, préférer une analytique, à la fois technique et politique, des armes. » (p. 27-28)

Cette analyse technico-politique, inspirée — point décisif — par une exigence épistémologique, commande de mesurer les conséquences, déjà évoquées, du choix du drone sur l'image qu'il dessine de l'ennemi et en quoi ce choix redéfinit le rapport de l'État à ses membres. Aussi, le propos est-il assumé comme étant polémique : « [...] au-delà de ses éventuels apports analytiques, l'objectif de ce livre est de fournir, à celles et ceux qui voudront s'opposer à la politique dont le drone est l'instrument, des outils discursifs pour le faire. » (p. 29)

Dans la mesure où le drone empêche une quelconque réciprocité, il supprime le combat [11] ; ce qui affecte dans son principe même la notion de guerre et oblige à s'interroger sur le type de violence qui est en jeu. Ce

---

10. « La méthode matérialiste consiste avant tout à examiner n'importe quel fait humain en tenant compte bien moins des fins poursuivies que des conséquences nécessairement impliquées par le jeu même des moyens mis en usage. On ne peut résoudre ni même poser un problème relatif à la guerre sans avoir démontré au préalable le mécanisme de la lutte militaire, c'est-à-dire analysé les rapports sociaux qu'elle implique dans des conditions techniques, économiques et sociales données. » (Simone WEIL, « Réflexions sur la guerre » (novembre 1933), *Œuvres*, Paris, Gallimard, 1999, p. 455.)

11. Pas absolument ! Le drone a son talon d'Achille, son système de commande qui repose sur des liaisons satellitaires. Al-Qaïda cherche à mettre au point des dispositifs d'aveuglement des drones, et donc à rétablir une forme de réciprocité et de combat par ce biais technologique.

dont traite Chamayou dans une première partie, intitulée « Techniques et tactiques » (p. 35-118).

> « Les partisans du drone comme arme privilégiée de l'‘antiterrorisme' promettent une guerre sans perte ni défaite. Ils omettent de préciser que ce sera aussi une guerre sans victoire. Le scénario qui se profile est celui d'une violence infinie, à l'issue impossible. Paradoxe d'un pouvoir intouchable qui mène des guerres ingagnables. Vers la guerre perpétuelle… » (p. 108)

Cette absence de réciprocité remet également en cause les principes d'un ethos militaire que l'idéologie militaire fonde traditionnellement sur la bravoure et l'esprit de sacrifice. C'est l'objet de la seconde partie, « Ethos et psyché » (p. 121-176). La vertu du drone tient à ce qu'il permet d'épargner la vie de ceux de son camp. Pour légitimer une telle vertu sans rompre avec le système de valeurs militaires traditionnel, il faut procéder à des glissements de sens ; le mot « bravoure » est conservé mais redéfini : ainsi, affirmera-t-on, la bravoure ne consiste pas à risquer sa vie mais à faire ce qui est juste, ou soulignera-t-on, il faut du courage pour ôter la vie à quelqu'un. Chamayou de commenter : « Il faut du courage pour être un assassin » (p. 146). Si on abandonne le terrain des valeurs — sur lequel se joue la comédie de la légitimation après-coup — il apparaît que des menaces pèsent sur la vie psychique des opérateurs des drones contraints d'instaurer un compartimentage entre soi et l'acte de tuer : « Je ne ressens aucun attachement émotionnel à l'ennemi [...] J'ai un devoir et je fais mon devoir » témoigne l'un d'entre eux, comme le rapporte Chamayou (p. 175). Nous ne pouvons nous empêcher de penser aux analyses sartriennes de la mauvaise foi : je tire sur l'ennemi par l'intermédiaire de l'écran et du clavier mais je ne le tue pas, c'est mon devoir qui le tue.

Perte que des philosophes spécialisés dans l'éthique militaire s'attachent à compenser en montrant que le drone est « l'arme *humanitaire* par excellence » et en promouvant une philosophie éthique pour le moins paradoxale, une « nécroéthique » (le titre même de cette troisième partie, p. 179-210). L'argument ramassé serait le suivant : le projet humanitaire ambitionne de sauver des vies ; or le drone permet de sauver nos vies (les vies américaines) ; donc le drone a une vocation humanitaire. Argument prolongé par cet appendice : par sa précision, le drone épargne des vies dans le camp ennemi en ce qu'il limite les dommages collatéraux. Pour balayer ce codicille, qu'on lise le Prélude de l'ouvrage où est rapporté le dialogue entre le pilote, l'opérateur et le coordonnateur lors d'une attaque de drone qui frappe des femmes et des enfants désarmés, confondus avec des hommes armés en âge de combattre (p. 9-20).

> « J'ai essayé de montrer en quoi la thèse de la précision-distinction repose sur des confusions et des sophismes en cascade, qui peuvent et qui doivent être d'abord contestés *sur le principe*. Contrairement à une légende si répandue, le drone s'apparente en réalité à une arme non discriminante d'un nouveau genre : en supprimant la possibilité du combat, il sape la possibilité même d'une différenciation manifeste entre combattants et non-combattants. » (p. 208)

Dans la quatrième partie de son ouvrage, Chamayou dégage les « principes du droit de tuer » (p. 213-239), en fait dévoile l'absence de tels principes. Le droit de la guerre obéit à deux paradigmes, le paradigme pénal qui dénonce l'ennemi comme coupable et méritant d'être tué, le paradigme juridique actuel qui repose sur le principe d'une égalité du droit de tuer, sur le modèle du duel. Mais « de quel droit » [12] décriminaliser l'homicide ? Au nom d'une structure de réciprocité : « On ne peut tuer que parce que l'on *s'entre-tue* » (p. 224). Le drone interdit la mise en place d'une telle structure et sape donc le fondement classique du « droit à tuer sans crime ». L'administration américaine ne peut qu'entretenir le flou juridique quant à la définition du cadre légal capable de contenir l'usage létal de la violence par le moyen des drones.

> « Les États-Unis auraient ainsi 'la capacité discrétionnaire d'attaquer les cibles là où elles se trouvent, partout dans le monde, mais sans avoir pour autant à postuler un soi-disant état de conflit armé permanent à l'échelle mondiale'. Une solution élégante [au vide juridique quant au recours aux drones] que Philip Alston se permet toutefois de traduire de la façon suivante : 'licence to kill'. » (p. 238-239)

La cinquième et dernière partie révèle au mieux l'enjeu de cette analyse en posant la question suivante : en quoi le drone tend à modifier le rapport de l'État à ses propres sujets ? Selon la philosophie contractualiste, la vocation étatique est de protéger ses membres ; ce qui l'autorise, en contrepartie, à exposer leurs vies à la guerre. Dès lors, le rapport de protection s'inverse, les sujets ayant à protéger l'État. À propos de cette inversion, Kant fait remarquer que l'État exposant la vie de ses membres est dans l'obligation d'obtenir leur libre consentement. Ainsi, la vulnérabilité des individus, qui justifie la souveraineté de l'État, devient argument pour limiter celle-ci dans la mesure où celle-là est exposée par la décision d'entrer en guerre. La « dronisation des forces armées » permet à l'État d'échapper à cette limitation de souveraineté dans la mesure où elle évite d'exposer la vie des citoyens. Comme quoi une stratégie

---

12. Nous redoublons l'occurrence du mot « droit » pour marquer ce caractère réflexif, constitutif du droit. En quoi cette réflexion échappe ou non à un processus infini, est évidemment une question fondamentale que nous laissons ici, tout aussi évidemment, de côté.

militaire est aussi, ou d'abord, une stratégie politique. Ce qu'illustre le reste du chapitre de manière convaincante en rappelant le lien entre l'histoire du *Welfare State* avec celle du *Warfare State*, en désignant l'armée comme un « laboratoire d'expérimentation pour de nouvelles technologies politiques » (p. 282), en évoquant la robotisation des bras armés de l'État.

En forme d'épilogue, sous le titre « De la guerre, à distance », Grégoire Chamayou publie de larges extraits d'un article publié, en 1973, par de jeunes scientifiques engagés dans le mouvement contre la guerre américaine au Vietnam, dans leur revue, *Science for People*, auquel étaient adjointes des remarques des éditeurs de la revue venant nuancer certaines des propositions de l'article. Cette lecture apporte la preuve que le parti pris militant n'interdit pas la lucidité analytique, voire la stimule [13].

Michel KAIL
(Berlin, juin 2014)

* * *

13. En complément de cette double recension, il est intéressant de lire l'entretien avec T. HIPPLER et G. CHAMAYOU posté sur le site Article11 le 13 janvier 2014 par Ferdinand Cazalis à l'adresse suivante : www.article11.info/?A-jouer-la-gueguerre-des-machines ; cet entretien a été initialement publié dans le numéro 14 de la version papier d'Article11.Ò

Comptes rendus

Trente menteuses, trente ravageuses, trente polluantes

À propos de Céline PESSIS, Sezin TOPÇU et Christophe BONNEUIL (dir.), *Une autre histoire des « Trente Glorieuses ». Modernisations, contestations et pollutions dans la France d'après-guerre*, Paris, La Découverte, 2013, 309 p.

La déconstruction des catégories historiques s'impose au même titre que celle des autres outils de classification et d'ordonnancement de ce qui serait le réel. Les « Trente Glorieuses » constituent l'une de ces catégories ayant réussi le tour de force de substituer à la pluralité des situations historiques, un récit univoque, orienté et trompeur. En sorte, une catégorie rendue transparente qui masque plus qu'elle n'éclaire le réel. Les textes réunis dans ce livre collectif balaient tout un ensemble d'exemples qui instruisent cette conviction. Il s'agit d'abord d'expliquer la réussite publique de cette sous-catégorie de la notion de progrès, portée par des hérauts de la modernisation, à travers une histoire faite d'aveuglements, de silences et d'échecs. Les dégâts environnementaux, les pollutions, les ravages des milieux naturels, les maladies professionnelles, les nuisances à l'égard des populations, sont abordées à travers une palette d'exemples dont on soupçonne aisément la liste bien plus vaste. Les contestations et autres oppositions au discours dominant et « glorieux » sont envisagées comme autant de propositions alternatives moquées, niées ou étouffées par le discours dominant.

L'idéologie dominante de la modernisation

« Trente Glorieuses » : l'expression, nous rappelle Régis Boulat, fut inventée par l'économiste et essayiste Jean Fourastié, au sortir d'un cycle de croissance forte qui dura près de trente ans. Fourastié, en « apôtre de la productivité », diffuse alors depuis plusieurs décennies auprès d'un large public, friand de ses essais vulgarisateurs, un « grand récit » des transformations du pays en termes de productivité, d'intensité différentielle de progrès technique, de rattrapage, et d'une modernisation aussi inexorable que « glorieuse ». Ce discours accompagne par exemple les bâtisseurs et les aménageurs planifiant l'organisation du « Grand Paris » autour de

François Bloch-Lainé, Paul Delouvrier et Bernard Hirsch. L'aménagement de l'espace urbain et du territoire régional est alors appréhendé comme « un guidage de la société et de l'économie » (Loïc Vadelorge). Pour autant, Fourastié n'est ni plus ni moins qu'en concordance avec le *main stream* en sciences sociales. Jean-Baptiste Fressoz et François Jarrige soulignent par exemple combien la plupart des historiens se moulèrent sans problème dans le productivisme ambiant. Les historiens de l'économie, dans le sillage d'Ernest Labrousse, soucieux d'apporter leur contribution au redressement du pays, se firent les chantres d'une histoire quantitative et sérielle, donnant au passage des gages de « scientificité » aux fondations américaines pourvoyeuses de fonds pour leurs recherches. Mieux, ces historiens tentèrent de retrouver dans le passé, traces des mécanismes économiques du présent. Ainsi, la « révolution industrielle », expression lancée par Adolphe Blanqui en 1837, devint, dans son versant anglais, un paradigme à l'aune duquel devait se mesurer toute l'évolution économique et industrielle des pays du monde et d'abord ceux d'Occident. À ce propos, un livre de Gilbert Rist, *Le développement* (Presses de Sciences Po, 2013, 4e éd.) fournit un complément fort intéressant sur l'exportation de la conception occidentale de la croissance. Les historiens des techniques, quant à eux, se focalisèrent sur l'entreprise et l'innovation, leviers d'une croissance incontestée. Sans doute, l'encastrement du chercheur en sciences sociales dans son époque et partant l'influence de celle-ci sur ses travaux, ne sont-ils finalement que des truismes qui doivent nous conduire, chercheurs du temps présent, à bien de la modestie...

Ravages, pollutions et nuisances

La contribution de Stéphane Frioux sur la pollution de l'air souligne l'un des termes de la relation entre la réalité et sa perception : l'optimisme ambiant largement partagé. La pollution atmosphérique apparaît ainsi, dans les années 1960, comme un mal nécessaire, la « rançon » du progrès industriel et social (croissance démographique, économique, essor de la consommation), tandis que la capacité des grandes entreprises polluantes (EDF, Charbonnages de France) à résoudre ce problème ne fait, dans une large mesure, pas de doute. Qui plus est, lorsque des mesures antipollution sont alors préconisées, elles visent pour l'essentiel les particuliers et non l'industrie. L'énergie nucléaire émerge d'ailleurs comme alternative aux nuisances des énergies fossiles, oubliant par là-même la longévité et la dangerosité des déchets radioactifs, tandis que l'extraction de l'uranium au Gabon, à Madagascar et au Niger, se fait au prix de la santé des mineurs africains dont le sort est passé sous silence dans la documentation officielle. L'indépendance énergétique de la France s'acquiert par la voie néocoloniale (Gabrielle Hecht). C'est aussi dans l'Empire que l'optimisme modernisateur impose ses ravages. Les planificateurs métropolitains se résolurent ainsi, après-guerre, à mettre en culture mécanique des centaines d'hectares de « terres neuves ». Mais l'inadéquation de ces propositions avec la situation du terrain (sols et climat) et des besoins effectifs des paysans, la fragilité des environnements africains et la complexité des agricultures, contribuèrent à l'échec de ce programme (Céline Pessis). Au total, le bilan de l'empreinte environnementale et sanitaire des « Trente Glorieuses » auquel s'essaient Christophe Bonneuil et Stéphane Frioux s'avère « ravageur », quoique nécessairement incomplet : dilapidation des ressources non renouvelables, prolifération des déchets de toute nature (entre 1962 et 1973, la production de plastiques — non biodégradables — croît de 423 %), pollution de l'environnement — marées noires, pluies acides, etc., déforestation, érosion des sols, recul de l'espérance de vie en bonne santé (silicose, cancers provoqués par l'amiante, etc.), etc. « Au regard de ces réalités ouvrières, rappelle Xavier Vigna dans son *Histoire des ouvriers en France au XX*^e^ *siècle*, il y a quelques obscénités à célébrer la période dite des "Trente Glorieuses", sans jamais envisager ses revers, ni penser à ses soutiers qui furent aussi ses victimes. » (Xavier VIGNA, *Histoire des ouvriers en France au XX*^e^ *siècle*, Paris, éd. Perrin, 2012, p. 208)

Les contestations moquées, niées... étouffées

Les critiques de l'idéologie de la croissance et du productivisme, ainsi que de la société de consommation, furent pourtant contemporaines de ceux-ci, portées par des intellectuels et des savants plus ou moins en marge ou marginalisés à leur époque, mais dont la pensée rencontre de nouveaux échos à présent. Patrick Marcolini évoque ainsi les situationnistes dont les positions de « résistance à la modernisation » ne sont aujourd'hui encore pas toujours bien comprises, tandis que leur chef de file, Guy Debord, est lui en voie d'iconisation médiatique (un paradoxe). Bernard Charbonneau et Jacques Ellul incarnent l'émergence d'un courant écologiste et antimodernisateur parmi les chrétiens. L'explosion des deux bombes atomiques en 1945, et sans doute plus largement les affres de la guerre technologisée, alimentent un courant anti-techniciste qui fait ainsi des adeptes parmi certains personnalistes s'opposant au « transhumanisme » (« l'Homme est fait pour se dépasser ») de la figure dominante du mouvement, Emmanuel Mounier, fondateur de la revue *Esprit* (Christian Roy). Plus connues sont les figures d'Henri Lefebvre (*L'homme et la société* lui a consacré son n° 185-186, autour d'« une pensée devenue monde ? ») et de Roland Barthes. Kristin Ross revient sur leur analyse de « la vie quotidienne » comme modalité du pouvoir de contrôle de l'État et du capitalisme sur la population, comme moyen d'acclimater au sein de celle-ci l'acceptation des dispositifs de surveillance et de domination au quotidien. La contribution de K. Ross incite à lire, ou à relire, son ouvrage, *Rouler plus vite, laver plus blanc. Modernisation de la France et décolonisation au tournant des années 60* (Flammarion, 2005). À côté de cette contestation par « le haut », des mouvements de contestation ont pu s'organiser au niveau du « terrain » contre la politique atomique de la France qualifiée très vite par ses dirigeants de politique « nucléaire » pour effacer la connotation militaire (Sezin Topçu), ou contre « le productivisme » et le péril écologique, comme dans certaines franges du syndicalisme (Renaud Bécot), voire contre la pollution des rivières dénoncée par ses « usagers »… les pêcheurs à la ligne (Gabrielle Boulleau). Mai 1968 apparaît, au terme de ce travail collectif, non comme une crise d'adaptation de la société française aux conditions de l'économie développée, mais comme l'expression de résistances profondes à une « modernité » présentée en termes de trajectoire unique, inéluctable et forcément bénéfique. Dans l'ensemble des exemples cités, experts et administrateurs, publics ou privés, font tout leur possible pour décourager, minorer, détourner, empêcher, voire décrédibiliser les critiques. L'ouvrage pose ainsi fondamentalement la question du fonctionnement démocratique d'une société lorsque le pouvoir de concevoir et d'agir est délégué à une technostructure. De ce point de vue, C. Pessis, S. Topçu et C. Bonneuil font bien de rappeler, dans leur introduction, que celle-ci trouva dans le régime de Vichy, entre 1940 et 1944, un creuset favorable à ses premières expérimentations.

La proposition contenue dans le titre « d'une autre histoire » fait évidemment sens en référence à « un autre monde possible ». Mais, à tout prendre, le projet, incontestablement réussi s'agissant de ce livre, demeure celui des historiens depuis au moins la période des débuts de la revue des *Annales*, d'apporter de plus en plus d'épaisseur à une même et unique discipline par la diversification des champs d'exploration, des perspectives abordées, des problématiques envisagées, des types de sources d'information mobilisées et des discours construits s'agissant du réel. D'ailleurs, la riche bibliographie qui accompagne les différentes contributions, démontre que des travaux sur ces questions sont engagés depuis parfois fort longtemps. Mettre en cause ce qui semblait acquis est ni plus ni moins au cœur de toute véritable démarche scientifique. Les *mille peaux* de la discipline historique se constituent ainsi par recouvrement et annexion des couches précédentes, plutôt que par greffe d'une enveloppe radicalement neuve.

Florent LE BOT

L'évolution des techniques : élargir les perspectives

À propos de David EDGERTON, *Quoi de Neuf : sur le rôle des techniques dans l'histoire globale*, Paris, Seuil, 2013, 315 p.

Quoi de neuf remet en question une série d'idées reçues sur les techniques, décale notre façon de les considérer et modifie la perception du monde qui en découle. Son auteur, David Edgerton, est un historien des sciences et des techniques, professeur d'histoire contemporaine au *King's College* de Londres. Dans cette traduction de son ouvrage de 2007 [1], il insiste non seulement sur la place considérable de la technique « au sein de processus historiques plus généraux » (p. 277), mais entend démontrer que l'usage diffus des techniques banales est historiquement plus important que la somme des innovations spectaculaire de notre société dite « postmoderne ».

À la question initiale de savoir si « le condom est historiquement plus important que l'avion ? » (p. 27), Edgerton s'attache à répondre par l'affirmative. Il le fait en huit chapitres alternant quatre études sectorielles et quatre thèses dont les arguments clés ont été publiés en 1998 dans le numéro spécial des *Annales* consacré à l'histoire des techniques [2]. Il met ainsi l'accent sur « l'importance » toute relative des techniques occidentales par rapport aux pratiques dites primitives (chap. 1) ; sur la coexistence (en même « temps ») de techniques plus ou moins modernes (chap. 2) ; sur l'inefficacité du critère national (chap. 5) et sur les limites de la notion d'innovation pour comprendre réellement l'évolution des techniques (chap. 8). Ces arguments sont illustrés dans quatre domaines techniques importants de la seconde moitié du XXe siècle, développements plus ou moins attendus et toujours traités de manière inédite. Il propose ainsi une approche critique de la production de masse des « Trente Glorieuses » (chap. 3) [3], qu'il apprécie au regard des activités d'entretien

1. David EDGERTON, *The Shock of the Old. Technology and Global History*, Oxford University Press, Oxford, New York, 2007.

2. David EDGERTON, « De l'innovation aux usages. Dix thèses éclectiques sur l'histoire des techniques », *Annales. Histoire, Sciences Sociales*, n° 4-5, 1998, p. 815-837.

3. Cf. aussi Céline PESSIS, Sezin TOPÇU et Christophe BONNEUIL (dir.), *Une autre histoire des Trente Glorieuses. Modernisation, contestations et pollutions dans la France d'après-guerre*, Paris, La Découverte, 2013.

et des réparations (chap. 4) dont il souligne le rôle méconnu et néanmoins primordial dans le fonctionnement concret des sociétés techniques. Un autre jeu de miroir nous est proposé autour des techniques de la guerre et de « la mise à mort » (chap. 6 et 7). Sur la première question, Edgerton est attendu en tant que spécialiste de l'aéronautique militaire et de la médecine. Toutefois, il bouscule le « récit conventionnel » du détournement par les militaires des nouvelles techniques civiles de la fin du XIXe siècle (usinage des armes, chimie des explosifs, transport automobile et aérien, physique nucléaire, etc.), comme celui des retombées « positives » de la recherche militaire sur la société du XXe siècle (radar, aérospatial, etc.). Face aux « vieilles armes » (p. 194) toujours particulièrement mortelles, que ce soit l'artillerie lourde de la première guerre mondiale ou le fusil d'assaut de type AK 47 (Kalachnikov de 1947), Edgerton relativise l'importance réelle des armements plus effrayants mais « inutilisables » (p. 200) comme les cuirassés surpuissants de la seconde guerre mondiale qui, de fait, ont peu servi, ou les ogives atomiques de la Guerre dite « froide » parce qu'elles sont heureusement restées des menaces. Edgerton introduit la torture comme une technique de guerre et montre de façon inquiétante les liens entre les méthodes d'abattage massif du bétail, l'élimination des parasites et l'efficacité rationnelle des génocides.

L'ouvrage prend le contre-pied des discours dominants sur la technologie qui sont le plus souvent contrôlés par les promoteurs des nouvelles techniques depuis les publicitaires des entreprises innovantes jusqu'aux propagandistes des états développés. Leurs présentations trompeuses magnifient la nouveauté et le « futur » qu'elle figurerait au détriment d'un monde invisible des petites techniques usuelles dont les usages massifs et réguliers produisent des effets plus conséquents que les quelques innovations de rupture que l'on nous a appris à reconnaître comme essentielles. Sur un ton flegmatique, avec quelques pointes d'humour et de gravité (toutes britanniques), Edgerton s'attaque frontalement à cette forteresse positiviste du déterminisme technique.

Par exemple, et pour rester dans le périmètre de sa question initiale sur l'importance du préservatif, il montre comment l'évolution du latex (caoutchouc) au polyuréthane (plastique) relève d'un développement technologique complexe qui a par ailleurs engendré un objet universellement répandu, dont les nuisances écologiques vont de pair avec de multiples réutilisations inattendues. Ainsi, l'une « des techniques modernes que l'on rencontre dans le bidonville (dont Edgerton ne précise pas la localisation) est la « toilette volante » kenyane. Elle consiste à utiliser un sac en plastique — produit omniprésent que l'on doit à l'industrie chimique de l'après-seconde guerre mondiale — non seulement pour déféquer, mais aussi pour se débarrasser de ce que l'on appelait autrefois de manière pittoresque le « fumier nocturne » : une fois le sac fermé, on sort, on le fait tourner comme une fronde et on le lance le plus loin possible de chez soi » (p. 73-74). Edgerton ne pose pas la question du lieu d'atterrissage : il ne propose pas non plus une analogie avec la façon dont le monde développé gère ses propres déchets (nucléaires), mais sa façon de passer à un autre sujet pourrait le suggérer. Plus loin, il évoque une autre « innovation » plus macabre de l'usage du sac en plastique par le régime de Pol Pot au Cambodge (1975-1979) comme « technique de mise à mort » par asphyxie (p. 241).

S'appuyant sur de nombreux micro-exemples de ce type avec lesquels il aiguillonne le sens commun du lecteur occidental, l'auteur souligne l'importance historique du phénomène de « créolisation » qui consiste non seulement à utiliser de « vieilles » techniques du monde riche, mais à développer des techniques dérivées et singulières, « hybrides », qui leur offrent une vie nouvelle. Cette approche remet en cause bien des idées reçues profondément ancrées dans les jugements de valeur à propos des réalisations techniques entendues comme rationnelles et considérées comme l'aboutissement optimal d'un cheminement à imiter. « L'idée que les technologies du monde pauvre sont tout simplement à la traîne de celles du monde riche n'a pas de validité générale, comme en témoigne par exemple la structuration des mégalopoles des pays pauvres » (p. 79). Edgerton ne souhaite pas gommer les inconvénients des situations d'indigence, mais relever l'originalité et l'importance pratique des multiples solutions techniques qui en découlent. Dans le domaine des transports c'est, par exemple, l'utilisation de la bicyclette pour le transport de marchandises ou la persistance du cyclo-pousse au milieu d'axes de circulation de plus en plus motorisés (comme l'illustre la photographie de couverture du livre). C'est également le recyclage d'essieux et de roues d'automobiles pour construire des charrettes sans moteur ou la « tropicalisation » généralisée des voitures occidentales au Ghana et dans de nombreux autres pays d'Afrique (p. 126).

Le troisième chapitre propose un regard « global » sur les techniques de « production ». La globalité préconisée par Edgerton consiste à regarder au-delà de ce qui se voit sur la scène occidentale et à éviter ainsi de « n'envisager qu'un aspect de la chose » (p. 109). Pour de nombreuses entreprises du monde « développé », la valeur ajoutée d'un produit ne dépend plus tant de sa production que de sa conception, de la gestion de la marque qu'il incarne et de sa vente au détail lucrative pour des clientèles solvables. En délocalisant une grande partie des opérations de fabrication de moins en moins onéreuses, celles-ci leur paraissent de plus en plus secondaires alors que leur moindre coût repose sur le déséquilibre des échanges, sur les économies d'échelle et sur des transferts de compétences. Dans ce processus, « l'une des grandes nouveautés du dernier quart du XXe siècle fut l'émergence de pays pauvres fournisseurs mondiaux, non pas de nourriture et de matières premières, mais de produits manufacturés » (p. 111). Ainsi, « la production en série est aujourd'hui si banale qu'elle en devient invisible » (p. 110). Comme l'indique ailleurs l'auteur, « la production est partout et nulle part[4] ». Depuis le retournement de l'histoire économique dans les années 1990, l'aveuglement touche également l'historiographie car la question de l'offre a été reléguée au second plan par rapport à celle de la demande et du marché : peu de chercheurs, il faut le souligner, proposent une analyse vraiment concrète des inflexions majeures des techniques d'une production de masse omniprésente.

Dans la foulée, Edgerton propose (chap. 4) une analyse éclairante sur la question des techniques d'entretien. « Bien que jouant un rôle central dans notre relation à l'objet, l'entretien et la réparation sont des problèmes auxquels nous préférons éviter de penser » (p. 117). Edgerton rejette également la confusion fréquente entre la « technique » d'un côté et « l'invention » (création d'une idée nouvelle) de l'autre, elle-même le plus souvent limitée à « l'innovation » (première utilisation d'une idée nouvelle), c'est-à-dire réduite aux techniques qui ont connu une réussite occidentale (p. 243). « Les chronologies des techniques se calent traditionnellement sur les dates d'inventions ou d'innovations. Toute chronologie considère que le temps est la variable fondamentale et que la marche du temps façonne l'histoire » (p. 62). En cela il rejoint le constat d'Anne-Françoise Garçon (qui l'a lu) selon lequel « la courbe d'évolution technique, du moins au niveau le plus global qu'il soit possible d'appréhender, n'est pas cumulative dans son essence[5] ». C'est ce que dès la fin des années 1940, André-Georges Haudricourt (1911-1996) a démontré sur le temps long.

> « Si on examine l'ensemble de l'histoire des progrès techniques, on s'aperçoit [que] le progrès technique n'apparaît pas du tout continu, pas plus en Europe qu'en Extrême-Orient. Il y a des périodes d'invention et de progrès et des périodes de stagnation qui peuvent être extrêmement longues : que s'est-il passé ? Peut-on dire que pour la même société, pour la même filiation humaine, il y a des périodes où les gens sont intelligents et d'autres périodes où ils sont stupides ? Où doit-on chercher l'explication dans l'usage des techniques dans la société, dans les rap-

4. David EDGERTON, « Éléments pour une nouvelle histoire globale de la production du XXe siècle », in Serge BENOIT et Alain P. MICHEL (dir.), *Pierre Bézier, les machines-outils et le monde du génie industriel*, Belfort, Éditions de l'UTBM, 2013.

5. Anne-Françoise GARÇON, *L'imaginaire et la technique*, Paris, Classique-Garnier, coll. « Histoire des Techniques », 2012, p. 17.

> ports qui s'établissent à ce propos, entre les hommes qui font que, selon les circonstances, l'invention est acceptée et propagée, ou bien refusée et détruite ?[6] »

La survalorisation de l'inventivité occidentale contemporaine conduit également à la célébration excessive du « citoyen inventif » d'une élite du monde industriel. « L'approche centrée sur l'innovation donne en outre une image trompeuse des scientifiques et des ingénieurs. Elle les présente tels qu'ils se représentent eux-mêmes, comme des créateurs, des concepteurs, des chercheurs. Pourtant, la majorité d'entre eux se consacrent surtout au fonctionnement et à l'entretien des machines et non à leur invention ou à leur développement » (p. 22).

Cette approche biaisée est en partie à relier aux difficultés pour mobiliser des sources d'informations historiques. « La principale information statistique disponible est le nombre de brevets » (p. 262) qui conduit à privilégier le cadre national pour comptabiliser les innovations par pays. Ce « techno-nationalisme » suppose de fait que l'unité de base pour l'étude de la technologie est la nation. Il établit une hiérarchie selon la capacité d'adaptation de tel ou tel pays à l'âge technologique et finit par attribuer telle ou telle technique à un État particulier : l'industrie textile et la machine à vapeur seraient britanniques : les produits chimiques allemands : la production de série américaine, etc. (p. 148-149). Or, l'historien souligne que « la plupart des techniques ignorent les frontières » et que « les pays importent plus de techniques de l'étranger qu'ils n'en inventent eux-mêmes » (p. 156). D'autant plus que « les firmes ont leurs histoires propres » qui ne s'identifient pas nécessairement à celles de leur pays d'origine. « Lorsqu'on examine les liens entre le global et le national dans l'histoire des techniques du XXe siècle, il apparaît immédiatement que les produits, les expertises et les experts ont constamment traversé les frontières politiques » (p. 180). La majeure partie des changements s'opère par transfert (imitation) de techniques d'un endroit à un autre (p. 274).

L'inefficacité du cadre étatique pour rendre compte des progrès techniques ne rend pas pour autant plus opérant le « techno-globalisme » qui consiste à faire « de la planète son unité d'analyse fondamentale » (p. 158) dans l'objectif (plus ou moins explicité) de libérer le marché des contraintes de l'État-nation dans l'illusion d'un progrès technique qui abolirait les distances, ferait disparaître les frontières et lierait ensemble toutes les parties d'un monde interconnecté. Même Internet, « né des besoins et d'un financement militaire américains » (p. 163) est le produit d'un système d'États en concurrence.

---

6. André-Georges HAUDRICOURT, *Des gestes aux techniques. Essai sur les techniques dans les sociétés pré-machiniques*, Versailles, Éditions de la Maison des sciences de l'homme, 2010, p. 147-151.

Plutôt que l'approche classique centrée sur l'innovation, David Edgerton préconise de développer une histoire des usages. Toutefois, pour nous permettre d'appréhender le monde « en prise directe », il propose de ne pas penser l'usage en termes de « techniques » (comme élément d'une totalité), mais en termes « d'objets » : « nous parlons en adultes du monde des objets, mais en enfants du monde des techniques » (p. 25). « L'importance d'une technique ne se mesure pas par l'ampleur de sa diffusion ou par son utilité. Il est capital de comprendre cette différence entre usage et utilité, entre diffusion et importance » (p. 32).

Conclusion

Déjà, en 1998, David Edgerton annonçait, dans son article des *Annales*, qu'il « ne s'agit pas d'une position originale. J'ai montré qu'elle a été souvent prise dans le passé. Mais elle a toujours été ignorée encore et toujours avec des conséquences infiniment regrettables pour notre compréhension des relations entre techniques et sociétés [7] ».

Outre sa propre expertise et sa parfaite connaissance de la recherche anglo-saxonne (de Abbate à Zeitlin en passant par Burawoy, Hounshell, Hughes, Scranton, etc.), David Edgerton s'appuie sur ce qu'il appelle « l'historiographie d'en bas » (p. 313), c'est-à-dire la littérature documentaire non académique (mais essentiellement anglo-saxonne).

On regrettera dans cette récente traduction française d'un ouvrage de 2007 la discrétion des références à d'autres recherches en histoire des techniques, plus récentes ou concernant des aires culturelles plus larges — en particulier francophones. Dans son introduction, Edgerton fait allusion à Bruno Latour (1997) [8] puis à la classique *Histoire des techniques* de Bertrand Gille (1978) dont le concept de « système technique » est certes utile, mais dont son propos consiste à montrer qu'il est aujourd'hui insuffisant. Il se réfère aux écrits (anglais) du néerlandais Gijs Mom (2004) et de l'italien Stefano Muso (1995). L'Amérique latine est bien documentée à travers une thèse argentine (note 52, p. 291) ainsi que plusieurs articles ou sources en espagnol (notes 27 et 32, p. 294 et note 40 p. 295, etc.). Il ne reprend du remarquable reportage de Jean Hatzfeld sur le génocide rwandais de 1994 que sa mention de la valeur des tôles ondulées que les Hutu ont volé aux Tutsi puis qu'ils ont emporté ou enterré au moment de leur fuite [9]. D'autres textes francophones (que D. Edgerton connaît) auraient pu efficacement venir soutenir les propos de son livre.

---

7. David EDGERTON, « De l'innovation aux usages. Dix thèses éclectiques sur l'histoire des techniques », art. cit., p. 836.

8. Bruno LATOUR, *Nous n'avons jamais été modernes*, Paris, La Découverte, 1997.

9. Jean HATZFELD, *Une saison de machettes*, Paris, Seuil, 2003.

Je pense aux analyses marxistes, percutantes mais marginales d'Haudricourt dans les années 1930-1940.

> « Un autre préjugé courant est de dire, lorsqu'on constate une inégalité de développement technique entre des populations, que la société dont la technique est plus développée est plus intelligente que l'autre puisqu'elle semble avoir été capable de progresser et de trouver des solutions ingénieuses. Cette illusion (ou soi-disant "sens commun") provient de ce qu'il nous apparaît que, dans notre civilisation, le progrès se fait d'une manière continue ; chacun peut créer quelque chose de nouveau, ou trouver le moyen de mettre en pratique et d'appliquer son invention [...]. En réalité, c'est l'ensemble de la structure sociale et des relations entre les hommes qu'il faut examiner pour comprendre ce qui se passe. Les périodes de progrès technique ont lieu à des époques où les relations entre les hommes changent. Et c'est à ce moment-là que peuvent s'insérer de nouvelles techniques en rapport avec les nouveaux rapports humains. Il n'y a donc pas lien de cause à effet d'un seul sens, mais des relations de réciprocité dans lesquelles les relations interhumaines sont plus importantes, cependant, que les relations entre l'homme et la nature.[10] »

Dans la lignée des intuitions empiriques et des observations anthropologiques d'Haudricourt, *Quoi de neuf* renouvelle efficacement l'histoire des techniques et renouvelle notre compréhension du monde.

Alain P. MICHEL

Monde rural, environnement et capitalisme agraire en Amérique du Sud

À propos de Alejandra SALOMÓN et Adrián ZARRILLI (eds.), *Historia, política y gestión ambiental. Perspectivas y debates*, Imago Mundi, Buenos Aires, 2012, 192 p.

Le commerce des productions agricoles est l'une des facettes du capitalisme mondialisé. Pour les pays d'Amérique du Sud, il a été un moyen privilégié de s'intégrer dans les échanges mondiaux dès la fin du XIXe siècle. Les tarifs Méline ne cherchaient-ils pas à protéger les agriculteurs français des importations depuis ces « pays neufs » ? Aujourd'hui, les cartes de flux qui unissent les différentes parties du monde viennent rappeler l'importance des échanges agroalimentaires. Les porcs élevés en Bretagne sont engraissés avec du soja importé du Brésil ou d'Argentine. Il est nécessaire de ne pas oublier qu'à l'extrémité de chacun de ces flux, il est des territoires qui s'en trouvent transformés et aussi des milieux. Les

10. André-Georges HAUDRICOURT, *Des gestes aux techniques. Essai sur les techniques dans les sociétés pré-machiniques*, *op. cit.*, p. 147-151.

chercheurs en sciences sociales doivent se préoccuper de ces transformations. Or, si l'écologie est devenue un thème porteur en politique ou encore dans la littérature managériale, elle ne s'est pas encore totalement imposée comme un sujet d'étude légitime pour les sciences sociales, et tout particulièrement en histoire [11]. L'ouvrage collectif *Historia, política y gestión ambiental. Perspectivas y debates*, publié par l'éditeur portègne Imago Mundi en juin 2012, a le mérite de s'y atteler. Adrián Zarrilli est l'un des promoteurs de l'*Historia ambiental* en Argentine [12]. En collaboration avec Alejandra Salomón, il a réuni autour de lui une équipe pluridisciplinaire — composée d'historiens, de géographes, d'anthropologues et de sociologues — et également plurilingue puisque le chapitre consacré à un cas brésilien est rédigé en portugais ; tous les autres sont en espagnol. Issus pour la plupart d'entre eux des études rurales, ces auteurs accordent une grande place aux conséquences sur les espaces ruraux sud-américains de la diffusion du capitalisme agraire.

Dans le chapitre d'ouverture, Adrián Zarrilli pose d'abord le cadre conceptuel. Nos sociétés vivent dans et de la nature et elles ont créé un environnement « construit ». Dans la seconde moitié du XXe siècle, selon lui (sans doute faudrait-il remonter le curseur plus haut dans le temps), la nature est devenue une ressource économique dans une logique d'économie de marché. Les problèmes environnementaux imposent maintenant d'économiser ces ressources dans une perspective de croissance durable. Pourtant, pour les sciences sociales, tributaires d'une illusion métaphysique qui sépare l'homme de la nature, l'environnement serait resté un « impensé », un objet hors du savoir. Zarrilli plaide pour un rapprochement des sciences naturelles et sociales avec l'ambition de replacer les relations sociales dans leur milieu naturel en trouvant un juste milieu entre les conceptions anthropocentriques et le déterminisme naturel. Il invite à se méfier de la tentation de passer d'un « exceptionnalisme humain » au radicalisme écologique.

Les chapitres suivants sont consacrés à des cas précis, pris majoritairement dans le monde paysan et dans des régions périphériques : les con-

---

11. Du côté de l'historiographie française, cf. notamment Geneviève MASSARD-GUILBAUD, *Histoire de la pollution industrielle, France, 1789-1914*, Éd. de l'EHESS, Paris, 2010 ; Geneviève MASSARD-GUILBAUD, « De la "part du milieu" à l'histoire de l'environnement », *Le Mouvement Social*, 3/2002 (n° 200), p. 64-72 ; Thomas LEROUX, *Le laboratoire des pollutions industrielles : Paris, 1770-1830*, Albin Michel, Paris, 2011. En 2006, la revue *Entreprises et Histoire* a consacré son n° 45 (sous la direction de Franck AGGERI et Olivier GODARD) au développement durable. Il faut aussi citer l'existence, depuis septembre 2008, du RUCHE, Réseau universitaire de chercheurs en histoire environnementale (http://leruche.hypotheses.org/).

12. Entre autres : *Ambiente, Sociedad y Naturaleza : Entrela teoria social y la historia*, Universidad Nacional de Quilmes, 2002, avec Guido Galafassi.

treforts andins de l'Argentine, l'extrême-nord de la province de Cordoba, les mésorégions proches de la Mata Atlantica de l'État brésilien des Minas Gerais, etc.

Dans les années 1970, la dictature militaire engage l'économie argentine dans un tournant néolibéral. Elle mise sur les avantages comparatifs traditionnels du pays en privilégiant l'exportation de produits primaires au détriment de l'industrie. Dans les campagnes, la forte progression de la culture du soja est le marqueur de cette évolution. Le soja s'impose au détriment des autres cultures et de l'élevage qui se déplacent à leur tour un peu plus loin. La « frontière agricole du soja » atteint des milieux naturels plus fragiles (climat aride, sols minces) qui présentent de faibles aptitudes agricoles. Elle provoque alors une dégradation de l'environnement qui se lit aussi dans la déforestation. Cette « colonisation interne » détériore les économies paysannes, provoque des recompositions qui créent des tensions internes (M. E. Comerci), alimente l'exode rural et grossit les statistiques du chômage dans les capitales provinciales. Elle pose le problème de la « durabilité sociale » définie ici comme la capacité d'une société à maintenir une population avec certaines conditions de vie sur une longue durée (B. Ensabella, S. Adamo). Les paysans délogés de terres pour lesquelles ils ne peuvent pas présenter de titres de propriété s'organisent, avec notamment la création du *Movimiento nacional campesino indígena* (MNCI), lié au mouvement paysan international *Via campesina* (L. E. Pinto). Le MNCI présente l'originalité de lier les revendications paysannes et indigènes. Il défend une agriculture soutenable et plus diversifiée capable de garantir la souveraineté alimentaire contre la monoculture capitaliste et l'agronégoce qu'il accuse de saccage de la nature et de « biopiraterie ». Certains de ses thèmes, dont celui de la *madre tierra* (la Terre-mère), présentent une conception plus conservatrice d'une nature intouchable.

Les problèmes environnementaux des campagnes d'Amérique du Sud proviennent aussi de l'usage massif de produits phytosanitaires toxiques. Dans la région de Barbacena, au Brésil, ceux-ci sont employés dans de grandes exploitations de monoculture de roses destinées à l'exportation (E. Jurandir Carneiro). Leur usage provoque des problèmes sanitaires parmi les ouvriers agricoles contaminés. Face à ce problème, l'efficacité des campagnes éducatives conduites par l'État paraît limitée, dans un contexte d'occultation du problème où les cas d'intoxication sont sous-évalués. De même, en Argentine, les programmes gouvernementaux de développement rural reflètent la précarisation des petits paysans plus qu'ils ne la résolvent.

À Mendoza, sur les contreforts argentins des Andes, la mise à distance d'un milieu naturel aride et contraignant construit une histoire positiviste et romantique autour des dichotomies oasis/désert, civilisation/barbarie

(D. Escolar, F. Martín, F. Rojas, L. Saldi et L. Wagner). La loi de l'eau de 1884 est une étape forte dans la dynamique d'appropriation socio-politique du territoire. Elle organise la répartition de cette ressource et établit des priorités dans son usage. Le désert et ses habitants font dès lors figure de souvenirs menaçants. Dans les années 1970, la tentative d'élaborer une anthropologie du désert ne fait que réactiver cette fiction qui prend le désert comme un lieu séparé. Plus récemment, le développement de mines dans la région suscite l'opposition de Mendozins inquiets de ses effets négatifs sur l'eau. Dans leur lutte, partisans et opposants mobilisent des lectures de l'environnement qui sont autant de constructions idéologiques.

Un dernier chapitre stimulant est consacré aux parcs nationaux durant la période péroniste. Son auteur, Ximena A. Carreras Doallo, montre comment la nature se trouve mobilisée par le patriotisme de Perón à travers une exaltation du « sublime » et des « beautés naturelles » qui doit servir l'unité nationale. La première aire protégée en Argentine date de 1903, et le premier parc, celui de Nahuel Huapi (Patagonie), de 1922, mais leur fréquentation bondit à la fin des années 1940. Le développement du tourisme vers ces parcs fait partie de la politique sociale du péronisme qui entend garantir les droits des travailleurs, y compris l'accès aux loisirs. Les « merveilles de la nature » sont pour tous et le tourisme populaire devient une expression de la démocratie. Il est promu comme un troisième secteur d'activités économiques, mais également comme lien entre le gouvernement, les travailleurs et l'espace. Les beautés préservées dans les parcs (re-)présentent l'Argentine comme un espace unique dont ses habitants peuvent être fiers.

L'ouvrage ne relève pas de l'Histoire connectée, mais en accordant une grande place aux transformations des espaces ruraux, il fait écho à ceux qui, en France et ailleurs en Europe, critiquent l'évolution de l'agriculture productiviste et promeuvent les alternatives d'une agriculture biologique ou paysanne[13]. En effet, les préoccupations environnementales sont au cœur de leur démarche. Ils dénoncent l'aberration agronomique d'une agriculture qui épuise les sols dont pourtant elle dépend. Les grandes monocultures qui s'étendent en forçant les milieux naturels, comme le fait celle du soja en Argentine, sont remises en cause, tout comme l'utilisation massive des produits chimiques, pratiquée par exemple dans les cultures florales brésiliennes. Mais ces pratiques n'ont pas un impact uniquement sur les sociétés locales. En effet, à qui sont destinées ces produc-

13. Parmi les publications les plus récentes : Jacques CAPLAT, *L'agriculture biologique pour nourrir l'humanité. Démonstration*, Actes Sud, 2012 ; Laurent LEVARD, *Pour une nouvelle révolution agricole. Sortir de l'impasse du libéralisme et du productivisme*, Éditions Bruno Leprince, coll. « Politique à gauche », 2012 ; Marc DUFUMIER, *Famine au Sud, malbouffe au Nord : Comment le bio peut nous sauver*, Nil, Paris, 2012.

tions sinon aux élevages et aux marchés de consommation européens ? L'expansion du capitalisme agraire en Amérique du Sud est ainsi à mettre en relation avec celui d'Europe, et il a des conséquences environnementales des deux côtés de l'Atlantique. Mais alors que d'autres activités économiques s'emparent du développement durable pour se perpétuer, la mue vers une agriculture durable, plus respectueuse des milieux et des sociétés paysannes, semble avoir bien du mal à s'opérer.

Finalement, le lecteur peut regretter que tous les textes ne s'inscrivent pas fidèlement dans le projet énoncé en tête de l'ouvrage. L'analyse environnementale reste faible dans certains de ceux-ci qui conservent une facture d'histoire sociale plus classique. Le titre ne laisse pas présager la focalisation sur les régions rurales, dont seule l'étude consacrée à Mendoza (114 000 habitants en 2010) s'éloigne en partie, et il manque un aperçu de la gestion des problèmes environnementaux à Buenos Aires et dans les autres grandes agglomérations argentines ou brésiliennes. L'un des textes n'est visiblement que la retranscription brute d'une communication orale et il n'aurait pas dû être publié sans être retravaillé. Nonobstant ces imperfections inhérentes à tout travail éditorial, il faut souligner l'intérêt que présente ce livre qui aborde une thématique encore peu travaillée en France et des espaces également méconnus d'une historiographie française dont l'ouverture se limite trop souvent aux publications anglophones. Le propos est neuf et stimulant. Il évite l'écueil du déterminisme naturel pour bien mettre en évidence les causes et conséquences sociales des transformations du milieu ambiant. Il faut espérer que les auteurs lui donneront une suite et qu'il inspirera d'autres travaux de part et d'autre de l'Atlantique.

Cédric PERRIN

Bernard HOURS et Monique SELIM, *L'enchantement de la société civile globale, ONG, femmes, gouvernance*, Paris, L'Harmattan, coll. « Anthropologie critique », 2014.

Qu'est-ce que la société civile ? Qu'est-ce que la société civile globale ? Qu'est-ce que la gouvernance ? Et, parmi ces questions, pour y répondre déjà, au moins par un biais, ne peut-on se demander, comme le font les auteurs, qu'est-ce qu'une ONG ?

Le livre se présente comme une série de chapitres, longs ou courts, traitant chacun d'un thème. Mais il vaut mieux, à notre avis, ne pas se fier à cette apparence et le prendre comme un tout.

L'un des auteurs dit que l'internaute actuel(le) ne s'intéresse ni à la théorie sartrienne ni à l'inconscient freudien. Même s'il ne s'intéresse ni à l'une ni à l'autre, il est impossible d'analyser, tant du point de vue de l'objectif que du subjectif, la transformation qu'a produite effectivement Internet dans les rapports et les liens sociaux — analyse que les auteurs font si bien —, sans avoir à l'esprit notamment les pages centrales de *L'Être et le Néant* sur le surgissement de l'autre et celles de Freud, dans toute son œuvre, sur l'analyse, la compréhension et l'explication du subjectif. Au moins, si il/elle est chercheur ou chercheuse, l'internaute actuel(e) peut se les remémorer à titre d'hypothèses.

À propos du marché, rappelons qu'il naît autour de la Renaissance, avec la découverte du monde par les Européens, et qu'il naît de nouveau, au XIXe siècle, par la découverte des Européens par le monde. Il y a, à l'époque de la Renaissance, un marché de villes en Europe, au Proche et Moyen-Orient et un marché de ports avec des expéditions maritimes qui prennent une ampleur qu'elles n'ont jamais connue auparavant. Le marché qui se crée est économique, n'en doutons pas, c'est-à-dire fondé, mais pourquoi pas ?, sur l'intérêt matériel et l'objet. Il est aussi altéritaire, politique, religieux. De nos jours, il existe encore *des* marchés économiques qui ne sont pas capitalistes ou du moins ne veulent pas l'être, même s'ils sont contraints de se plier plus ou moins au capitalisme. Par exemple, les marchés entre petites ou moyennes entreprises, ou les marchés de fruits et de légumes dans les villages et les petites villes, un peu partout.

Cela dit, les auteurs ont raison d'insister sur le désastre qu'est actuellement le marché économique capitaliste, avec sa marchandisation et son instrumentalisation à outrance.

À propos des droits humains, Bernard Hours explique — et nous sommes d'accord avec lui — que parler des droits humains suppose que l'on dise ce que l'on entend par humain. Et il note fort bien qu'aujourd'hui, l'humain, l'homme dans sa définition courte, c'est l'espèce biologique, en quelque sorte le vivant sous forme d'espèce. Ce qui permet, soi-disant, d'attribuer des droits aux animaux. Et, sur ce point, nous l'approuvons tout à fait de dénoncer le droit de l'hommisme dont on a vu les effets destructeurs en Afghanistan, en Irak ou ailleurs.

Reste à se demander (si), peut-être même à faire l'hypothèse (que) les droits font partie du politique, qu'ils doivent être sans cesse réinterrogés (sans se contenter d'en ajouter à la liste), que ce sont eux qui inspirent le droit lorsqu'il n'est pas inique ou en défaut, mais surtout qu'ils sont inconcevables sans une loi symbolique qui est commune à tous les êtres humains. Parler de droits et de droit, c'est, pour nous, aujourd'hui, se demander comment et à quel degré, devenus explicites, la loi symbolique implicite et explicite les rend possibles. Mais aussi comment non seulement les délégitimations, les illégitimations et les illégitimités les transgressent, comment eux-mêmes peuvent devenir illégitimes sous la forme du droit de l'hommisme.

L'ouvrage de Monique Selim et Bernard Hours montre comment un fait social — non total — est apparu depuis une trentaine d'années, les ONG. Celles-ci sont ambiguës, ambivalentes. La société moderne, partout où elle pénètre, apporte avec elle fort positivement l'investissement dans l'objet et non plus seulement dans les sublimations. Mais elle apporte aussi très négativement, d'une manière destructrice à outrance, par un détour fallacieux, phantasmatique et quasiment invisible, non seulement ses propres excès : machisme, sexisme, racisme, idéologie des aptitudes, mais surtout les excès propres au capitalisme, notamment le technocratisme, le scientisme, la méritocratie.

Les auteurs font la distinction entre une société civile nationale et la société civile globale. À vrai dire, la première n'est plus possible sans la seconde. Ils rappellent que la société civile est un vieux concept de science et de philosophie politiques. Ils distinguent ce qu'on appelle l'État — nous dirions ici plutôt la politique — du social, c'est-à-dire des rapports et liens sociaux, plus précisément du politique et du social, puisque le social n'est concevable que parce que le politique s'y implique tout en demeurant à distance de lui.

Mais le phantasme d'une société civile globale incluant les sociétés civiles nationales tend notamment, par l'intermédiaire des ONG, à effacer l'idée d'une société de citoyens produisant le politique et la politique. Les ONG en sont l'un des exemples. En effet, au départ, elles naissent d'initiatives particulières, comme par exemple Médecins du Monde. Mais les dons, les privilèges, les défiscalisations ne suffisent pas à assurer financièrement leur fonction. Non gouvernementales par définition, elles s'appuient non seulement sur les États, mais sur les aides multilatérales : Banque Mondiale, Union européenne, etc. dont elles sont devenues plus ou moins dépendantes. Dans un autre ouvrage, Bernard Hours avait montré leur tendance au « charitable », c'est-à-dire à se désintéresser des individus et des groupes sociaux, économiques, culturels, politiques (au sens du politique) auxquels s'adressent leurs dons. Donner et recevoir leur semblent être en soi suffisant. L'actualité du livre de B. Hours et M. Selim est que, pour d'autres phénomènes, le désintéressement est le même. Les capitalistes, eux, tout à fait intéressés, reprennent en sous-main, à leur usage, l'économie solidaire ou le micro-crédit et les mettent dans leur giron. Les grandes ONG deviennent des entreprises de type capitaliste, qui œuvrent, qu'elles le veuillent ou non, pour le profit. Cela n'invalide pas, comme le disait déjà B. Hours, dans son ouvrage précédent sur l'idéologie humanitaire, l'importance des petites et moyennes ONG qui s'efforcent localement d'engager un travail avec les populations. Mais la participation des ONG au phantasme de la société civile globale, des sociétés civiles nationales humanitarisées et « gouvernances » les rend à la fois vulnérables, peu efficientes et en partie mystificatrices. Rappelons que le terme de gouvernance, emprunté au vocabulaire de l'entreprise, vient remplacer ceux de gouvernement et d'exécutif au détriment des institutions politiques approximativement démocratiques.

Nous ne détaillons pas les exemples donnés par les auteurs sur l'Ouzbékistan et la Chine. Leur argumentation s'y manifeste avec une extraordinaire acuité. Il faut lire leur livre.

Disons, pour finir, que souvent les mots légitimation et légitimité apparaissent dans cet ouvrage, mais — sauf deux ou trois fois — dans le sens et avec la signification de légitimation et de légitimité idéologiques. Comment pourrait-il en être autrement ? Il s'agit bien d'un enchantement de la société civile globale (qui, pourtant, n'est pas d'elle-même enchanteresse, dit B. Hours). Mais une petite phrase des auteurs nous rassure sur leur volonté de continuer le combat : « [La révolte] suppose l'occupation d'un espace d'autonomie qui, seul, autorise l'existence d'un “espace public”... Cet espace d'autonomie n'est jamais livré clés en main, mais il se gagne et se construit au gré des conjonctures sociales et politiques, fragiles par nature et exposées à toutes les captures, récupérations et détournements » (p. 212).

Louis MOREAU DE BELLAING

Hélène GUÉTAT-BERNARD et Magalie SAUSSEY (dir.), *Genre et savoirs. Pratiques et innovations rurales au Sud*, Marseille, IRD éditions, 2014, 291 p.

Publié aux éditions de l'IRD en 2014, le livre *Genre et savoirs. Pratiques et innovations rurales au Sud* constitue un apport critique, pertinent et stimulant aux débats croisant les questions de développement, de genre et d'environnement dans les sciences sociales. Édité par Hélène Guétat-Bernard et Magalie Saussey, il rassemble les contributions d'une vingtaine de chercheuses et chercheurs *via* trois parties de trois chapitres, toutes dûment introduites. Les auteur.e.s viennent d'horizons différents (sociologie, géographie, économie et anthropologie) et abordent des aires géographiques variées (principalement l'Afrique de l'Ouest, l'Amérique latine, le Maghreb, le sous-continent indien et la France). Faisant le plus souvent suite au séminaire *Développement rural et agricole et dynamiques des rapports de genre (Afrique et Amériques noires)* qui se déroulait à l'université Toulouse Le Mirail entre 2010 et 2012, quatorze textes sont ainsi proposés à la lecture, chacun de valeur pour la réflexion. Ils sont régulièrement enrichis d'illustrations (cartes, schémas...) et un cahier central de huit pages présente des photographies en couleurs en lien avec les chapitres. Dans l'ensemble, les contributions, par leur qualité et la diversité de leurs formes (études de cas, synthèses de recherches, analyses à la propension théorique plus ou moins affirmée), donnent du rythme à la lecture, en soutiennent l'intérêt. Souhaitant promouvoir la place du genre, notamment dans son croisement avec les problématiques environnementales, ce livre n'énonce pas de recommandations mais vise plutôt à « nourrir le débat, dans une perspective pluridisciplinaire, sur les possibles améliorations des politique de développement » (p. 29).

Sans verser dans le militantisme, les perspectives engagées de l'ouvrage sont assumées et explicitées. L'analyse critique des « logiques sociales et institutionnelles de la domination masculine » (p. 14) est ainsi à entendre comme « un plaidoyer pour conforter la légitimité d'un engagement scientifique et politique sur les questions de genre pour le développement rural et agricole » (p. 287). Si les différents chapitres abordent largement les questions foncières, le propos général s'inscrit dans les débats sur des thématiques actuelles (la reconnaissance), montantes (le *care*) ou quelque peu minorées (l'écoféminisme) des sciences sociales. L'introduction d'Hélène Guétat-Bernard et de Magalie Saussey, cadrant la réflexion, appuie sur l'importance de sortir d'une approche essentialiste des femmes et de la spécificité des activités féminines pour « inscrire ces savoirs dans les rapports sociaux et historiques » (p. 20) — le regret, à la lecture de certaines contributions, est de ne pas forcément y retrouver ce ton. Il s'agit ainsi de se méfier d'une approche du local simplifiant contextes et situations, au risque d'enfermer les actrices dans cette échelle réduite. De la même manière, il convient de délier les femmes du *care*, en précisant que cette association est le produit d'une « division du travail moral » ayant déconsidéré les activités de soin. La perspective écoféministe envisagée s'inscrit alors dans la lignée des travaux de Bina Agrawal : partir de bases matérielles et politiques pour réfléchir au souci d'autrui et envers l'environnement. Les auteures interrogent, en conséquence, la possibilité d'un « *care* environnemental », (re-)liant nature et culture, abordant le vivant de manière englobante, réaffirmant les dimensions vulnérables et relationnelles du sujet (en écho, ici, aux travaux de Judith Butler sur la précarité constitutive de toute vie humaine [14]).

La première partie de l'ouvrage discute les inégalités de genre dans l'accès aux ressources naturelles. En introduction, Marie Monimart présente un état des lieux de différentes facettes de la problématique avant de mettre l'accent sur les aspects en mouvement : des brèches s'ouvrent dans le contrôle de la terre, les organisations féminines (ou mixtes avec d'autres parts marginales de la population) font davantage porter leurs voix, y compris aux échelles nationales, les nouvelles technologies accélèrent l'accès à l'information. L'équité de genre est finalement présentée comme un rempart potentiel contre l'agro-business. Dans le premier chapitre, Gabin Korbéogo analyse les mutations sociales paysannes burkinabè depuis une quarantaine d'années. Si différents facteurs sont pris en ligne de compte, le changement climatique, notamment, engendre des modifications dans les pratiques agricoles. En parallèle d'un processus d'individuation, ceci contribue à valoriser les savoirs des femmes, leur reconnaissance et leur place politique. Dans une perspective plus large, partant de l'Équateur pour aborder une large partie de l'Amérique latine, Sarah A. Radcliffe montre la marginalisation spécifique des femmes indigènes dans le développement rural. La perspective est ici empreinte d'intersectionnalité, croisant notamment rapports de genre et ethno-raciaux. L'auteure valorise les initiatives collectives et la nécessité de plus d'écoute dans les revendications de ces personnes. Le chapitre d'Isabelle Droy, Cécile Pascual et Jean-Étienne Bidou aborde, quant à lui, la vulnérabilité alimentaire en milieu rural au Bénin. À travers une enquête socio-économique quantitative et des entretiens socio-anthropologiques, sont interrogées les raisons du maintien de la malnutrition chronique d'une forte proportion des enfants dans une commune du nord du pays, alors que différentes données laissent entendre qu'il ne devrait pas y avoir de difficultés alimentaires.

Les mobilisations des femmes et les dynamiques des rapports de pouvoir sont au centre de la seconde partie de l'ouvrage, certainement la plus variée d'un point de vue littéraire. L'introduction d'Isabelle Guérin met l'accent sur l'ambivalence de l'agir collectif féminin, pouvant venir alourdir des journées de travail (gratuit) et dévaloriser une notion de *care* environnemental déjà largement considérée comme spécifiquement féminine. Toutefois, l'action collective a toujours été déterminante pour les groupes marginalisés, aussi diverse fût-elle. Les problématiques soulevées

14. Judith Butler, *Ce qui fait une vie. Essai sur la violence, la guerre et le deuil*, Paris, La Découverte, 2010, 177 p.

posent finalement la question philosophique de la conception de la subjectivation, nécessairement en débat dans la remise en cause de rapports de pouvoir. L'article d'Alain Bonnassieux se présente comme une vaste analyse tant de travaux académiques que de recherches de terrain portant sur l'implication des femmes dans les organisations collectives rurales dans plusieurs pays d'Afrique de l'Ouest et en Centrafrique. Les groupements féminins ont émergé plus tardivement que les groupements masculins. S'ils constituent un passage obligé pour espérer acquérir du pouvoir et ont permis des avancées, leur impact global est assez limité (mais n'est pas non plus forcément recherché). L'accès aux responsabilités est toujours plus compliqué pour les femmes même si ceci constitue bien une voie pour la reconnaissance de compétences. Dans une perspective plus proche de l'ethnographie, Hadizatou Alhassoumi et Anne-Marie Granié apprécient l'impact social de la participation des femmes dans un village de l'Ouest du Niger, dans le cadre d'initiatives collectives agricoles et socioéconomiques sur les conditions de vie. Les femmes de ce village ont ainsi pu montrer leurs capacités et leur motivation d'implication dans les actions collectives. Elles ont contribué à une redéfinition (partielle) des rôles, et en conséquence des identités de genre. Dans une optique plus ouvertement critique, Romain Simenel, Bruno Romagny et Laurent Auclair reviennent sur l'image commune associant l'huile d'argan à un travail féminin. Ils montrent où les hommes interviennent dans la production et comment celle-ci doit être inscrite dans des relations genrées, familiales et communautaires.

La dernière partie de l'ouvrage est axée sur les relations entre savoirs et agrobiodiversité. Marlène Elias commence par insister sur la dimension genrée des savoirs écologiques traditionnels, et donc sur la richesse du corpus des connaissances féminines. La compréhension du lien entre les femmes et les plantes passe par la valorisation du soin. En ce sens, ce sont les pratiques culinaires qu'analyse Patricia Howard dans une optique large, indiquant qu'elles contribuent à la conservation des ressources génétiques des plantes. Préservation de la biodiversité et préservation de la diversité culturelle vont ainsi de pair et le potager retrouve son importance aux côtés du champ. Les enjeux de la conservation des semences sont abordés par Emily Oakley et Janet Henshall Momsen dans une analyse transcontinentale puis une étude de cas au Bangladesh. Les questions de genre permettent de renouveler l'appréhension de la relation entre gestion des semences et diversité génétique. Enfin, dans une perspective comparative entre la France et l'Inde, Carine Pionetti relie au prisme du genre l'histoire des systèmes paysan et industriel de gestion des systèmes semenciers. Le second, exclusivement masculin, ayant promu une vision réductionniste et économiciste du vivant, revenir au premier permet de valoriser « les éthiques du soin et de l'attention historiquement construites du côté féminin » (p. 282).

Étienne BOUREL

Monique DOUBLEAU, *La mémoire du métier. Maréchal-ferrant : un passé retrouvé*, Paris, L'Harmattan, coll. « Logiques sociales », 2012.

Le livre de Monique Doubleau porte bien son titre : *La mémoire du métier*. Ce titre nous introduit aussitôt dans un parcours, avec une rupture et une reprise dont l'auteur va nous montrer les difficultés. Mais plus que mémoire, son livre est légitimation et légitimité d'un métier. D'un vieux métier qui a concerné toutes les contrées où il y avait ce qu'on peut appeler la civilisation du cheval avec tout ce qu'elle comportait comme techniques, objets, attitudes, comportements, esprit de corps ou de caste, etc. Ici, c'est d'une technique propre à cette civilisation du cheval qu'il s'agit : le ferrage des chevaux.

Mais cette technique est articulée à une autre technique qui la contient et, en quelque sorte, la dépasse ; la forge. Un souvenir datant de 1947 nous revient en mémoire : dans un petit village de Sologne, Chaumont-sur-Taronne, sur l'un des côtés de la place, il y avait la forge. En plein jour, à dix heures du matin, les flammes de son foyer s'y élevaient tandis qu'y venaient avec leur cheval les paysans d'alentour. Mais la forge, autrefois, ne fabriquait pas que des fers à chevaux, elle fabriquait aussi les lames des faucilles et des faux, celle des couteaux et des épées. Déjà, en 1947, cette époque était achevée. Restait le maréchal-ferrant de village.

Mémoire de ce métier : Monique Doubleau évoque les récits des vieux artisans encore attachés, dans leur vieillesse, au souvenir de la fabrication des fers à chevaux par le forgeron lui-même avec l'enclume et les trois ou quatre marteaux, souvenir aussi du cheval tenu au pied par un aide, celui des soins que le maréchal-ferrant forgeron, remplacé par le vétérinaire, pouvait prodiguer à la bête pour sa santé, etc. L'auteur n'oublie pas de nous indiquer que longtemps, peut-être même après la Révolution, des mythes d'origine, fort anciens, grecs ou latins, des dieux, Hephaïstos, et, plus proches, des saints religieux présidaient aux rites et aux rituels du ferrage des chevaux tout autant qu'aux travaux sur le fer. Les confréries de la Saint-Éloi étaient célèbres et sacralisaient les corporations de forgerons. Peut-être l'auteur n'insiste-t-elle pas assez sur la rupture que représente dans le sacré ce que nous appelons son intériorisation à l'humain, c'est-à-dire, en l'occurrence, le fait que, déjà avant la mécanisation des campagnes en France dans les années 1950, les forgerons avaient plus ou moins renoncé, avec une déchristianisation qui datait en territoire rural des débuts du XVIIIe siècle, à croire en Dieu, en Saint Eloi ou en la valeur des mythes d'origine. Mais peu importe. La rupture, comme Monique Doubleau le montre, est bien, avec la modernisation de l'agriculture, provoquée en particulier paradoxalement par des groupes chrétiens, notamment la JAC (Jeunesse agricole chrétienne), mais bien sûr aussi avec l'introduction du tracteur venu des États-Unis, la lente disparition, non des bœufs qui continuent à servir d'aliment, mais des charrettes et des charrois qu'ils tiraient attelés deux à deux sous le joug, ou à un seul à une charrue, et encore plus celle du cheval qui, lui aussi, pouvait, à l'occasion, tirer la charrue, mais, plus souvent, transportait en charrette les habitants des fermes ou portait son maître en selle. Tous ces chevaux, y compris ceux des grands propriétaires terriens, étaient ferrés à la forge du village ou de la petite ville voisine.

Néanmoins, le tracteur n'empêcha pas, un temps, une dizaine d'années, de garder le cheval. « Il faut un cheval dans une ferme », nous disait à l'époque un ami fermier. Dans les années soixante, presque tous les chevaux de ferme avaient disparu et, comme le montre l'auteur, avec leur quasi-disparition, le métier de maréchal-ferrant était tombé en désuétude.

Ce qui le fit se renouveler, mais d'une autre manière, ce fut, dans la classe moyenne et dans la classe bourgeoise, au moins en France, le goût de l'équitation, mais aussi celui, plus ancien, des courses de chevaux qui suppose, dans des haras, l'élevage continu de chevaux de course. Alors apparaît, nous dit l'auteur, le maréchal-ferrant itinérant avec son four à gaz dans un camion où il utilise des fers produits en usine, en les ajustant ensuite, au mieux, à coups de marteau sur son enclume, au sabot du cheval. On ne peut dire qu'il s'agit d'un nouveau métier de maréchal-ferrant, mais d'un passé retrouvé et renouvelé, de ce que Balandier appelle « un traditionnalisme de progrès ».

Deux manifestations de l'ancien métier vont, grâce à la ténacité de maréchaux-ferrants jeunes et moins jeunes, donner non seulement une certaine continuité, mais une assise que nous appelons légitimatrice au métier. D'abord, notons que certains fers ont, pour des raisons thérapeutiques, à être forgés hors usine. Ils ne peuvent être préfabriqués, au risque de ne pas s'adapter au sabot de certains chevaux. Ce qui confère à la forge, ou au moins au four à gaz, une certaine importance. Mais on peut aussi noter, dans un autre registre, celui de la commémoration, les fêtes de village où des forgerons maréchaux-ferrants entretiennent encore le goût de l'ancienne forge. Non par souci de conservation, semble-t-il, mais, à la Saint Eloi, ils pratiquent le métier tel qu'il fut.

La deuxième manifestation est la plus importante et l'auteur y insiste longuement, c'est celle du concours. Des forgerons-maréchaux-ferrants font régulièrement concourir de plus jeunes qu'eux à qui ils ont appris le « métier complet », c'est-à-dire surtout la technique de l'ancienne forge, sans préjuger pour autant d'un ostracisme vis-à-vis de la nouvelle technique avec four à gaz, fers préfabriqués, voire fer ou sabot de cheval en plastique. Mais l'idée est de conserver chez des jeunes le métier dans toute sa complexité. Un peu, par comparaison hâtive peut-être, comme l'enseignement des Humanités (philosophie, histoire, littérature, grec, latin) peut apporter aux étudiants, non une connaissance complète en l'occurrence, néanmoins un passé à leurs connaissances nouvelles, autrement dit un accroissement à ce qu'ils vont savoir de neuf. Il nous semble que, pour le métier de maréchal-ferrant comme pour celui, provisoire, d'étudiant, une mémoire légitimante et légitimatrice est à ce prix. Sinon, ce qui sera perdu ne sera jamais retrouvé, même si la perte se révèle dangereuse pour ce qui est à venir.

Le concours se passe dans la bonne humeur. Les maréchaux-ferrants traditionnels, mais aussi nouveaux, ont transmis et transmettent « sans cession » leur savoir aux jeunes qui vont rivaliser entre eux à ceux qui ont au mieux acquis le métier. Ici, notons un léger excès quelque peu transgressif de l'égalité. Les maréchaux-ferrants « maîtres de forge » traditionnels on tendance à témoigner une certaine condescendance, non seulement vis-à-vis de leurs apprentis devant concourir entre eux, mais vis-à-vis du maréchal-ferrant « de tous les jours » qui n'a pas nécessairement appris à forger à l'ancienne. On peut s'étonner de ce léger excès de domination professionnelle, d'autant que les maréchaux-ferrants « de tous les jours » ont toute liberté dans leur travail à ne pas avoir appris ni utilisé la technique ancienne — puisqu'elle n'est pas d'ailleurs utilisable, ce n'est pas sa fonction, et puisque les jeunes, ceux qui le veulent, sont là librement pour montrer jusqu'à quel degré ils ont appris le « métier complet ». Léger excès de domination professionnelle transgressant tout aussi légèrement l'égalité tout simplement humaine ; l'admiration de certains maréchaux-ferrants pour des anciens accrédite suffisamment la supériorité technique de ces derniers dans le métier. Légère inégalité transgressive du droit à l'égalité non comparable à celle des agrégés normaliens vis-à-vis des agrégés non normaliens ni à celle des bien nantis vis-à-vis des SDF.

Monique Doubleau s'est servi, pour bien faire comprendre son propos que nous schématisons ici, de l'enseignement de Gérard Namer et de celui de Maurice Halbwachs. La mémoire n'est pas un flux, mais une reconstitution du passé ou une reconstruction historique. Ici, il s'agirait des deux, qui font retrouver, mais autrement, un ancien métier. Son livre, « un petit chef d'oeuvre », dit Namer que nous approuvons, que nous aurions aimé approuver avec lui de vive voix, est un exemple particulièrement riche de ce que peut être l'usage de la mémoire collective, historique et sociale et, pour nous, de ce que peut être, avec son léger excès délégitimant, mais non illégitime, ce que nous appelons une légitimation et une légitimité approximatives.

Louis MOREAU DE BELLAING

Villes Rebelles. De New-York à Sao Paulo, comment la rue affronte le nouvel ordre capitaliste mondial, Traduit du Portugais (Brésil) par Antoine Chareyre, Éditions du Sextant, 2014.

Villes rebelles est issu de la traduction de l'ouvrage publié au Brésil en juillet 2013 à la suite des manifestations de rue qui ont envahi brutalement les villes brésiliennes : les « journées de juin ». Composé d'une série de textes rédigés « à chaud » par une vingtaine d'auteurs, dont la grande majorité rassemble des universitaires brésiliens (sociologues, urbanistes, journalistes...) auxquels ont également participé des anglophones (S. Zizek, M. Davis, D. Harvey), cet ouvrage confronte leurs différents points de vue sur la compréhension de ces manifestations spontanées et leur portée.

En juin 2013 le *Movimento Passe Livre* (MPL) constitué essentiellement d'étudiants et de lycéens, manifeste dans la rue contre la hausse des prix dans le transport urbain de Sao Paulo. Cette « étincelle » s'est propagée et, en dépit du retrait de cette mesure par le pouvoir politique, la manifestation s'est amplifiée à d'autres mouvements et partis pour réunir près de 1,4 millions de personnes dans plusieurs villes du pays. Cette rébellion rapide et libre marquée par « l'absence de chefs » a provoqué une certaine perplexité tant chez les gouvernants, les politiciens de tous bords et les médias. Loin de se réduire à une question de tarif, les auteurs s'accordent pour y déceler un malaise plus profond.

Comment cette rébellion populaire a-t-elle pu éclore ? Les tentatives d'interprétation se succèdent car ces manifestations ne peuvent se résumer à « de simples actes de vandalisme ». Derrière la volonté de préserver la libre circulation pour tous et particulièrement des plus pauvres pour qui cette hausse de tarif, aussi faible en apparence soit-elle, marque leur exclusion, il y a l'affirmation de « s'opposer à l'ordre fondé ». On peut y voir l'expression collective d'une résistance « à l'État soumis au pouvoir économique privé », à des « dispositifs étatiques coercitifs », aux exclusions creusées par l'extension de la ville néolibérale. Elles ouvrent ainsi la voie à une alternative « utopico-réaliste » qui s'inscrit dans une problématique plus générale de remise en cause possible des intérêts économiques dominants et leur impact sur le monde urbain au profit de « propositions engagées ».

Conséquences alors d'un modèle de développement qui déprécie la chose publique, « la voix de la rue » réclame plus de démocratie et de possibilités de participation active dans les décisions les concernant. En exprimant sa protestation face à la politique nationale qui « s'accorde avec la crise économique internationale », il y a une volonté de redonner priorité aux droits sociaux, de « restaurer la dignité humaine », d'exiger davantage de justice sociale. La question urbaine est en ce sens directement concernée. La réforme urbaine passe par une mobilisation sociale ouvrant sur des perspectives de meilleures conditions de vie en ville car, comme le rappelle dans l'ouvrage M. Davis, « nous sommes tous [...] les architectes de nos futurs urbains ».

Aussi, cette occupation de la rue, qui s'apparente ici à une réappropriation de l'espace, affirme un sentiment collectif d'être dépossédé des moyens d'expression publique largement détenus au Brésil par les « vieux médias ». Ces derniers, embarrassés — ou très lucides — face à cette réaction populaire, tentent d'en désamorcer l'ampleur en minimisant les actes ou en les dévalorisant comme le soulignent certains auteurs. Le décalage dans l'interprétation de leurs revendications et dans l'image de ceux qui s'y trouvent, est volontairement cadré. En définitive, ces médias contrôlent tout et détiennent le monopole de l'information publique au regard duquel, selon les auteurs, le recours aux réseaux sociaux, c'est-à-dire aux nouvelles technologies de l'information et de la communication (TIC), pèse d'un poids très relatif. Face à ce déficit de démocratie, la rue reste, en conséquence, le meilleur moyen d'expression et d'action.

Mais si les manifestations étudiées y sont brésiliennes, certains auteurs s'interrogent sur leurs liens avec d'autres mouvements politiques récents dans le monde comme les Printemps Arabe, à Istambul, à Athènes, les Indignados d'Espagne ou aux États-Unis comme « l'*Occupy Wall Street* ». Elles doivent être traitées dans leur « totalité », « comme des épisodes d'un même mouvement de protestation globale ». Leur point commun est alors d'être des réactions contre les différentes facettes de la globalisation capitaliste avec une dimension urbaine affirmée en tant qu'elle révèle les inégalités économiques et politiques liées aux transformations des villes. Les différences avec les manifestations brésiliennes tiennent avant tout à la spécificité géopolitique des retombées des politiques néolibérales. On peut toutefois regretter que ces comparaisons ne soient pas plus évoquées ou développées.

Le Droit à la ville ne s'octroie donc pas, il se conquiert, *Villes rebelles* en témoigne, « la voix des rues » est bien présente, confirmant l'importance de la reconquête de l'espace urbain : « la ville est employée comme une arme en vue de sa propre conquête ». Sa résonnance est d'autant plus forte qu'elle s'inscrit dans un contexte contemporain où plusieurs mouvements civils urbains, de par le monde, se fédèrent autour du *Right to the city*.

En définitive, zoomant sur la « parole de la rue », *Villes rebelles* apporte, à l'heure de la Coupe du Monde (2014) et des Jeux olympiques (2016), un éclairage original et inédit de l'histoire économique, politique et sociale du Brésil. Certes, une meilleure articulation entre ces différentes contributions sur la compréhension de cette rébellion populaire aurait permis d'aller sans doute plus loin dans l'analyse. Mais ces témoignages taillés dans le vif de l'événement offrent un écho supplémentaire à l'amplification contemporaine des revendications en réaction à l'exacerbation des déséquilibres aussi bien entre villes qu'au sein même de celles-ci qui convergent autour de l'importance du Droit à la ville. Loin d'être ponctuelles, ces manifestations s'inscrivent dans un mouvement civil urbain plus vaste qui se diffuse à l'ensemble de la planète dont « la rébellion du désir » est pleine de promesses vers des perspectives démocratiques à venir pour tous les citoyens, ou comment deux semaines de rébellion urbaine ont pu ébranler le système politique du Brésil au point de ne plus pouvoir en ignorer leurs revendications. C'est en tout cas le message que cet ouvrage veut aussi porter.

Laurence COSTES

Annie BENVENISTE (dir.), *Se faire violence. Analyse des coulisses de la recherche*, Paris, Téraèdre, 2013, préface de Pascal Dibie.

Avant même de poser le problème de la violence, tant chez ceux qui l'infligent que chez ceux, beaucoup plus nombreux, qui la subissent, le présent ouvrage pose celui de la subjectivation et, plus précisément, celui de l'émotion, comme le note dans sa préface Pascal Dibie. Émotion du chercheur, de la chercheuse dans les analyses qu'entreprennent les quatre aventuriers de cette recherche, analyse de l'émotion des individu(e)s et des groupes en jeu, de ceux qui subissent, mais aussi de ceux qui infligent. Le bourreau est-il sans cœur, sans entrailles ? Judith Hayem et Giacomo Loperfido soulèvent un peu ce problème, mais ce n'était pas leur sujet. Le désamour de J. Hayem vis-à vis-de l'Afrique du Sud vient néanmoins de la cruauté xénophobe qui y apparaît.

L'introduction (par Annie Benveniste) met en perspective des auteurs anthropologues ou autres (Agamben) qui se sont souciés du subjectif dans la recherche, principalement chez celles et ceux qu'ils observaient. Elle montre l'originalité de celle entreprise ici, cet « atelier » où l'on s'analyse sans analyste — la psychanalyse sans divan, mais aussi entre soi, si l'on peut dire —, où l'émotion personnelle éprouvée face à la violence est surmontée. « La compréhension du terrain permet d'offrir un premier plan ».

Nous ne détaillons pas les quatre cas présentés. Ce serait priver les lecteurs et lectrices de la surprise, de l'étonnement que leur procurera leur lecture. Disons seulement que l'un concerne une banlieue et ce qui peut se passer dans une banlieue, en l'occurence des morts inutiles et des vies difficiles. Comment la chercheuse réagit-elle pendant et longtemps après ? C'est elle qui nous le dit et il faut l'écouter. Le second cas affronte un chercheur — lui-même traumatisé par un deuil récent — à des fascistes. Ce n'est pas une « taupe », mais quelqu'un qui rencontre volontairement des adversaires, ne cache pas ses propres positions, mais a la volonté et le désir de connaître ceux qu'il combat. Le troisième cas — qui nous atteint peut-être plus que les autres — est celui d'une chercheuse « amoureuse » dit-elle de l'Afrique du Sud après l'apartheid, connaissant le pays et y découvrant — quasiment hors recherche — la xénophobie grandissante vis-à-vis de populations migrantes parquées dans des camps. Elle servira d'intermédiaire entre le gouvernement et ces ostracisés, pour les protéger. Mais là encore, c'est son récit qu'il faut lire, sans se contenter de le résumer comme nous le faisons, en tentant néanmoins de ne pas lui enlever son impact sur le lecteur ou la lectrice.

Le dernier cas a aussi pour cadre l'Afrique du Sud et plus précisément Sovéto. La chercheuse n'a pas cru réellement aux vertus de Vérité et réconciliation. Ce que dit Annie Benveniste nous paraît dramatique, en ce sens que, de notre point de vue, nous y voyons une lutte entre deux dispositifs : celui qui, pendant des millénaires, a servi de référence à des milliards d'individus et de groupes et qui mettait dans un monde autre la signification de l'entre-nous et de l'entre-soi ; celui d'aujourd'hui, qui émerge péniblement et qui affronte des populations plongées en grande partie dans la misère sous l'effet de l'excès même de la modernité, excès global que j'appelle le capitalisme, à une politique et à une loi symbolique qui ne sont pas nouveaux en soi — les vieilles religions et les vieux sacrés à mythes et à ancêtres les connaissent ; mais qui se trouvent transformés par l'éviction des ancestralités, des mythologies, des dieux et de Dieu. Cette lutte des deux dispositifs (auxquels il faudrait ajouter le dispositif naturaliste qui se situe à notre avis dans le second dispositif) contribue à expliquer l'oppression subie. C'est une lutte qui apparaît ailleurs qu'en Afrique du Sud, mais différemment. Elle prend, lorsqu'on lit Annie Benveniste, une ampleur où se dessine le désarroi de ceux et celles qui subissent ce que nous appellerions, plutôt que la violence, l'excès de violence, face à ceux qui délibérément mettent en œuvre cet excès de violence. Mais, entre les deux, il y a aussi ceux — les xénophobes — qui y adhèrent, sans nécessairement l'exercer.

On peut lire sans doute d'une autre manière le texte d'A. Benveniste, le témoignage de sa colère, de son propre désarroi qu'elle a du mal à surmonter.

Voilà un livre qui « creuse vers l'inconnu ». Sa lecture montrera à toutes celles et ceux qui en prendront la peine que le subjectif ne peut plus, sans doute même en sciences exactes, être mis au ban de la recherche.

Louis Moreau de Bellaing

* * *

VIENT DE PARAITRE

Revue
TIERS MONDE

N°219 juillet-septembre 2014

ÉMERGENTS : LE TEMPS DES DÉSILLUSIONS

sous la direction de Pierre Salama

ARMAND COLIN

Le taux de croissance durant les vingt dernières années est particulièrement important en Chine et en Inde, ce n'est pas le cas dans d'autres pays émergents que ce soit en Afrique du Sud ou en Amérique latine. L'écart entre les niveaux de PIB de très nombreux pays du Sud et ceux du Nord se réduit. Mais ce sont surtout les pays émergents asiatiques qui en bénéficient le plus. Cependant la croissance de ces pays ralentit. **Est-ce la fin d'une période faste pour les pays émergents ?** C'est ce qu'analyse ce numéro de la revue.

Abonnements et ventes:
Armand Colin
www.armand-colin.com
infos@armand-colin.fr
5 rue Laromiguière, 75240 Paris Cedex 05
Tél.: 0820 065 095
Prix du numéro: 20 euros

Revue Tiers Monde - IEDES
45 bis, avenue de la Belle Gabrielle
94736 Nogent-sur-Marne
Tél.: 01 43 94 72 26
tiermond@univ-paris1.fr

SOMMAIRE

La Revue Tiers Monde est aussi disponible sur:
Persée.fr (accès gratuit jusqu'en 2006)
Cairn.info (accès en anglais et en français)
ainsi que sur le site de l'IEDES

Résumés/Abstracts

Laurent Herment

« Le capitalisme agraire au XIXe siècle : le champ des possibles »

Cet article vise à évaluer la pertinence de la notion de capitalisme agraire pour expliquer les évolutions de l'agriculture française au XIXe siècle. Si les économistes de la fin du XVIIIe siècle et des deux premiers tiers du XIXe siècle considèrent l'agriculture comme l'un des champs d'expérience du capitalisme, les discours sur l'agriculture changent totalement à la fin du XIXe siècle. L'agriculture, non seulement en France mais aussi dans les autres pays européens, apparaît alors comme un secteur retardataire. Mais, au-delà des appréciations des contemporains et des historiens, les agriculteurs du XIXe siècle étaient capables d'adapter leurs productions aux conditions du marché. Ils étaient aussi enclins à utiliser les outils et les vecteurs de progrès (machine à battre, moissonneuse, engrais, etc.). Mais contrairement à ce qui se passe dans l'industrie, ce n'est pas par un processus capitaliste que s'effectuent cette modernisation et cette adaptation. C'est aux marges de l'agriculture, dans l'agro-business et dans les industries agroalimentaires que se développe le capitalisme. En dernière analyse, comme le montre un dialogue entre Jaurès et Charles Ferry, la soumission de l'agriculture au capitalisme au XIXe siècle ne fait pas de l'agriculture un secteur capitaliste.

Abstract

This article aims to assess if the notion of agrarian capitalism is relevant to understand the evolution of the French agriculture during the nineteenth century. If the economists of the late eighteenth century, and the two first thirds of the nineteenth century considered agriculture like a field of experience of capitalism, discourses about agriculture completely changed at the end of the nineteenth century. Agriculture seems to be a backward sector in France, but in other European countries as well. Despite the backwardness of agriculture, during the nineteenth century farmers were able to adapt their productions to the evolution of prices, and were able to use the most efficient and most new implements (threshing machine, harvester, fertilizers, etc.). But contrary to what happens in the industrial sector, these processes of adaptation and modernization were not a capitalist process. The capitalist process occurred at the frontiers of agriculture, in agro-business and agro-food enterprises. At last, as shows a dialogue between Jaurès and Charles Ferry, the obedience of the nineteenth century's agriculture to capitalism did not transform the agriculture in a capitalism sector.

Cédric Perrin

« Le développement durable en perspective historique : l'exemple des tanneries »

L'industrie du tannage est présentée aujourd'hui, par ses propres entreprises mais aussi dans les médias, comme une championne du développement durable grâce au retour de la méthode végétale, délaissée depuis le début du XXe siècle. L'argumentation pose problème par rapport à la notion de développement durable elle-même, mais aussi au regard de l'histoire de la filière qui est au contraire parmi les plus polluantes. L'abandon du tannage végétal au tournant des XIXe et XXe siècles doit être compris en resituant cette évolution technique dans son cadre économique et social. L'adhésion au développement durable apparaît bien, dès lors, comme une évolution récente en réponse aux difficultés du secteur.

Abstract

The tanning industry is presented today, by its own enterprises but also in the media, as a champion of sustainable development through the come back of the vegetable method, abandoned since the early twentieth century. The argument is problematic in relation to the concept of sustainable development itself, but also with regard to the history of this industry which is on contrary among the most polluting. The abandonment of vegetable tannage at the turn of the nineteenth and twentieth centuries must be understood by situating this technological development in its economic and social framework. Consequently adherence to sustainable development appears indeed like a recent development to meet the challenges of the sector.

Elsie Viguier

« Développement durable, consumérisme politique et marketing “vert” : De nouvelles sources de justification du capitalisme ? »

En m'intéressant aux pratiques de détournement dans le domaine publicitaire, en recueillant aussi les discours de professionnels de la publicité et du marketing et celui de militants antipublicitaires, j'ai tenté d'interroger l'effet de la critique anticapitaliste et anticonsumériste sur les usages publicitaires et les discours justificateurs du système capitaliste. En partant de ces discours, je m'interroge sur la manière dont est justifiée, aujourd'hui, une économie basée sur l'accumulation, alors même que les discours écologistes obtiennent une légitimité et une crédibilité sans pareille mesure en Occident.

« Sustainable development, political consumerism and 'green' marketing : new sources of capitalism's justification ? »

In this paper I propose to analyse the effect of the critic of capitalism and consumerism on the advertising uses and the justifying discourses. From this discourses, I wonder about the current justification of the economy which is based on accumulation whereas the ecologist discourses are recognized as very credible and very legitimate in the Occident.

Pauline Barraud de Lagerie

« L'éternel retour du *sweating system* ? »

Cet article éclaire l'histoire de la « responsabilité des commettants » en traçant un lien entre la tragédie de l'incendie de l'usine Triangle Shirtwaist, à New York en 1911, et le récent drame de l'effondrement du Rana Plaza, au Bangladesh en 2013. Il apparaît ainsi que, dès le *sweating system* du XIXe siècle, les défenseurs des travailleurs ont pointé du doigt la responsabilité de ceux qui, sans exercer une contrainte directe sur la main-d'œuvre, tirent néanmoins profit de son exploitation. Mais si le problème des mauvaises conditions de travail a alors été principalement réglé par d'autres moyens que la responsabilisation des commettants, la lutte *anti-sweatshop* dans le cadre des échanges mondialisés se caractérise en revanche aujourd'hui par un recours quasi exclusif à l'exercice d'une pression sur les donneurs d'ordre.

Abstract

This paper sheds lignt on the history of the « responsibility of the principals » by drawing a connection between the tragedy of the Triangle Shirtwaist Factory fire, in New York in 1911, and the recent tragedy of the Rana Plaza collapse, in Bangladesh in 2013. The paper shows that, since the 19th century, when the sweatshop system appeared, the defenders of the workers have pointed a finger at those who profit from their exploitation, though they only exercise indirect control. The paper also emphasizes that, though in other contexts, the issue of poor working conditions sometimes found solutions that avoided holding the principal liable, what characterizes the anti-sweatshop movement in the context of globalization is its nearly exclusive focus on bringing pressure to bear on the contractor at the head of the chain.

Thomas Zanetti

« Responsabilité sociale et implication territoriale contemporaine de Michelin à Clermont-Ferrand : une réactualisation du système d'encadrement paternaliste du début du XXe siècle ? »

La firme Michelin, multinationale qui rassemble plus de 110 000 salariés dans le monde, a toujours maintenu son siège social dans la ville où elle est née : Clermont-Ferrand. L'entreprise est ainsi caractérisée par un degré élevé d'ancrage territorial qui trouve ses origines dans la mise en œuvre, durant la première moitié du XXe siècle, d'un système paternaliste d'encadrement de la force de travail. En résulte l'existence d'une organisation sociale spécifique au service de la production, qui va perdurer jusque dans les années 1990. Depuis deux décennies, Michelin fait face à la nécessité d'attirer une main-d'œuvre hautement qualifiée. La firme a ainsi défini une nouvelle stratégie d'encadrement de la force de travail qui s'inspire notamment du concept de responsabilité sociale des entreprises (RSE). Ce dernier traduirait alors un effort de perpétuation du capitalisme et des profits qu'il génère, qui, dans le cas de Michelin, s'exprimerait à travers l'émergence d'un « capitalisme territorial ».

Abstract

The Michelin company, multinational which has more than 110 000 employees worldwide, has maintained its headquarters in the city where it was born : Clermont-Ferrand. The company is thus characterized by a high degree of local roots resulting from the organization of a paternalistic system of control of the workers during the first half of the twentieth century. The result is the existence of a specific social organization at the service of production, which will operate until the year 1990. For two decades, Michelin is faced with the need to attract a highly skilled workforce. The company has defined a new strategy to support the labor force that integrates particularly the concept of corporate social responsibility (CSR). This incorporation reflects a perpetuation of capitalism effort and profits it generates, which in the case of Michelin, would be expressed through the emergence of a « territorial capitalism ».

José Antonio Miranda

« Vers un monopole mondial : l'expansion internationale de la *United Shoe Machinery Company* dans la première moitié du XXe siècle et ses conséquences sur l'industrie de la chaussure »

L'histoire de la *United Shoe Machinery Company* (USMC) montre que la réalité ne s'adapte pas toujours aux simplifications de la théorie. Comme le signale l'économie de la fonctionnalité, la stratégie de l'entreprise de vendre l'usage plutôt que la machine fournit plusieurs avantages importants, mais elle a également contribué au fait que les usines de chaussures subissent une véritable dépendance technologique de cette compagnie et au fait que l'USMC soit parvenue à une domination monopolistique du marché. D'autre part, en remettant en cause les rudiments généraux de la théorie économique néoclassique, cette position de monopole n'a pas empêché que l'entreprise ait un fonctionnement efficace et ait facilité la modernisation technologique de l'industrie de la chaussure, aux États-Unis et dans d'autres pays.

Abstract

The history of the United Shoe Machinery Company (USMC) shows that reality does not always match the simplifications of the theory. As stated in the functional economy, the strategy of selling the use instead of machinery provided several important advantages, but this strategy also emphasized the technological dependence of the shoe factories and it enabled the USMC to reach a monopolistic market dominance. On the other hand, questioning the neoclassical economic theory, this monopoly did not prevent the company had an efficient operation and facilitated the technological upgrading of the footwear industry in the United States and other countries.

Alexandre Fernandez

« De l'illusion " post-mécaniste " à l'illusion " post-industrielle " »

L'article examine l'*illusion* nourrie par certains discours sur la radicalité de l'innovation sociale dont serait porteuse l'innovation technique. Comme la diffusion généralisée du petit moteur électrique devait, en son temps, fonder le dépassement de l'univers mécanique et de la concentration usinière, la révolution informationnelle annoncerait la fin du fordisme et l'avènement de la société *post*-industrielle.

Abstract

The article examines the *illusion* nurtured by some discourses on the radical social innovation would carry technical innovation. As the generalized spread of small electric motor would have based the overtaking of mechanical landscape and big factories in 1900, Internet would predict the end of Fordism and the advent of *post*-industrial society.

Pascale Absi, Laurent Bazin et Monique Selim

« Les dominations enchevêtrées. Investissements épistémologiques de l'anthropologie du travail »

Le travail se présente, dans le monde globalisé, comme un nœud d'actualisation de rapports de domination qui s'enchevêtrent et s'articulent les uns aux autres. Comment l'enquête ethnologique aborde-t-elle ces dominations enchevêtrées ? Pour expliciter la démarche et les fondements épistémiques de l'enquête ethnologique, le texte revient sur le contexte de la décolonisation dans les années 1950-1960, qui a stimulé un renouvellement des propositions épistémologiques en anthropologie. La confrontation entre les approches de Pierre Bourdieu et de Gérard Althabe permet de montrer deux conceptions inversées. Bourdieu demeure attaché à une approche structuraliste qu'il réaménage pour penser les rapports de domination à travers les mécanismes de leur reproduction ; l'investigation sociologique et la démarche ethnographique sont conçues dans cette perspective comme moyens d'atteindre à la structure symbolique des positions sociales. Althabe se situe dans une optique constructiviste axée sur la production des rapports sociaux : l'enquête ethnologique est pensée comme un mode de connaissance fondée sur la communication entre le chercheur et les sujets dont il veut comprendre l'univers. Il centre l'attention sur un monde qui se construit en réaménageant les rapports de domination par la puissance de l'imaginaire.

Dans une seconde partie, cette démarche d'investigation et d'analyse est illustrée par un bref exposé de résultats de recherche sur trois terrains différents : la prostitution dans les maisons closes de Potosí en Bolivie, l'emploi des femmes hautement diplômées de l'université de Canton en Chine et, en guise de retour sur l'œuvre de Bourdieu, le travail dans le secteur du bâtiment à Oran en Algérie. Dans ces trois situations aux antipodes les unes des autres, l'accent est mis sur la manière dont les acteurs produisent leurs rapports sociaux et trouvent dans l'imaginaire des moyens pour repenser et rejouer les rapports de domination qui se nouent dans le travail.

Abstract

In the globalized world, work presents itself as a nub of actualization of intermixed relations of domination. How does the ethnological analysis study such intermixed relations? To answer the question the first part of the paper evokes the debate Pierre Bourdieu/Gérard Althabe. The approach of Bourdieu is structuralist and so the goal of the sociological analysis is to display the symbolic structure of the social positions. The approach of Althabe is constructivist and tries to show the production of social relations by the power of imagination.

In the second part of the paper three researches of territory are briefly presented : prostitution in the brothels of Potosi in Bolivia, the job of the highly qualified women of University of Canton in China, the job in the building industry in Oran in Algeria by way of a return to the Bourdieu's work. In these very different situations, the analysis lays stress on the means by which the social agents build their social relations.

Ivan Sainsaulieu

« Retour sur la notion de "base syndicale". Le milieu CGT des banques en tensions »

La Confédération générale du travail connaît une crise à rebondissements. Cette enquête monographique permet d'en explorer la teneur sociologique en plongeant au cœur d'une grande fédération, celle des banques et des assurances, *via* des entretiens et un double questionnaire, l'un en direction des salariés d'une grande banque (LCL) et l'autre en direction des adhérents de la fédération des banques. *Milieu d'entreprise* et *milieu syndical (ou syndiqués)* ne coincident pas étroitement. Malgré les particularités du secteur, on retrouve dans ce dernier un écho assez net des conflits de courants au niveau national. Peu nombreux, les militants anciens configurent à la fois les débats locaux et nationaux, fédéraux et confédéraux, et pèsent face à une direction réformatrice sans troupes ou des adhérents récents plus centrés sur le contenu de leur travail. Les uns et les autres sont dotés de soutiens relatifs auprès des salariés des banques, qui ne légitiment pas outre mesure le tournant réformateur de la centrale, se retrouvant au moins autant dans un syndicalisme classique de défense de leurs intérêts, tout en exprimant un attachement au métier peu repris syndicalement. Il en ressort la configuration de fiefs syndicaux bureaucratiques, réponse « négative » aux déficiences d'un syndicalisme peu implanté et réponse « positive » au dysfonctionnement central.

« A new examination of the notion of 'trade-union rank militant'. The CGT milieu of banks under stress. »

The CGT trade-union confederation is in an endless critical situation. This paper observes from a sociological point of view the consequences of this crisis in the CGT trade-union federation of banks and insurances. This particular milieu is experiencing the same conflicts the confederation does.

*   *   *

L’homme et la société

Revue internationale de recherches et de synthèses en sciences sociales

Henri Lefebvre. Une pensée devenue monde ?

N° 185-186 – 2012/3-4

On a voulu revenir sur l’actualité du sociologue qui le premier s’est intéressé au quotidien et en a montré tout à la fois la richesse cachée et les implications profondes, la dimension aliénée et aliénante et les ressorts pour l’émancipation. Il s’agissait de renouer avec l’attention à la quotidienneté à partir des pratiques ou des usages.

Jamais époque n’a été aussi assujettie à la rationalité gestionnaire et technique des temps, des lieux, des usages et des comportements. Si la « cage d’acier » bureaucratique a exercé jadis sa violence sur toute une fraction de l’humanité, jamais peut-être la violence subtile et hégémonique de la « police du chiffre » n’a autant pesé sur nos comportements et nos consciences. Comme si la fluidification et la volatilisation de l’ordre disciplinaire et bureaucratique avait provoqué une intériorisation des normes et des contraintes de la performance économique. Toutes les institutions, de l’entreprise à l’université, semblent soumises à la marotte quantophrénique aux effets délétères sur l’expérience dans sa dimension polysémique et phatique. Comment, dès lors, comme se le demandait déjà la *Critique de la vie quotidienne*, naissent aujourd’hui ces brèches qui ouvrent sur les ambivalences, les contradictions, les conflits, les rencontres inchoatives. C’est dans les postérités et les disséminations internationales que la pensée d’Henri Lefebvre nous est apparue monde.

Sommaire :

* * *

Rédaction : Jean-Jacques Deldyck - Université Paris-Diderot Paris 7 - Boîte courrier 7027 - 75205 Paris Cedex 13
Tél. : 01 57 27 64 86 - Fax : 01 57 27 64 91 - e-mail : deldyck@univ-paris-diderot.fr
Abonnement et vente au numéro : Éditions L’Harmattan, 5-7 rue de l’École Polytechnique 75005 Paris
http://www.librairieharmattan.com - diffusion.harmattan@wanadoo.fr

L'homme et la société - Tables

N° 149 (2003/3) : POUR UNE CRITIQUE DES « SCIENCES DE LA CULTURE »

Pour une critique des « sciences de la culture » (Anne Chalard-Fillaudeau et Gérard Raulet). Anne CHALARD-FILLAUDEAU, Les « Cultural Studies » : une science actuelle ? Lawrence GROSSBERG, le cœur des *Cultural Studies*. Eliane ELMALEH, Les politiques identitaires dans les universités américaines. Gérard RAULET, L'exotisme de l'intérieur. Tentative d'état des lieux épistémoligique. Epifanio SAN JUAN Jr., Politique des *Cultural Studies* contemporaines. Lutz MUSNER, Études sur la culture et économie politique. Hanno HARDT, Changements de paradigmes. Décentrer le discours de la recherche sur la communication de masse. Anna WESSELY, Les *Cultural Studies* et la nouvelle histoire de l'art. **Note critique :** Jean-Luc ÉVARD, Du négationnisme de chaire et de l'apothéose des survictimes. Lettre ouverte à quelques lecteurs présumés de M. Nolte. **Comptes rendus. Revue des revues** (Jean-Jacques DELDYCK). **Abstracts**.

N° 150-151 (2003/4 et 2004/1) : AU RISQUE DU MATERIALISME

Éditorial : Du futur à l'éternel présent (Michel KAIL et Roland LEW). Avant-propos (Michel KAIL et Pierre LANTZ). Pierre LANTZ, Ni tribun, ni sauveur suprême (Approche matérialiste de la singularité). Elsa DORLIN, Corps contre nature. Stratégies actuelles de la critique féministe. Judith BUTLER, Beauvoir sur Sade : de la sexualité à l'éthique. Richard SOBEL, Économisme et désir d'argent. Éléments critiques pour un matérialisme antinaturaliste en théorie économique. Paolo VIRNO, Les casse-tête du matérialisme. Antonio NEGRI, Le monstre politique, la vie nue et la puissance. Michel KAIL, Vous avez dit matérialisme ! **Hors dossier :** Sylvia KLINGBERG, Le malheur contagieux. **Débats et controverses :** Jean-Pierre GARNIER, « Bienfaisante nature ». **Note critique :** Pierre LANTZ, La démocratie immunitaire d'Alain Brossat. **Comptes rendus. Revue des revues** (Thierry POUCH). **Abstracts. Appels à contributions**.

N° 152-153 (2004/2-3) : TRAVAIL GLOBALISE – TRAVAIL SINGULIER

Éditorial : Le couple masculin-féminin, un objet de pensée ? (Michel KAIL). Claude DIDRY, Patrick DIEUAIDE, Laurence ROULLEAU-BERGER, Monique SELIM et Richard SOBEL, La mondialisation n'existe pas : regards sur les expériences singulières du travail globalisé. Laurent BAZIN, Claude DIDRY, Laurence ROULLEAU-BERGER et Monique SELIM, Salariats incertains. Réflexions sur les incises économiques de la globalisation. Yves SCHWARTZ, La conceptualisation du travail, le visible et l'invisible. Simon DEAKIN et John ARMOUR, Le sauvetage de Rover : une alternative au pouvoir de l'actionnaire ? Gilles GUIHEUX, Le nouveau « retournement » des corps et des esprits en Chine : la mise à leur compte des travailleurs licenciés du secteur d'État. Patrick DIEUAIDE, Autour de la question du travail. Trois thèses sur le capitalisme cognitif. Thierry POUCH, Vers le meilleur des mondes possibles, ou les promesses du capitalisme cognitif. Pierre ROLLE, Les savoirs salariés. Essai sur quelques théories du capitalisme cognitif. Danilo MARTUCCELLI, Les imageries du pouvoir : de la rationalité à la réactivité. Philippe ZARIFIAN, Travail, modulation et puissance d'action. **Hors dossier :** Laurence TAIN, genre et techniques de reproduction : évidences, alliances et turbulences. **Notes critiques :** Bernard FRIOT, Liberté ou sécurité du travail ? Michel KAIL, Une histoire au présent : travail et spiritualité. Pierre LANTZ, La classe ouvrière comme réalité et représentation. Richard SOBEL, « La fin du travail », suite, mais pas encore fin ! **Comptes rendus. Revue des revues** (Thierry POUCH). **Abstracts**.

N° 154 (2004/4) : LE CINEMA POPULAIRE ET SES IDEOLOGIES

Nicole BEAURAIN, Christiane PASSEVANT, Larry PORTIS et Christelle TARAUD, Le cinéma populaire et ses idéologies. Christelle TARAUD, Angélique et l'Orient : une certaine vision de l'altérité ? Larry PORTIS, L'État dans la tête et les pieds dans le plat. Hiérarchie et autorité dans les films de Louis de Funès. Vincent CHENILLE et Marc GAUCHEE, L'infâme et le pantin. Patrons et hommes politiques dans le cinéma français (1974-2002). Jean-Pierre GARNIER, Le passé radieux. *Les Choristes* : un analyseur des nostalgies populaires. Saïd TAMBA, Propos sur le cinéma colonial en tant que genre populaire. Anne-Sophie PERRIAUX, Se méfier de l'original ? Les cas de Hollywood et Kanowood. Tania EL KHOURY, Les cinémas libanais et leurs publics. Ziad DOUEIRI (entretien avec), Guerre civile et cinéma populaire. Marco BELLOCHIO (entretien avec), La folie lucide et la société déraisonnée. Béatrice PIGNEDE et Christophe-Emmanuel DEL DEBBIO (entretien avec), Propagande de guerre, propagande de paix. Jean-Pierre THORN (entretien avec), Cinéma populaire et cinéma du peuple. **Hors dossier :** Josette DEBROUX, Une association pour « organiser » les études rurales, l'Association des Ruralistes Français. **Note critique :** Jean ZAGANIARIS, La démocratie au Maghreb : entre souffrance et espoir. **Comptes rendus. Abstracts. Appels à contributions.**

N° 155 (2005/1) : SECURISATION ET GLOBALISATION

Éditorial (Michel KAIL). Sécurisation et globalisation (Jean-Pierre Garnier, Bernard HOURS et Saïd Tamba). Bernard HOURS, L'idéologie sécuritaire : De la gestion des risques à la préparation aux désastres. Thierry POUCH, L'idéologie sécuritaire du capitalisme : la « gouvernance ». Jean-Pierre GARNIER, Un développement urbain insoutenable. Sécuriser ou rassurer ? Maurice DUVAL, Des peurs collectives : Le discours anti-secte comme support de l'idéologie néolibérale. Corinne GOBIN, Les politiques de réforme de la Sécurité sociale au sein de l'Union européenne : la sécurité collective démocratique en péril. Odile STEINAUER, L'aide aux victimes d'infractions pénales : quand la sécurité organise une politique de proximité. Sylvie LIDGI, « Le volant et la norme ». Éléments d'une problématique. Olivier DOUVILLE, Santé mentale et sécurisation psychique. **Hors dossier :** Bruno PROTH, La « mise en demeure » d'un aéroport parisien par trois SDF irréductibles. **Notes critiques :** Richard SOBEL, Les sciences sociales peuvent-elles faire l'économie d'une anthropologie générale ? Richard SOBEL, Pour un constructivisme radical et intégral : Cornélius Castoriadis. **Comptes rendus. Revue des revues** (Thierry POUCH). **Résumés/Abstracts**. **Appels à contributions**.

N° 156-157 (2005/2-3) : POUR UNE ÉCONOMIE POLITIQUE DE LA RICHESSE

Éditorial (Michel KAIL). Hommage à Roland Lew. Roland LEW, Les figures de l'auto-émancipation sociale : attentes et énigmes des temps modernes. Pour une économie politique de la richesse (Michel KAIL, Pierre LANTZ et Richard SOBEL). Jean-Marie HARRIBEY, Richesse et valeur : un couple qui ne fait pas bon ménage. Jacques BIDET, La richesse en proie à la valeur. Arnaud BERTHOUD, Le prix du temps. Pierre LANTZ, Normes trop humaines de l'échange et forces productives incommensurables. Thierry POUCH, Actualité de la richesse, oubli de l'économie politique ? Serge LATOUCHE, Peut-on mettre un vin nouveau dans de vieilles outres ? Décroissance, « disvaleur » et mesure du bien-être. Jean GADREY, Reconsidérer la richesse ? Avec quels acteurs et quelles forces sociales ? Michel KAIL, Richesse, valeur, puissance. **Hors-dossier :** Aziz JELLAB, Les « nouveaux enseignants » de lycée professionnel : un rapport contrarié au métier ? **Notes critiques :** Richard SOBEL, Dé-penser l'économique sans Mauss et avec Polanyi. Richard

SOBEL, Frivolité de la valeur ou valeur de la frivolité. Thierry POUCH, L'énigmatique retour de Keynes. André-Marcel D'ANS, À propos des métamorphoses de la parenté. **Comptes rendus. Résumés/Abstracts. Tables.**

N° 158 (2005/4) : FÉMINISMES : THÉORIES, CONFLITS, MOUVEMENTS

Éditorial (Michel KAIL). Les renouvellements générationnels : mais pour quel sujet politique (Elsa DORLIN et Marc BESSIN). Anthony MAC MAHON, Lectures masculines de la théorie féministe : la psychologisation des rapports de genre dans la littérature sur la masculinité. Coline CARDI, Delphine NAUDIER et Geneviève PRUVOST, Les rapports sociaux de sexe à l'université : au cœur d'une triple dénégation. Muriel ANDRIOCCI, Entre colère et distance : les « études féministes » à l'université. Liane HENNERON, Être jeune féministe aujourd'hui : les rapports de génération dans le mouvement féministe contemporain. Sébastien CHAUVIN, Les aventures d'une « alliance objective ». Quelques moments de la relation entre mouvements homosexuels et mouvements féministes au XXe siècle. Géraldine GOURBE et Charlotte PREVOT, Art et féminisme, un no man's land français ? Vincenza PERILLI, La « différence sexuelle » et les autres. miriam COOKE, Critique multiple : les stratégies rhétoriques féministes islamiques. Judith EZEKIEL, Katrina à la Nouvelle-Orléans : réflexions sur le genre de la catastrophe. **Hors dossier :** Anna JARRY-OMAROVA, Sphère publique, sphère politique : le cas des associations de femmes en Mongolie. **Notes critiques :** Laure BERENI, La parité, nouveau paradoxe des luttes féministes ? André-Marcel D'ANS, Sub-culture et pseudo-science. **Comptes rendus. Revue des revues** (Thierry POUCH). **Résumés/Abstracts.**

N° 159 (2006/1) : LES TERRITOIRES DE L'AMNISTIE. ENTRE CLÉMENCE ET TOLÉRENCE ZÉRO

Éditorial (Michel KAIL). La clémence est une idée neuve en Europe : amnisties (Sophie WAHNICH). Marie CUILLERAI, L'irréconcilié : l'histoire critique aux marges de l'amnistie. José GOTOVITCH et Chantal KESTELOOT, Le décret Suykerbuyk et l'enjeu de l'amnistie. Lynda DEMATTEO, Le refus de l'amnistie des « années de plomb ». Imbroglio historiographique et déni de la conflictualité. Sophie WAHNICH, Le débat sur les extradés italiens et le jeu des références historiques. Sophie DIMITROULIAS, l'humanisme juridique européen à l'épreuve du terrorisme : le crépuscule de la clémence ? Maria Grazia SANGALLI, L'extradition des réfugiés italiens indique-t-elle un abandon du principe d'amnistie en France ? Hervé RAYNER, Veto entrecroisés : l'épineuse question de l'amnistie en Italie. Sophie WAHNICH, Amnisties et conscience historique. **Hors dossier :** Antoine HEEMERYCK, Gouvernance démocratique, État et ONG en Roumanie : quelques éléments de clarification autour de l'introduction d'une loi de transparence. **Note critique :** Gabriel ROCKHILL, Vers une critique historique de l'imaginaire politique contemporain en France. **Comptes rendus. Revue des revues** (Thierry Pouch). **Résumés/Abstracts. Appel à contributions.**

N° 160-161 (2006/2-3) : CITOYENNETÉ, ENGAGEMENTS PUBLICS ET ESPACES URBAINS

Éditorial (Michel KAIL). Citoyenneté, vous avez dit citoyenneté ? (Christophe DAUM). Numa MURARD et Étienne TASSIN, La citoyenneté entre les frontières. Annick MADEC, Entre désordre politique et ordre scolaire, les appelés de la citoyenneté – Interrogations en zone violence scolaire au lendemain du 21 avril 2002. Sophie LAMOTTE, Mauvais parents, mauvais citoyens… Aspects diffus et exclusifs de la démocratisation scolaire. Alexandre PIETTRE, Entre l'urbain et le social, un espace politique. Elise PALOMARES et Aude RABAUD, Minoritaires et citoyens ? Faites vos preuves ! François BRUN, Immigrés, sans-papiers, des travailleurs en deçà de la citoyenneté. Lilian MATHIEU, Les grèves de la faim lyonnaises contre la double peine : opportunités militantes et opportunités politiques.

Christophe DAUM, Le Citoyen et l'Étranger. **Hors dossier :** Bernard HOURS et Monique SELIM, La pauvreté à l'épreuve de l'Ouzbékistan. **Débats et controverses :** Véronique De Rudder et François Vourc'h, Quelles statistiques pour quelle lutte contre les discriminations ? **Comptes rendus. Abstracts. Tables. Appel à propositions.**

N° 162 (2006/4) : LES TEMPS DU TRAVAIL – CYCLES ET IRREVERSIBILITE

Éditorial (Michel KAIL et Richard SOBEL). Avertissement (Jean-Pierre DURAND et Pierre ROLLE). Jean-Pierre DURAND, Comment re-penser le travail ? Pierre ROLLE, Un nouveau paradigme en sociologie du travail ? Jorge LAGO, Quels temps mesure le chronométreur taylorien ? Olivier COUSIN, Quelle place accorder au travail ? Gaëtan FLOCCO, Du « tout-acteur » à l'analyse des médiations de la contrainte. Élodie SEGAL, Les « savoir-être », un angle mort des débats sur la compétence. Caroline LANCIANO-MORANDAT, Quel mode de gouvernement pour les nouvelles relations Science-Industrie ? **Hors dossier :** Marie REBEYROLLE, Acteurs solitaires ou solidaires dans l'entreprise d'aujourd'hui. **Note critique :** Louis MOREAU DE BELLAING, La globalisation du monde. **Revue des revues** (Thierry POUCH). **Comptes rendus. Résumés/Abstracts.**

N° 163-164 (2007/1-2) : LES TEMPS DES TRAVAILLEURS - CONTRAINTES ET AMENAGEMENTS

Éditorial (Michel KAIL et Richard SOBEL). Maturité des sciences du travail et approche plurielle (Jean-Pierre DURAND et Pierre ROLLE). Florence JANY-CATRICE, La dévalorisation des services « relationnels » dans les pratiques et les conventions dominantes. William GASPARINI et Lilian PICHOT, Régulation des relations de travail et culture sportive. L'exemple des entreprises de la distribution d'articles de sport. Elvire BORNAND, La définition du travail dans le secteur public à l'épreuve de nouveaux principes managériaux. Laurence LE DOUARIN, « C'est personnel ! » L'usage des TIC par les cadres dans l'articulation des temps sociaux : vers une évolution de la rationalisation au travail ? Claude DIDRY, De la restructuration de l'entreprise à la restructuration des relations professionnelles : le cas de Canal Plus. Giuliana COMMISSO, Subjectivité au travail. Une analyse de la résistance ouvrière dans l'Usine Intégrée de la Fiat en Italie. Tang JUN, « En haut, il n'y a plus de ciel, en bas, plus de terre ! » La logique de l'action collective ouvrière dans la Chine contemporaine. **Hors dossier :** Paul JORION, Misère de l'État-Providence aux États-Unis : l'exemple de la politique américaine du logement. **Débats et controverses :** Jean-Pierre GARNIER, Ethniciser la question sociale ? Pierre LANTZ, Pluralisme et citoyenneté. **Comptes rendus. Résumés/Abstracts. Appel à contributions.**

N° 165-166 (2007/3-4) : QUETES IDENTITAIRES – RE-ANCRAGE TERRITORIAL

Éditorial (Michel KAIL). Vers un nouvel horizon indépassable ? Identités et Territoires au XXIe siècle (Margaret MANALE). Jacques BEAUCHARD, Figures territoriales de l'Europe et crises de l'identification politique. Margaret MANALE, Travail, territoire, identité dans l'ex-Allemagne de l'Est. Jaume FRANQUESA, Une valeur foncière d'avenir : l'identité. Le cas du centre historique de Palma (Mallorca, Espagne). Roselyne DE VILLANOVA, Espace de l'entre-deux ou comment la mobilité des immigrés recrée du territoire. Jérôme BOISSONADE, Processus d'identification territorialisés. Des compétences situationnelles face aux épreuves. Françoise MONCOMBLE, Jeunes des cités : culture de territoire et rupture de l'identité politique. Gérard BAUDIN, De la proximité comme analyseur. Roselyne DE VILLANOVA, Quêtes identitaires et réancrage territorial : quelles perspectives ? **Annexe au dossier :** Gilles VIEILLE MARCHISET, La construction sociale des espaces sportifs ouverts dans la ville. Enjeux politiques et liens sociaux en question. Katerina AZAROVA, Appartements communautaires à Moscou : un territoire partagé.

Manola ANTONIOLI et Pierre-Antoine CHARDEL, Reterritorialisation et obsession sécuritaire dans la mondialisation. **Hors dossier :** Philippe REGNIER, À l'assaut des théories du développement : regards francophones sur les succès asiatiques. Wilfried LIGNIER, L'autonomie enfantine à l'épreuve des « surdoués ». Contribution ethnographique à une approche sociale de l'enfance. **Droit de réponse :** Robert CASTEL. **Revue des revues** (Thierry POUCH). **Comptes rendus**. **Résumés/Abstracts**. **Appel à contributions.**

N° 167-168-169 (2008/1-2-3) : MARGES ET MARGINALISATIONS DANS L'HISTOIRE DE LA PSYCHOLOGIE

Éditorial (Michel KAIL). Avertissement (Yvon BRÈS). Marges et marginalisations dans l'histoire de la psychologie (Michel KAIL). Claire GANTET, Âme et identité dans le Saint Empire. Fernando VIDAL, Le discours de la méthode dans la psychologie des Lumières. Nicole EDELMAN, Le somnambulisme magnétique : les enjeux d'une mise à la marge. Annette MÜLBERGER, Marginalisation de la parapsychologie et du spiritisme dans le discours scientifique en Espagne. Pierre SINGARAVÉLOU, De la psychologie coloniale à la géographie psychologique. Geneviève VERMÈS, Quelques étapes de la psychologie des peuples. Annick OHAYON, Une épreuve contestée : la réception en France du test de Szondi. Jaap BOS, Les types de marginalisation dans leur relation constitutive au discours. Emmanuel DELILLE, L'organo-dynamisme d'Henry Ey. Marion THOMAS, Histoire de la psychologie animale. Janette FRIEDRICH, La psychologie de la pensée de l'école de Würzburg. **Hors dossier :** Sylvia KLINGBERG, « Quand ils se réveillaient ils ne savaient pas si c'était pour aller travailler, s'ils venaient de se coucher ». Aziz JELLAB, Le rapport aux savoirs chez les professeurs stagiaires du secondaire : une nouvelle problématique en éducation. **Revue des revues** (Thierry POUCH). **Comptes rendus**. **Résumés/Abstracts**. **Tables.**

N° 170-171 (2008/4-2009/1) : L'ÉCONOMIE HÉTÉRODOXE EN CRISE ET EN CRITIQUE

Éditorial (Michel Kail et Richard Sobel). Introduction : L'hétérodoxie, quelle hétérodoxie ? (Michel Kail et Thierry Pouch). Gilles RAVEAUD, Causalité, holisme méthodologique et modélisation « critique » en économie. Thierry POUCH, L'opium des économistes (Sont-ils encore des intellectuels ?). Gilles DOSTALER, Les lois naturelles en économie. Émergence d'un débat. Bernard BILLAUDOT, Une vision institutionnaliste, historique et pragmatique de l'objet de la science économique. Jean-Marie HARRIBEY, Travail, valeur et monnaie : dépoussiérage des catégories marxiennes appliquées à la sphère non marchande. Robert SALAIS, Conventions de travail, mondes de production et institutions : un parcours de recherche. Richard SOBEL, Travail salarié et « société salariale » : de Marx à Marx, en passant par la sécurité sociale. Liêm Hoang-Ngoc, Où va l'hétérodoxie ? **Hors dossier :** Éric BOSSERELLE, Guerres, transformation du capitalisme et croissance économique. **Notes critiques :** François FLAHAULT, Spinoza au XXIe siècle. Danilo MARTUCCELLI, Quelle stratégie choisir pour fonder la théorie sociale ? Michel KAIL, Consommation *versus* production. Louis MOREAU DE BELLAING, La longue patience du peuple. Pierre ROLLE, Quelques portraits de Pierre Naville comme chercheur. **Revue des revues** (Thierry POUCH). **Comptes rendus**. **Résumés/Abstracts**.

N° 172-173 (2009/2-3) : COMMUNISME CHINOIS, SOCIALISME RÉEL ET AUTO-ÉMANCIPATION (Hommage à Roland Lew)

Avant-propos des éditeurs. L'itinéraire de Roland Lew. **Chap. I : Totalitarisme et société.** Orwell : l'exigence critique et le monde contemporain. Les enjeux actuels du débat sur le totalitarisme. Masse et crise des sociétés dans l'entre-deux-guerres : la question du totalitarisme et la nouvelle figure de la révolte. Société civile : vrai et faux débat. **Chap. II : De Marx et du marxisme**. Marxisme des intellectuels, marxisme pour le mouvement ouvrier : un même cheminement ? Rubel et la question de l'éthique chez Marx. Oublier Lénine ? **Chap. III : Sur le « socialisme réel »**. Le socialisme réel : une nouvelle donne. Est : ce qui se fait et se défait – réflexions provisoires sur des bouleversements en cours et aux effets durables. L'ennemi intérieur et la violence extrême : l'URSS stalinienne et la Chine maoïste. **Chap. IV : La Chine comme analyseur**. L'air du temps, les intellectuels, l'analyse des révolutions et de leur devenir : la révolution chinoise comme analyseur. Révolutionnaires et paysans : le cas chinois et l'héritage du marxisme classique. Jeux de pouvoir au sein du parti communiste. Le régime « communiste » chinois et le mouvement ouvrier. **Chap. V : Auto-émancipation**. Résistance et altérité prolétariennes : remarques sur l'autopraxis ouvrière. Fin de siècle et auto-émancipation sociale. Dit et non-dit de l'émancipation sociale. Bibliographie des œuvres de Roland Lew. Postface : Repenser le socialisme dénaturé pour penser l'émancipation sociale. **Hors dossier :** Yves SINTOMER, Anja RÖCKE et Julien TALPIN, Démocratie participative ou démocratie de proximité ? Le budget participatif des lycées du Poitou-Charentes. **Tables**.

N° 174 (2009/4) : ADIEUX AUX COLONIALISMES ? (VOL. I)

Éditorial (Michel Kail). Introduction : Adieux aux colonialismes ? (Bernard Hours et Thierry Pouch). Monique Selim, De la globalisation des métaphores coloniales. Marlène Laruelle, Le paradigme du colonialisme en Asie centrale postsoviétique. Lydie Fournier, Une gestion publique de l'islam entre rupture et rhétorique. Mathieu Rigouste, Le pourrissement rouge et vert - Les militaires français face au communisme et à l'islam : une pensée de l'infection par l'ennemi intérieur autour du 17 octobre 1961. René Gallissot, Socialisme colonial, socialisme national des pays dominés. Le socialisme contraint par le nationalisme. Diego Landivar et Émilie Ramillien, Indigénisme, capitalisme, socialisme : l'invention d'une « quatrième voie » ? Le cas bolivien. Pierre Rolle, Colonialisme, internationalisation, démocratie. **Vers un monde à la Disney :** Jean-Pierre Garnier, De l'espace public à l'espace publicitaire Odysseum à Montpellier. Margaret Manale, Construire un passé : le enjeux du *New Urbanism* en Allemangne. **Revue des revues** (Thierry Pouch). **Comptes rendus. Résumés/Abstracts. Présentation du colloque « Simone de Beauvoir et la psychanalyse ».**

N° 175 (2010/1) : ADIEUX AUX COLONIALISMES ? (VOL. II)

Éditorial (Michel Kail). René Gallissot, Saïd Tamba. Introduction : Adieux aux colonialismes ? II (Bernard Hours et Thierry Pouch). Edda Manga, Le retour de la guerre juste. Francisco de Vitoria et les fondements juridiques de la domination globale. Cédric Touquet, Quand la colonisation perpétua les rapports de pouvoir propres aux sociétés de cour. Johannes Wendt, L'anamnèse du colonialisme allemand. Marie Peretti-Ndiaye, Passé colonial et phénomènes contemporains d'identification et d'altérisation. Le prisme corse. Saïd Tamba, De l'orientalisme. Eugène Delacroix. **Hors dossier :** Marianne Fischman et Jean-Pierre Fournier, RESF : une forme originale de critique de la xénophobie. Thierry Pouch, La science économique sous le regard de Husserl. Marie Meixner, Représentation des salariés et co-construction de l'entreprise. Une analyse comparée des dynamiques de restructuration dans le secteur bancaire (France, Allemagne, Royaume-Uni). **Comptes rendus. Résumés/Abstracts.**

N° 176-177 (2010/2-3) : PRISMES FÉMINISTES. QU'EST-CE QUE L'INTERSECTIONNALITÉ ?

Éditorial 1 (Michel Kail). Éditorial 2 (Claude Didry). Introduction, Indissociables et irréductibles : les rapports sociaux de genre, ethniques et de classe (Elise Palomares et Armelle Testenoire). Danièle Kergoat (entretien avec), Une sociologie à la croisée de trois

syndrome de la pâte d'amandes et vieux schémas de la vie conjugale. Constance Borde et Sheila Malovany, Quelques réflexions sur la nouvelle traduction anglaise du *Deuxième Sexe*. **Hors dossier :** Andrea D'Urso, Sémiotique matérialiste, sémiotique surréaliste, sémiotique révolutionnaire. Entre Breton et Rossi-Landi. **Notes critiques :** Pierre Lantz, Le pouvoir, la vie, la mort. Pierre Rolle, Retour sur Pierre Naville, à propos d'un livre posthume. **Comptes rendus. Résumés/Abstracts.**

N° 181 (2011/3) : La question anthropologique

Éditorial. Du contexte, de la situation et de la domination (Michel Kail). Introduction, Réflexions autour du paradoxe de l'acte de connaissance en anthropologie (Michel Kail et Richard Sobel). François Flahault, Lorsque tous dérivent ensemble, personne n'a conscience de dériver. Salvador Juan, Le territoire de l'Homme. La socio-anthropologie face aux biologies. Michel Kail et Richard Sobel, Y a-t-il une économie sartrienne ? Jean Bourgault, « Un collectif plus ou moins bien articulé ». Sur quelques pages de la *Critique de la raison dialectique* et quelques silences de Bruno Latour. Sophie Wahnich, L'histoire de la Révolution française peut-elle être dialectique ? Sartre, Lévi-Strauss, Benjamin. Monique Selim, Femmes savantes sur le marché du travail cantonais. Jean Zaganiaris, Pour en finir avec « l'intellectualisme » : la question de la rupture avec l'épistémocentrisme herméneutique dans l'œuvre de Pierre Bourdieu. Christophe David, Fidélité de Günther Anders à l'anthropologie philosophique : de l'anthropologie négative de la fin des années 1920 à L'obsolescence de l'homme. Étienne Tassin et Anne Gléonec, Anthropologie, anthropologie politique, anthropologie philosophique : un dialogue. **HORS DOSSIER :** Laurent Aucher, Aline et la vraie vie. Critique du modèle conceptuel de la classe ouvrière de Maurice Halbwachs. **NOTES CRITIQUES :** Michel Kail, La culture est plus ancienne que l'espèce humaine. Michel Kail, Naturaliser le don ? **COMPTES RENDUS. Résumés/Abstracts.**

N° 182 (2011/4) : Droit et conflits du travail dans l'Angleterre du *New Labour*

Éditorial. Le renoncement politique à la politique. Introduction, Droit et conflits du travail dans l'Angleterre du *New Labour* (Aristea Koukiadaki et Claude Didry). Simon Deakin et Frank Wilkinson, Marchés du travail, crise financière et réforme : projet d'agenda pour une politique du travail. William Brown, Déclin et refondation de la négociation collective en Grande-Bretagne. Aristea Koukiadaki, « Lost in translation » : la représentation des salariés en Grande-Bretagne après la directive européenne « information-consultation » de 2002. Trevor Colling, Droit individuel du travail et mobilisation du droit par les syndicats britanniques. Catherine Barnard, « Des emplois britanniques pour les travailleurs britanniques » : le conflit de la raffinerie Total à Lindsey. **HORS DOSSIER :** Hervé Champin, Des règles européennes pour étayer les régulations nationales : retour sur la négociation d'un accord européen dans le secteur des chemins de fer. Jean-Pierre Garnier, Du droit au logement au droit à la ville : de quel(s) droit(s) parle-t-on ? Alain Tarrius, Les cosmopolitismes migratoires : les transmigrant(e)s méditerranéen(ne)s entre licite et illicite. **NOTE CRITIQUE :** Jean-Pierre Garnier, De la solubilité des classes sociales à travers le prisme post-colonial made in USA. **COMPTES RENDUS. Résumés/Abstracts. Tables.**

N° 183-184 (2012/1-2) : La terre : une marchandise ? Agriculture et mondialisation capitaliste

Éditorial. La vieillesse ! Quelle vieillesse ? De l'intérêt du point de vue philosophique (Michel Kail). Introduction, La terre : une marchandise ? Agriculture et mondialisation capitaliste (Thierry Pouch). Benoît Lallau, Land grabbing *versus* investissements fonciers à grande échelle. Vers un « accaparement responsable ? » Benoît Prévost, Échanges alimentaires et juste prix. Un détour par l'histoire de la pensée économique pour alimenter un débat contemporain. Gérard Azoulay, Sécurité alimentaire mondiale et crise structurelle d'un mode de fonctionnement de l'économie agricole. Rémy Herrera et Laurent Ilboudo, Les défis de l'agriculture paysanne : le cas du Burkina Faso. Aurélie Druguet, Les productions locales : une alternative au productivisme mondialisé ? Le cas de la valorisation du riz *tinawon* dans la province Ifugao (Philippines). Bernard Roux, L'agriculture familiale au Brésil. Une présence ancienne mais une reconnaissance très récente par les politiques publiques au pays du capitalisme agraire. Patrick Mundler et Jacques Rémy, L'exploitation familiale à la française : une institution dépassée ? Jean-Christophe Kroll et Thierry Pouch, Régulation *versus* dérégulation des marchés agricoles : la construction sociale d'un clivage économique. Madlyne Samak, Des agriculteurs contre le marché ? Itinéraire d'un mode alternatif de commercialisation des fruits et légumes. **HORS DOSSIER :** Sabine Erbes-Seguin, Les sciences sociales en mouvement. Aux frontières des disciplines : le cas des recherches sur les femmes et l'emploi. **DÉBATS ET CONTROVERSES :** Jean-Pierre Garnier, « Philosophie solaire ? » Philosophie sommaire. Quand Michel Onfray recycle Albert Camus. **NOTE CRITIQUE :** Pierre Lantz, Travail et multiactivité. **COMPTES RENDUS. Résumés/Abstracts**.

N° 185-186 (2012/3-4) : Henri Lefebvre : une pensée devenue monde ?

Éditorial. La compétitivité contre la Sécurité sociale ? (Claude Didry). Introduction, Henri Lefebvre : une pensée devenue monde ? (Patrick Cingolani). Chapitre I : Temporalités, quotidienneté, appropriation, différence. Anne Raulin : La vie quotidienne, entre colonisation et émancipation. Patrick Cingolani, Aliénations ordinaires et résistances. Pierre Lantz, L'espace et le temps quotidiens comme enjeu politique. Virginie Milliot, La pensée des possibles au temps des « alternatives infernales ». Chapitre II : Biographie, disséminations, postérités. Ana Fani Alessandri Carlos, Le droit à la ville comme projet de nouvelle société. Céline Vaz, « *Les Pyrénées séparent et relient la France et l'Espagne* » : Henri Lefebvre et la question urbaine espagnole à la fin du franquisme. Claire Revol, Le succès de Lefebvre dans les *urban studies* anglo-saxonnes et les conditions de sa redécouverte en France. Stephen A. Mrozowski, Temps, rythme et espace. L'influence d'Henri Lefebvre dans le champ de l'archéologie historique. Valérie Foucher-Dufoix et Stéphane Dufoix, Henri Lefebvre et la biographie sociale des idées. Chapitre III : Lefebvre : vie et persistance de la contradiction. Henri Lefebvre, Claude Lévi-Strauss et le nouvel éléatisme (1). Henri Lefebvre, Claude Lévi-Strauss et le nouvel éléatisme (2). **HORS DOSSIER :** François-Xavier Devetter et François Horn, Services à la personne ou renouveau de l'emploi domestique. Marame Ndour et Bruno Boidin, « L'accès aux biens et services essentiels » : une notion centrale et ambigüe du développement. Pierre Lantz, Peuple et démocratie. **Revue des revues** (Thierry Pouch). **Comptes rendus. Résumés/Abstracts. Tables.**

N° 187-188 (2013/1-2) : Mondes méditerranéens. L'émeute au cœur du politique

Éditorial. La crise de la représentation politique ? (Michel Kail). Les émeutes : contestation de la marge ou la marge de la contestation ? (Ratiba Hadj-Moussa et Sophie Wahnich). Chapitre I : Émeute et politique du sensible. Ekin KURTIÇ, Manifestations rurales et contestation politique autour des centrales hydro-électriques en Turquie. Ratiba Hadj-Moussa, Les émeutes au Maghreb : Le web et la révolte sans qualités. Sophie Wahnich, La foule, l'émeute, la fête entre révolte et révolution. France révolutionnaire 1789-1792, émeutes françaises de 2005, Tunisie-Égypte, 2011. Alexandre Piettre, Islam (im)politique et quartiers (im)populaires. Retour critique sur les émeutes de novembre 2005. Chapitre II : Émeute, violence, tactique. Konstantinos Eleftheriadis, Les perceptions de genre au cours d'une émeute urbaine : Décembre 2008 à Athènes. Ahmet Özcan, Les derniers bandits kurdes de la Turquie moderne : Analyse des soulèvements individuels « spontanés » kurdes ou le banditisme contre l'État-nation turc ». Mathieu Rey, Comment les forces d'opposition revendiquaient-elles le pouvoir ? L'Intifâda en Irak en 1952. Alexander Koensler, Le conflit comme performance : contestation et politique de l'espace des bédouins arabes en Israël. **HORS DOSSIER :** Aziz Jellab, Cohérences et tensions dans la socialisation universitaire des étudiants : les enseignements d'une recherche qualitative. **DÉBATS ET CONTROVERSES :** Richard Wolin, Le moment maoïste parfait de Sartre. **NOTE CRITIQUE :** Pierre Rolle, Une sociologie du travail est-elle possible ? **COMPTES RENDUS. Résumés/Abstracts.**

N° 189-190 (2013/3-4) : Sexe et politique

Éditorial. Libérons le matérialisme (Michel Kail). Claude Didry et Monique Selim, Sexe et politique du XXe au XXIe siècle : entre aliénation et émancipation. Ludivine Bantigny, Quelle « révolution » sexuelle ? Les politisations du sexe dans les années post-68. Tassadit Yacine (entretien avec) « Plantée comme un garçon dans l'Algérie coloniale ». Claude Didry, Les midinettes, avant-garde oubliée du prolétariat. Monique Selim, La très courte carrière des tâcheronnes de la presse à Canton. Entre domination politique et assignation sexuelle. Gaëlle Lacaze, « Crise de la virilité » *vs* « fuite des femmes » : gouvernementalités genrées et conflictualités des corps en Mongolie. Jean-Yves Le Talec, Sortir des placards de la République : visages de l'homosexualité dans le monde politique français. Catherine Deschamps, Les recherches sur la sexualité et le sida sous les fourches caudines du néolibéralisme. Françoise Guillemaut, Un « dispositif de sexe et genre créolisé ». L'exemple de la Guadeloupe et de la Guyane. Nicole Forstenzer, Zones d'ombre et lumières dans le traitement de la revendication d'égalité des sexes dans la politique chilienne : du positionnement historique à un enjeu de réalisation démocratique. Maxime Cervulle, Les controverses autour du « mariage pour tous » dans la presse nationale quotidienne : du différentialisme ethno-sexuel comme registre d'opposition. Zahra Ali, Le mouvement des femmes de l'Irak post-Saddam. Mathieu Caulier, Anne Querrien et Monique Selim, Déplacements de la domination. Nouvelles substantialisations dans et par les normes de genre. **HORS DOSSIER :** Camille Dupuy, Du journaliste actionnaire au journaliste salarié. Sociétés de personnels actionnaires et comités d'entreprise dans la procédure de rachat du groupe La Vie-Le Monde. **NOTES CRITIQUES :** Pierre Rolle, Un socialisme au présent. Yves Laberge, À quoi sert le savoir ? **COMPTES RENDUS. Résumés/Abstracts.**

N° 191 (2014/1) : Incertitudes sociales. Enjeux épistémologiques

Éditorial. La cage d'acier de la financiarisation, ou comment en finir avec le travail (Claude Didry). Monique Selim, De quelques fragilités catégorielles. Richard Sobel, Le salariat n'est pas soluble dans une relation d'autorité. Un détour critique par Ronald Coase, Frank Knight et Herbert A. Simon. Irène Pereira, Syndicalismes de lutte et mouvements de précaires dans le secteur de la culture. Jean-Pierre Garnier, Le droit à la ville de Henri Lefebvre à David Harvey. Entre théorisations et réalisation. Éric Marlière, Socio-histoire de la délinquance juvénile d'un ancien quartier ouvrier de « banlieue rouge » en mutation : de l'entre-deux-guerres aux années 2000. Sylvain Bordiec, Un

Bonvin, Nicola Cianferoni et Morgane Kuehni, Les rapports de subordination au cœur de la cité par projets : étude de cas dans l'industrie des machines. Claude Didry et Florent Le Bot, Un dépassement capitaliste du salariat ? Une sociohistoire en trois actes et impasses. Jessica Dos Santos, De la coopération intégrale à la réforme de l'entreprise : l'intéressement salarial au prisme du Familistère de Guise. Thomas Le Bon, Le travailleur Taylorien : une «figure » dépassée ? Bernard Jullien et Tommaso Pardi, Le postfordisme comme mythe et idéologie de la sociologie économique. Du consommateur à la construction sociale du marché automobile. Olivier Dard, Sortir de la crise par la technique et par la science ? Les réponses de l'abondancisme de Jacques Duboin. **Hors Dossier :** Lynda Dematteo, Le stade, terrain de jeu de l'extrême droite italienne : soupape de sécurité ou fabrique du consensus ? Anna Zadora, Le modèle paysan à l'échelle nationale ou la pesanteur des conditions socioéconomiques sur la construction d'une nation. Gaëtan Flocco, Vers une lutte des cadres ? **Note critique** : Roland Pfefferkorn, Le capital de la sociologie. **Comptes rendus**, **Résumés/Abstracts**.

À PARAITRE :

N° 197 (2015/3) : PLURALISME DANS LES MOUVEMENTS FÉMINISTES

N° 198 (2015/4) : L'ÉCONOMIE ENTRE PERFORMATIVITÉ, IDÉOLGIE ET SYMBOLIQUE

N° 199 (2016/1) : LA GOUVERNANCE ENTRE PROMESSE FUTURE ET ALIÉNATION PRÉSENTE

N° 200-201 (2016/2-3) : NUMÉRO ANNIVERSAIRE DU CINQUANTENAIRE DE LA REVUE

N° 202 (2016/4) : ÉCONOMIE ET LITTÉRATURE

N° 203 (2017/1) : L'AVORTEMENT, QUESTION POLITIQUE

N° 204 (2017/2) : DÉCONSTRUIRE LA REPRODUCTION : DE LA MAÎTRISE DES FERTILITÉS AU PARENTAGE

*   *   *

L'HARMATTAN ITALIA
Via Degli Artisti 15; 10124 Torino

L'HARMATTAN HONGRIE
Könyvesbolt ; Kossuth L. u. 14-16
1053 Budapest

L'HARMATTAN KINSHASA
185, avenue Nyangwe
Commune de Lingwala
Kinshasa, R.D. Congo
(00243) 998697603 ou (00243) 999229662

L'HARMATTAN CONGO
67, av. E. P. Lumumba
Bât. – Congo Pharmacie (Bib. Nat.)
BP2874 Brazzaville
harmattan.congo@yahoo.fr

L'HARMATTAN GUINÉE
Almamya Rue KA 028, en face
du restaurant Le Cèdre
OKB agency BP 3470 Conakry
(00224) 657 20 85 08 / 664 28 91 96
harmattanguinee@yahoo.fr

L'HARMATTAN MALI
Rue 73, Porte 536, Niamakoro,
Cité Unicef, Bamako
Tél. 00 (223) 20205724 / +(223) 76378082
poudiougopaul@yahoo.fr
pp.harmattan@gmail.com

L'HARMATTAN CAMEROUN
BP 11486
Face à la SNI, immeuble Don Bosco
Yaoundé
(00237) 99 76 61 66
harmattancam@yahoo.fr

L'HARMATTAN CÔTE D'IVOIRE
Résidence Karl / cité des arts
Abidjan-Cocody 03 BP 1588 Abidjan 03
(00225) 05 77 87 31
etien_nda@yahoo.fr

L'HARMATTAN BURKINA
Penou Achille Some
Ouagadougou
(+226) 70 26 88 27

L'HARMATTAN SÉNÉGAL
10 VDN en face Mermoz, après le pont de Fann
BP 45034 Dakar Fann
33 825 98 58 / 33 860 9858
senharmattan@gmail.com / senlibraire@gmail.com
www.harmattansenegal.com

L'HARMATTAN BÉNIN
ISOR-BENIN
01 BP 359 COTONOU-RP
Quartier Gbèdjromèdé,
Rue Agbélenco, Lot 1247 I
Tél : 00 229 21 32 53 79
christian_dablaka123@yahoo.fr

Achevé d'imprimer par Corlet Numérique - 14110 Condé-sur-Noireau
N° d'Imprimeur : 118157 - Dépôt légal : avril 2015 - *Imprimé en France*

www.ingramcontent.com/pod-product-compliance
Lightning Source LLC
LaVergne TN
LVHW011310061026
849535LV00005B/1485